全国各类高等院校法学及相关专业规划教材

法律逻辑学

主 编 张 鹰

中国商业出版社

图书在版编目(CIP)数据

法律逻辑学 / 张鹰主编. —北京 : 中国商业出版社，2015.8

ISBN 978-7-5044-8915-9

Ⅰ. ①法… Ⅱ. ①张… Ⅲ. ①法律逻辑学-教材 Ⅳ. ①D90-051

中国版本图书馆 CIP 数据核字(2015)第 052704 号

责任编辑:蔡凯

中国商业出版社出版发行

010-63180647 www.c-cbook.com

(100053 北京广安门内报国寺 1 号)

新华书店总店北京发行所经销

北京市书林印刷有限公司印刷

* * * * *

787×1092 毫米 1/16 开 15.75 印张 字数 360 千字

2015 年 8 月第 1 版 2015 年 8 月第 1 次印刷

* * * *

定价:36.80 元

(如有印装质量问题可更换)

前　言

逻辑学作为一门基础性的学科，其生命力在于应用。法律逻辑学是一门以法律逻辑为研究对象的学科。法律逻辑不是一种特殊类型的逻辑，它的基本原理和知识体系和一般的逻辑是一致的。如果说法律逻辑具有特殊性，是指法律逻辑是一般逻辑在法律领域的特殊应用。

“法律如果要受人尊重，就必须提出理由，而法律论证要被接受，就必须符合逻辑思考的规范。”①法律逻辑学的研究表明，逻辑学的基本理论及方法不仅能很好地处理法律领域的问题，而且表明逻辑方法是理性地处理这些问题必须依靠的方法。所以，作为法律人，学习和掌握逻辑学的一般知识及法律领域的特殊知识是非常必要的。但是，要真正认识到逻辑在法律中的应用价值，以及熟练地进行法律推理和论证，只有从系统学习逻辑学的基础知识和掌握运用逻辑知识的专门技能开始，否则对于逻辑在法律思维中的价值就很难理解。正如法哲学家伊尔玛·塔麦洛所言:“要真正认识到现代逻辑在法律中的应用价值就必须接受足够的现代逻辑训练，掌握应用现代逻辑的专门知识和技能。……因此，对于那些对现代逻辑知之甚少且不愿意学习现代逻辑的法律人而言，表明现代逻辑对于法律思维的重要价值将是一件事实上难以完成的工作。”②

本书是为法学专业的学生编写的一本逻辑学教材，在系统讲述逻辑学基础知识的基础上，分析了有关逻辑知识在法学领域的应用。它首先是逻辑学教材，以逻辑学的基本理论为主要内容，注重逻辑学基本理论的完整性，系统阐述了逻辑学的基本理论和逻辑方法，包括概念、命题、推理、逻辑基本规律、论证等内容;同时，它又是法学专业领域的一本应用性逻辑学教材，注重结合法律理论和司法实践中的问题进行有针对性的分析，为法律理论和实践问题提供逻辑的处理方案，包括规范逻辑、假说和侦查假设、论证中的非形式谬误等内容。本书的目的是，不仅为法学专业的学生提供一套系统的逻辑学基础知识，而且为学生有针对性地运用逻辑知识分析法律问题提供思路，为进一步深入部门法的学习打下基础。本书

① 【美】鲁格罗·亚狄瑟:《法律的逻辑——法官写给法律人的逻辑指引》，唐欣伟译，法律出版社，2007年版。

② 【奥】伊尔玛·塔麦洛:《现代逻辑在法律中的应用》，李振江、张传新、柴盼盼译，中国法制出版社，2012年版，第2页。

力求内容充实、重点突出、简明易懂。为了便于学生理解教材的内容，本书每章都配备了思考题和大量的练习题，并在本书的最后附上了习题参考答案。

本书由中国政法大学副教授张鹰设计大纲、总纂并担任主编。本书的编写参考了大量的有关文献资料，特别是宋文坚主编的《逻辑学》，王洪主编的《法律逻辑学》，《法律逻辑学案例教程》，雍琦主编的《法律逻辑学》、张大松、蒋新苗主编的《法律逻辑学教程》等教材，为本书在体系及内容上提供了多方面的启发。在此向各位一并致以诚挚的感谢。

因作者水平之限，本书定有许多不足之处及有待深入分析的问题，敬请读者批评指正，以期日后修改提高。

编　者

2015 年 8 月

目　录

第一章　绪论

◆**内容提要**:本章主要阐述了逻辑学的研究对象。

“逻辑”一词在现代汉语中是个多义词，它在我们的日常使用中主要含义是:1. 客观事物的规律;2. 思维的规律、规则;3. 某种具体的理论、观点、道理等;4. 逻辑学这门学科。从这些意思中，我们可以概括出一些共同的含义。就前三种情况来看，逻辑大体上相当于规律。“规律”这一含义是“逻辑”最初使用时的主要含义之一，也是其最基本的含义。我们把逻辑学所研究的思维的规律称为逻辑思维规律，简称逻辑规律。

任何事物都是内容和形式的同一，思维也同样。思维的内容即思维的材料，思维的形式即思维的结构，一定的材料通过一定的结构组合起来，从而形成完整的思维。逻辑学不研究思维的具体内容，而是研究思维的形式。逻辑学之所以能够相对独立地研究思维形式，是因为思维形式和内容既相互联系，又相对分离。内容总是要通过一定的形式来表达，共同的形式反映出不同内容的命题或推理之间的一些共性。内容是具体的，而形式是一般的。逻辑学所研究的是思维的一般规律，所以，逻辑学所研究的就是思维的形式规律。

思维的形式结构具有自身的特殊的规律性，同样的形式具有共同的规律。推理是根据前提得出结论的思维过程。推理由前提和结论两部分组成，前提是推理的根据或理由，是推理所依据的命题，结论是推理所得出的命题。逻辑学不研究推理的前提和结论在事实上是否为真，它只研究推理是否有效。换言之，它只关心前提与结论之间是否有逻辑上的必然联系，即当前提为真时，结论是否必然为真。因此，逻辑学研究思维形式结构的规律，是为了进行有效推理。逻辑学的主要目的就是为区别逻辑上正确的与不正确的推理提供方法。应当强调的是，一个推理是否有效，是就其推理形式而言的，是就其前提与结论之间是否具有必然联系而言的，与推理涉及的具体内容无关，与前提和结论事实上的真假无关。

由此，我们可以得出这一结论:逻辑学的研究对象是推理形式及其规律。

由于对象的类型和研究的方法、角度的不同，以及所得到的结果和内容的不同，再加上历史以及其他条件的限制，就形成了不同类型的逻辑或逻辑分支，以及各种不同的逻辑理论。在一个大的或基本的逻辑类型里，往往还可以再分出若干不同类型的逻辑，形成多层次、多样式的分类，有的分类是交叉的。本书介绍了以下几种主要的分类:(一)形式逻辑和非形式逻辑;(二)演绎逻辑和归纳逻辑;(三)传统逻辑和现代逻辑。

逻辑学是研究思维的逻辑规律的，而思维与语言有着密切的联系:思维通过语言表达和进行，任何思维都有与其相应的语言形式。表达思维离不开语言，但自然语言本身具有歧义性、模糊性，以及含义的明确依赖于一定的语境等缺陷，这些缺陷与逻辑思维的严密性、精确性的要求是不相容的。为了研究的需要，现代逻辑建立了符号语言（称为人工语言），以代替自然语言来表达思维的逻辑规律。尽管思维和语言联系密切，但思维和语言是不同的。根本的区别在于，语言只是思维的表达形式或载体，不是思维本身。

逻辑学是一门基础性的学科。逻辑学的基本理论为其他学科的建立和研究提供理论基础。一切科学、理论都是理论思维的结果，正确的理论思维必须有相应的逻辑依据。对严格的学科和理论来说，进行相应的理论思维、建立理论体系，必须首先明确自身的逻辑根据。逻辑学是一门工具性的学科。相对于其他基础性学科，逻辑学是一门工具性学科。它为包括基础学科在内的一切科学理论提供研究工具。逻辑学的基本理论在其他学科中被当做一些普遍适用的原则和方法。逻辑学是人们有效推理和论证的工具，从而也是人们正确思维、正确表述思想和建立理论、分析和批判错误思想的工具。

法律逻辑学是一门以法律逻辑为主要研究对象的学科。

◆**学习目标**：通过本章学习，要求学生重点掌握逻辑学的研究对象；掌握逻辑的类型；一般了解逻辑与语言的关系，逻辑学的性质，法律逻辑学的性质和作用。

◆**关键词**：逻辑思维规律、思维形式、推理形式、有效式

第一节　什么是逻辑

一、"逻辑"的含义

"逻辑"一词是英语 logic 的音译词。英语 logic 一词来源于古希腊语 λόγος 一词，一般翻译为"逻各斯"。这是一个在古希腊哲学中被广泛使用的语词，原意是思想、言词、理性、秩序、规律等。

古汉语中并没有"逻辑"一词。"逻辑"一词在汉语中出现已是近代的事了。最早出现在严复翻译的《穆勒名学》中，此书出版于 1905 年。

"逻辑"一词在日常语言中经常会用到，但要确切地回答什么是逻辑却不是容易的事情，即使是在逻辑学家中也存在不同的看法。正是因为逻辑是个常用词，所以我们可以从它的日常使用出发，来逐步认识什么是逻辑。

"逻辑"一词在现代汉语中是个多义词，它在我们的日常使用中主要有以下几种含义：

1. 客观事物的规律。

例如：正义必将战胜邪恶，这是历史发展的逻辑。

2. 思维的规律、规则。

例如：一个成熟的理论应该具有严密的逻辑体系。

3. 某种具体的理论、观点、道理等。

例如：《小逻辑》是黑格尔的一部哲学著作。

这里的"逻辑"指某种哲学理论。

又如:根据他的逻辑，你这么说就是错误的。

这里的“逻辑”指的是某种观点、道理。

4.逻辑学这门学科。

例如:逻辑是法律专业学生的专业基础课。

这几种用法是“逻辑”一词的常见的用法。从这些意思上，我们可以概括出一些共同的含义。就前三种情况来看，逻辑大体上相当于规律。无论是第一种用法的客观规律，还是第二种用法的思维的规律，都是指规律，第三种用法所说的观点、道理，也可看作是被某个具体的人所接受的某种规律。

“规律”这一含义是“逻辑”最初使用时的主要含义之一，也是其最基本的含义。所谓规律，指的是事物之间的必然联系或事物发展的必然趋势。“逻辑”一词的最基本的含义正是指这种必然联系或趋势。在后来的演变中，“逻辑”被更多地用于表达思维和理论中的必然联系以及论辩中的说服力。因此，“逻辑”也被更多地用于表示思维中的规律，即思维中的必然联系。这种必然联系主要是指推理过程中的前提和结论之间的必然联系。

关于思维中的规律的理论不仅逻辑学在研究，也有其他一些学科在研究。例如，思维的产生、发展的规律，思维与感觉、知觉关联的规律，思维与实践活动的关系的规律等，这些是认识论研究的思维规律;与心理活动有关的规律，如不同气质对人的思维的影响，这是心理学意义下的思维规律。与这些学科所研究的规律相区别，我们把逻辑学所研究的思维的规律称为逻辑思维规律，简称逻辑规律。

二、逻辑学的研究对象

任何事物都是内容和形式的同一，思维也同样。简单地说，思维的内容是对象的某个方面在思维中的反映，表现为在概念、命题、推理等具体思维形态中的反映;思维的形式是思维内容各部分的联结方式，又称为思维的形式结构。思维的内容即思维的材料，思维的形式即思维的结构，一定的材料通过一定的结构组合起来，从而形成完整的思维。在实际思维中，具体的思维有具体的形式和内容，表现为某种具体的思维形态，每种思维形态也都有不同的、具体的思维形式和内容。下面通过几个例子来说明。

例1:(1)如果一个三角形是等角的，那么它是等边的。

(2)如果他的行为构成侵权行为，则他应当承担民事责任。

例2:(1)所有的商品都是有价值的。

(2)所有的金属都是导体。

例3:(1)如果一个三角形是等角的，那么它是等边的，

这个三角形是等角的，

———————————————

这个三角形是等边的。

(2)如果他的行为构成侵权行为，则他应当承担民事责任，

他的行为构成侵权行为，

———————————————

他应当承担民事责任。

例1和例2是两组命题，例3是两组推理。例3中的横线表示从上面的命题推出下面的

命题。例 1 中的(1)是有关于三角形的等角、等边以及等角和等边的条件关系，(2)是关于行为构成侵权行为、应当承担民事责任、以及二者的条件关系；例 2 中的(1)是关于商品、价值以及商品和价值的关系，(2)是关于金属、导体以及金属和导体的关系；例 3 中的(1)是根据三角形的等角和等边关系进行的推理，(2)是根据行为构成侵权行为和应当承担民事责任之间的关系进行的推理。每组例子所涉及的内容是不同的，但却有相同的结构。如例 1 组的两个命题，它们都是由联结词“如果……那么……”联结两个命题而构成的。如果用 p、q 代替这两个命题，那么就可以得到例 1 中的两个命题的共同的形式：

1. 如果 p，那么 q。

在例 2 中，两个命题都是说“所有的……是……”，如果用 S 和 P 代替这两个命题中先后出现的两个词项，它们具有共同形式：

2. 所有的 S 是 P。

类似地，例 3 中的两个推理都具有形式：

3. 如果 p，那么 q。

p

---

q

这些形式就是命题或推理抽象掉具体内容后剩下的形式或结构。

从以上例子可以看出，内容是具体的，形式是一般的。例 1 中的两个命题是两个不同的命题，它们的不同在于内容不同，形式是相同的。例 2 和例 3 情况同样。逻辑学研究的是思维的一般规律，所以，主要研究的是思维的形式。而内容一般情况下不是逻辑学要分析的对象，即使需要分析内容，也是分析形式的需要。

逻辑学之所以能够相对独立地研究思维形式，是因为思维形式和内容既相互联系，又相对分离。内容总是要通过一定的形式来表达，没有一定的形式，就无法表达具体的内容；不同的内容可以有共同的形式，如上述的三组例子中，每组例子中的两个命题或推理的形式都是相同的。共同的形式反映出不同内容的命题或推理之间的一些共性。逻辑学所研究的是思维的一般规律，所以，逻辑学所研究的就是思维的形式规律。

思维的形式结构具有自身的特殊的规律性，同样的形式具有共同的规律。人要通过思维获得正确的认识，必须遵循这方面的规律。人类认识和总结事物的规律，是为了由已知推知未知，不断扩大认识的领域。从思维的角度来分析，这种由已知到未知的过程，就称为推理。推理是根据前提得出结论的思维过程。推理由前提和结论两部分组成，前提是推理的根据或理由，是推理所依据的命题，结论是推理所得出的命题。逻辑学不研究推理的前提和结论在事实上是否为真，它只研究推理是否有效。换言之，它只关心前提与结论之间是否有逻辑上的必然联系，即当前提为真时，结论是否必然为真。

例 4：(1)某案件的犯罪嫌疑人是甲或者乙，

经查证，确认并非甲，

乙是犯罪嫌疑人。

该推理的行为为：

p 或者 q

非 p

———————————

q

(2)某案件的犯罪嫌疑人是甲或者乙，

经查证，确认是甲，

———————————

乙不是犯罪嫌疑人。

该推理的行为为：

p 或者 q

p

———————————

非 q

上述两个推理的区别在于，(1)是由否定前提"某案件的犯罪嫌疑人是甲或者乙"中的一个命题"某甲是犯罪嫌疑人"，进而得出肯定另一个命题"某乙是犯罪嫌疑人"作为结论；(2)是由肯定前提"某案件的犯罪嫌疑人是甲或者乙"中的一个命题"某甲是犯罪嫌疑人"，进而得出否定另一个命题"某乙是犯罪嫌疑人"作为结论。根据"或者"的性质，否定了一个可能性，那么另一个一定为真，而肯定了一个可能性，另一个是真假不能确定的。这是这一类形式共同的特征。因此，具有(1)的形式的推理是正确的推理形式，它的前提和结论的联系是必然的，这称为逻辑上有效的形式，简称有效式；具有(2)的形式的推理是错误的推理形式，它的前提和结论的联系不是必然的，这称为逻辑上无效的形式，简称无效式。有效式能够保证从真的前提推出真的结论，而无效式却不能保证这一点。

因此，逻辑学研究思维形式结构的规律，是为了进行有效推理。逻辑学的主要目的就是为区别逻辑上正确的与不正确的推理提供方法。

应当强调的是，一个推理是否有效，是就其推理形式而言的，是就其前提与结论之间是否具有必然联系而言的，与推理涉及的具体内容无关，与前提和结论事实上的真假无关。一个逻辑上正确的推理可能有一个或多个假前提，一个逻辑上不正确的推理可能其前提都是真的，而且，它也可能有一个真的结论。

例 5：所有的哺乳动物都是会死的，

所有的狗都是会死的，

———————————

所有的狗都是哺乳动物。

例 5 的前提和结论都是正确的，但推理形式却不是有效的，因为前提和结论的联系不是必然的。前提正确、结论正确，不等于推理形式正确。可以说，前提、结论是否正确，与推理形式是否正确没有直接关系。逻辑学关心的是推理形式是否正确，关心的是能否找出全部的推理有效式，并且为判定有效推理提供一套判定方法或检验程序。

由此，我们可以得出这一结论：逻辑学的研究对象是推理形式及其规律。

三、逻辑的类型

任何学科的性质都是由其研究对象决定的，逻辑学也不例外。通过对逻辑学的学科进行分类，可以更好地认识逻辑学的学科性质。

由于对象的类型和研究的方法、角度的不同，以及所得到的结果和内容的不同，再加上历史以及其他条件的限制，就形成了不同类型的逻辑或逻辑分支，以及各种不同的逻辑理论。在一个大的或基本的逻辑类型里，往往还可以再分出若干不同类型的逻辑，形成多层次、多样式的分类，有的分类是交叉的。本书介绍以下几种主要的分类。

（一）形式逻辑和非形式逻辑

思维规律有形式规律和非形式规律。如果以形式规律为研究对象，就形成了形式逻辑；如果以非形式规律为研究对象，就形成了非形式逻辑。形式逻辑是逻辑学的主体部分，也是最为成熟的部分，以至于人们一般说到逻辑指的就是形式逻辑。

思维的非形式规律，指的是本身不表现为严格、确定的思维形式的那些规律。因为这些规律本身没有一般的、固定的形式，通常只能体现为思维方法，即一些特定的思维步骤、规则等。这样的方法可称为简单逻辑方法。目前简单逻辑方法主要有：明确概念的方法、正确论证的方法、破斥谬误的方法、合理假说的方法等。

（二）演绎逻辑和归纳逻辑

逻辑学主要研究推理。推理是由前提和结论构成的。根据前提与结论之间联系的不同，推理分为演绎推理和归纳推理，相应地，逻辑也分为两个基本类型：演绎逻辑和归纳逻辑。演绎推理的前提和结论之间具有必然性联系，而归纳推理的前提和结论之间不具有必然性联系。

演绎逻辑一直是逻辑学中的主体部分，目前有众多的分支，形成了一个庞大的学科体系。归纳逻辑一直没能得到像演绎逻辑那样的发展。

（三）传统逻辑和现代逻辑

根据历史发展阶段的不同，逻辑学可以分为传统逻辑和现代逻辑。传统逻辑是指从古希腊亚里士多德创立至19世纪中期的逻辑理论和体系，主要包括古希腊逻辑、中世纪逻辑和近代的归纳逻辑。现代逻辑开创的标志是19世纪中期数理逻辑的建立。“现代逻辑”一词有两方面的含义，一个是历史时期方面的含义，一个是实质内容方面的含义。就历史时期方面的含义来说，一切在现代产生、发展起来的逻辑都可以称为“现代的”；就实质内容方面的含义来说，现代逻辑指的是数理逻辑和一切在数理逻辑的基础之上或采用数理逻辑的思想方法而发展起来的逻辑。

数理逻辑是研究数学推理而建立起来的逻辑。类似地，研究其他一些类型的推理也形成了相应的一些逻辑。例如，研究有关必然性和可能性的推理形成了模态逻辑，研究涉及过去、将来等时态问题的推理形成了时态逻辑，研究有关必须、禁止、允许等问题的推理形成了道义逻辑，等等。这样的逻辑很多，它们形成了逻辑的各个分支。其中有些逻辑因与应用有密切关系，因而又称为应用逻辑。法律逻辑就是一种应用逻辑。

四、逻辑与语言

逻辑学是研究思维的逻辑规律的，而思维与语言有着密切的联系：思维通过语言表达和进行，任何思维都有与其相应的语言形式。概念和词项的语言形式是语词，命题和判断的语言形式是语句，推理的语言形式是语句组，论证的语言形式则是语句组、语句群或篇章。

表达思维离不开语言，但自然语言本身具有歧义性、模糊性，以及含义的明确依赖于一定的语境等缺陷，这些缺陷与逻辑思维的严密性、精确性的要求是不相容的。为了研究的需要，现代逻辑建立了符号语言（称为人工语言），以代替自然语言来表达思维的逻辑规律。这种符号语言严格遵循一个符号一个意义的原则。由于符号语言的单一性和抽象性，使用形式化的符号语言来表达思想，比自然语言具有更大的优越性。符号语言的高度抽象性有利于思维简化、形式化，符号语言的单一性有利于思维的精确化。由于符号语言摆脱了语言内容方面的干扰，而使思维更加敏捷。现代逻辑为了克服自然语言的歧义性和模糊性，以符号语言代替自然语言研究思维的逻辑规律，使逻辑推理能够像数学运算那样便捷和精确无误。

尽管思维和语言联系密切，但思维和语言是不同的。根本的区别在于，语言只是思维的表达形式或载体，不是思维本身。逻辑学所研究的是思维本身的一些规律，而不是表达思维的载体的规律。

第二节　逻辑学的性质

一、基础性

逻辑学是一门基础性的学科。逻辑学的基本理论为其他学科的建立和研究提供理论基础。一切科学、理论都是理论思维的结果，正确的理论思维必须有相应的逻辑依据。对严格的学科和理论来说，进行相应的理论思维、建立理论体系，必须首先明确自身的逻辑根据。这一点在数学中表现得最为明显。为了整个理论的严格性，数学首先明确了自身的逻辑基础，并在此基础上把全部理论整理成一个逻辑的公理系统。这是一个严格的逻辑推演系统。

数学理论的严格性，无可辩驳的正确性，其根本在于它的逻辑性。一切科学和理论都有严格性要求，理应和数学一样，有严密的理论基础，因此，首先也应明确自身的逻辑根据。但由于各种原因，目前还远未达到这样的程度。这表明还有许多新领域和大量的工作等待逻辑工作者和相应学科的理论工作者去开拓和完成。

正因为逻辑学在学科体系中的基础性地位，在联合国教科文组织公布的学科分类中，逻辑学被列为七大基础学科的第二位：数学、逻辑学、天文学和天体物理学、地球科学和空间科学、物理学、化学、生命科学。

二、工具性

逻辑学是一门工具性的学科。逻辑学同数学一样，相对于其他基础性学科而言，它是一门工具性学科。它为包括基础学科在内的一切科学理论提供研究工具。逻辑学的基本理论在其他科学中被当做一些普遍适用的原则和方法。逻辑学是人们有效推理和论证的工具，从而也是人们正确思维、正确表述思想和建立理论、分析和批判错误思想的工具。

现代逻辑的发展，特别是一些应用逻辑的发展，使逻辑成为诸多科学领域里的重要研究工具。例如，在计算机领域里，逻辑被用于计算机理论研究、人工智能研究等。为适应计算机科学的需要，逻辑学中出现了一些新的分支学科，如程序逻辑、动态逻辑等，更是计算机科学研究中的重要理论与工具。又如，在语言学方面，逻辑被用于语言结构的分析、自然语言的分析等，出现了语言逻辑这样的交叉学科。在物理学中，逻辑的理论也有相当的意义，出现了如量子逻辑等这样的与物理学理论有关的逻辑分支。目前，随着逻辑研究的深入、应用范围的不断扩大、新领域的不断开拓，研究工具的作用和意义也在日益增强。

第三节　法律逻辑学的性质和作用

法律逻辑学是一门以法律逻辑为研究对象的学科。法律逻辑不是一种特殊类型的逻辑，它的基本原理和知识体系和一般的逻辑是一致的。如果说法律逻辑具有特殊性，是指法律逻辑是一般逻辑在法律领域的特殊应用。

法律逻辑的研究以法律推理为核心，包括案件事实的侦查与证实、法律的解释与适用、法庭辩论与法院判决等内容。法律逻辑学的研究不仅具有理论意义，而且具有实践意义，对于正确制定法律、解释法律、适用法律都具有价值。

法律逻辑学的研究表明，法律逻辑方法不仅能很好地处理法律领域的问题，而且表明逻辑方法是理性地处理这些问题必须依靠的方法。所以，作为法律人，学习和掌握逻辑学的一般知识，及法律领域的特殊知识是非常必要的。但是，要真正认识到逻辑在法律中的应用价值，只有从系统学习逻辑学的基础知识和掌握运用逻辑知识的专门技能开始，否则对于逻辑在法律思维中的价值就很难理解。正如法哲学家伊尔玛·塔麦洛所言："要真正认识到现代逻辑在法律中的应用价值就必须接受足够的现代逻辑训练，掌握应用现代逻辑的专门知识和技能。……因此，对于那些对现代逻辑知之甚少且不愿意学习现代逻辑的法律人而言，表明现代逻辑对于法律思维的重要价值将是一件事实上难以完成的工作。"①

本书不是严格意义上的法律逻辑学的知识体系。本书以逻辑学的基本理论和方法为主要内容，结合法律理论和实践中的问题进行有针对性的分析，为法律理论和实践问题提供逻辑的处理方案。本书的目的是，不仅为法学专业的学生提供一套系统的逻辑学基础知识，而且为学生有针对性地运用逻辑知识分析法律问题提供思路。

---

① 【奥】伊尔玛·塔麦洛:《现代逻辑在法律中的应用》，李振江、张传新、柴盼盼译，中国法制出版社，2012 年版，第 2 页。

要点小结

本章主要阐述了逻辑学的研究对象，包括“逻辑”的含义、逻辑学的研究对象、逻辑的类型、逻辑与语言、逻辑学的性质、法律逻辑学的性质和作用。主要内容是：

一、逻辑学的研究对象

（一）“逻辑”的含义

含义
- 客观事物的规律（规律）
- 思维的规律、规则（规律）
- 某种具体的理论、观点、道理等（规律）
- 逻辑学这门学科

（二）逻辑学的研究对象

推理形式
- 演绎推理形式：演绎推理的规则、规律
- 非演绎推理形式（归纳推理）：非演绎推理的方法

（三）逻辑的类型

类型
- 根据研究的思维规律
  - 形式逻辑
  - 非形式逻辑
- 根据研究的推理类型
  - 演绎逻辑
  - 归纳逻辑
- 根据历史发展阶段
  - 传统逻辑
  - 现代逻辑

（四）逻辑与语言

思维通过语言表达和进行，任何思维都有与其相应的语言形式。

思维和语言是不同的，语言只是思维的表达形式或载体，不是思维本身。

二、逻辑学的性质

性质
- 基础性
- 工具性

三、法律逻辑学的性质和作用

思考与练习

一、思考题

1. 逻辑学的研究对象是什么？

2. 简单分析逻辑与语言的关系。

3. 逻辑学有哪些主要类型？

4. 逻辑学的学科性质是什么？

5. 学习法律逻辑学有什么意义？

二、练习题

1. 指出下列语句中“逻辑”一词的含义。

(1) 历史的逻辑决定了人类社会一定要向前发展。

(2) 明明是侵略却说成是友谊，这真是强盗的逻辑。

(3) 这个说法不合逻辑。

(4) 这个推理不合逻辑。

(5) 法学专业的学生应该选修逻辑。

2. 分析下面实例中所包含的推理，并指出其前提和结论。

(1)《战国策·魏策》记载：魏文侯与田子方饮酒而称乐，文侯曰：“钟声不比乎左高。”田子方笑。文侯问曰：“奚笑？”子方曰：“臣闻之，君明则乐官，不明则乐音，今君审于声，臣恐君之聋于官也。”文侯曰：“善，敬闻命。”

(2) 一位富翁相信金钱万能，认为世界上的一切都能用金钱买到。在一次晚会上，萧伯纳正在专心地想自己的心事，这位富翁走过来说：“萧伯纳先生，我想出一美元，来打听您在想什么。”

萧伯纳回答说：“我想的东西不值一美元。”

富翁好奇地问：“那么您究竟在想什么呢？”

萧伯纳回答道：“我想的就是您！”

(3) 歇洛克·福尔摩斯在他的一次著名的侦探活动中，得到一顶旧毡帽。虽然福尔摩斯不认识帽子的主人，他还是告诉了华生医生关于这顶帽子的主人的许多事情，其中之一就是此人的智力水平较高。

照例华生医生看不出福尔摩斯的这一断定有什么根据，所以他要求证明。作为回答，福尔摩斯把毡帽往头上一扣，它滑过额头架在鼻梁上，“这是一个立体容积的问题。”他说，“一个脑袋这么大的人，里面必定有货。”

第二章　概念

◆**内容提要**：本章主要阐述了与概念的逻辑分析有关的内容，包括概念的含义、概念的分析、概念的运用和概念的解释四部分。

概念的含义包括概念、词项与语词的关系、概念的内涵和外延、掌握法律概念的意义三部分。

语词是指词、词组一类的语言成分。语词在语言中的应用体现在：语词是对象的指称或概念的表达。在不同的语境中，语词有时表达名称，有时表达概念。语词是对象的指称，是指语词通过对一个对象的某个特征的描述而指称这个对象。概念是反映对象的特有属性的思维形态。事物的特有属性是指该类事物都具有而他类事物都不具有的那些属性，也就是能把该类事物和他类事物区分开来的那些属性。概念是抽象的、不能物化的东西，无法对它进行直接的研究，因此，概念要通过语词表达出来。概念之间的关系最终仍是语词之间的关系，对概念的研究离不开对表达概念的语词的研究。

简单命题的主项或者谓项称为词项。事物的名称或概念是词项的内容，语词（词或词组）则是词项的表达形式。所以，对概念和语词的关系的分析，最终归结为词项和语词的关系的分析。凡词项都要通过语词来表达，但词项和语词并非一一对应的关系。词项是对语词的抽象，只表达语词的逻辑内容。这种抽象表现在两个方面：第一，词项是抽象掉了非逻辑含义的语词。第二，词项是确定了含义的语词。经过上述两方面的抽象，语词就只剩下逻辑方面的含义，也就称为词项了。总之，词项是一个逻辑概念，表达语词的逻辑含义。词项的含义是确定的，形式化的。

概念的逻辑含义表现在两个方面：一是每个概念都指称、对应一个或一些确定的对象，一是每个概念都表示所指称对象的特有属性。概念的外延是指概念所指称的对象。概念的内涵是一个概念所指称对象的特有属性。内涵和外延是概念所具有的两个基本特征，明确了概念的内涵和外延，就明确了这个概念的逻辑含义。

法律规范是一套规则体系，也是一套概念体系。法律规范的适用范围、构成要件和法律效果，都是通过法律概念来表述的，因此，要正确掌握法律，必须先正确掌握法律概念。

概念的分析包括概念的分类和概念外延间的关系两部分。

根据不同的标准，可以将概念进行不同的分类。通过不同的分类，可以从不同的角度认识概念的性质。1.根据概念外延的大小，即指称的对象数量的不同，将概念分为单独概念、普遍概念和空概念。单独概念是指其外延指称某一特定对象的概念。普遍概念是指其外延指称两个以上对象的概念。空概念的外延无所指称。2. 在自然语言中，很多概念既可以在集合意义上使用，也可以在非集合意义上使用。在集合意义上使用的概念称为集合概念，在非集合意义上使用的概念称为非集合概念。集合概念的外延以该集合作为元素。非集合概念的外延以该集合中的任意个体作为元素。3. 根据概念是否含有否定词，将概念分为肯定概念和否定概念。肯定概念是不含否定词的概念。它肯定概念所指称的对象具有某种属性。否定概念是含有否定词的概念。它否定概念所指称的对象具有某种属性。否定概念总是与肯定概念相对应而言的。

当具体使用一个概念的时候，总是在一个确定的对象范围内，这个确定的对象范围称为论域。明确概念的论域有助于正确理解概念的外延。特别是否定概念，如果论域不明确，就无法清楚地知道概念所指称的对象范围。

严格地说，一个概念是单独的、普遍的、还是空的，是集合概念还是非集合概念，是肯定概念还是否定概念，都不能抽象地谈，要在具体的语境中考虑。

我们可以把概念的外延范围看成是一个集合，那么任意两个概念外延之间的关系就是两个集合之间的关系。任意两个概念，其外延之间或者有交集，或者没有交集。有交集的情况，又根据交集的不同，分为四种不同的情况。所以，任意两个概念，其外延之间共有五种不同的关系：全同关系、种属关系、属种关系、交叉关系和全异关系。如果 S 和 P 两个概念的外延完全相同，则 S 和 P 之间就是全同关系。如果概念 S 的外延完全包含在概念 P 的外延之中，并且 P 的外延大于 S 的外延，则 S 和 P 之间就是种属关系。如果概念 S 的外延包含了概念 P 的全部外延，并且 S 的外延大于 P 的外延，则 S 和 P 之间就是属种关系。如果概念 S 和概念 P 的外延有一部分相同，又各有一部分不相同，则 S 和 P 之间就是交叉关系。如果概念 S 和概念 P 的外延完全不相同，则 S 和 P 之间就是全异关系。如果论域明确，全异关系又可以进一步分为反对关系和矛盾关系。

概念的运用是指概念的限制和概括。

概念的内涵和外延之间的反变关系是对概念进行限制和概括的逻辑基础。根据这种反变关系，我们可以对具有属种关系的概念进行限制和概括。概念的限制就是通过增加概念的内涵以缩小概念的外延，使一个概念从外延较大的属概念过渡到外延较小的种概念的方法。概念的概括就是通过减少概念的内涵以扩大概念的外延，使一个概念的从外延较小的种概念过渡到外延较大的属概念的方法。

概念的解释包括定义和划分。

解释概念的含义，就是明确概念的内涵和外延。明确概念内涵和外延的逻辑方法是定义和划分。定义是明确概念内涵或外延的逻辑方法。定义可以通过揭示概念的特有属性来明确概念的内涵，或者指明概念所指对象的外延范围，也可以通过说明或规定语词的含义来明确概念。一个完整的定义由被定义项、定义项和定义联项三个部分组成。被定义项是含义需要明确的概念。定义项是揭示被定义项含义的表达式。定义联项联接被定义项和定义项，表明被定义项与定义项之间的定义关系。标准的定义的公式是：D_s 就是 D_p 或者 $D_s =_{df} D_p$。

定义通常分为事物定义和语词定义两大类。事物定义是揭示概念所反映的事物的特有属性的定义。事物定义又称为真实定义。事物定义的基本形式是属加种差定义，即定义项由一个属概念和一个种差构成。由于种差是多种多样的，因而在事物定义中，用属加种差方法下定义也呈现出不同的类型。语词定义就是说明或规定语词含义的定义。语词定义有两种类型，说明的语词定义和规定的语词定义。

要达到正确定义的目的，不仅需要具备所定义概念的相关知识，还应该遵循定义的规则。定义的规则共有四条：1. 定义必须相应相称。这条规则要求：定义项的外延和被定义项的外延应该相等，即定义项和被定义项的外延是全同关系。违反这一要求导致的错误是定义过宽或定义过窄。2. 定义不能循环。这条规则要求：定义项中不能直接或间接地出现被定义项。违反这一要求导致的错误是循环定义。3. 定义应当用肯定形式。这条规则要求：(1)给肯定概念下定义不能用否定概念。(2)定义应当用肯定命题来表达。违反这一要求导致的错误是定义离题。4. 定义必须明确。这条规则要求：(1)定义应当用简洁的语言，不应包含含混的语词。违反这一要求导致的错误称为定义含混。(2)定义项中不应包含比喻。违反这一要求导致的错误称为用比喻代定义。

划分是明确概念外延的逻辑方法。划分就是依据一定的标准，把一个概念所指称的一类对象分成若干个小类，即把一个属概念分成几个种概念。划分由划分的母项、划分的子项和划分标准三部分组成。划分的母项就是其外延被划分的概念。划分的子项就是母项被划分后得到的各并列的概念。划分标准就是将一个母项划分为若干个子项时所依据的一定的属性。

划分的种类和方法有：1. 一次划分和连续划分。一次划分是对母项进行一次分完的划分，只包含母项和子项两个层次。连续划分是把第一次划分后所得到的子项作为母项继续进行划分，这样连续划分下去，直到满足需要为止。2. 二分法。二分法是以对象有无某种属性为划分标准，把母项中凡是具有这种属性的对象划分为一类，表现为一个肯定概念；把凡是不具有这种属性的对象划分为另一类，表现为一个否定概念。二者在外延上是矛盾关系。

要给一个概念作出正确的划分，不仅需要掌握有关划分对象的具体知识，还要遵守划分的规则。划分的规则共有三条：1. 子项外延之和必须等于母项外延。这条规则要求，划分后所得各子项外延之和与母项的外延之间是全同关系。违反这一要求导致的错误称为子项不全或多出子项。2. 各子项外延之间必须互不相容。这条规则要求，划分后所得的各子项外延之间必须是全异关系，互不相容，这样才能把属于母项的任何一个对象划分到一个子项中，而且也只能划分到一个子项中。违反这一要求导致的错误称为子项相容。3. 划分标准必须同一。这条规则要求，同一层次的划分必须用同一个标准，不允许同时用两个以上的标准。违反这一要求导致的错误称为多标准划分。

最后，对分解和列举作一个简单分析。分解是把一个整体分为几个组成部分，它所显现出的是整体和部分的关系。分解后的部分不具有整体的属性。划分不同于分解。划分是把一个大类分为几个小类，划分后的子项具有母项的属性。列举也是明确概念外延的一种逻辑方法，是划分的一种特殊形式，是划分的省略式。

◆**学习目标**：通过本章学习，要求学生重点掌握：概念的分类，概念外延间的关系，定义的规则，划分的规则；掌握：概念、语词与词项的关系，定义的种类和方法，划分的种类和方法；一般了解：掌握法律概念的意义，概念的限制与概括。

◆**关键词**：概念、词项、内涵、外延、单独概念、普遍概念、集合概念、非集合概念、全同关系、种属关系、属种关系、交叉关系、全异关系、定义、划分

第一节　概念的含义

一、概念、词项与语词

(一)概念与语词

语词是指词、词组一类的语言成分。语词在语言中的应用体现在:语词是对象的指称或概念的表达。在不同的语境中,语词有时表达名称,有时表达概念。

语词是对象的指称,是指语词通过对一个对象的某个特征的描述而指称这个对象。"指称"的意思是某个语词和某个对象之间存在一种对应关系,我们将这个语词指代给这个对象,使这个语词成为这个对象的名称。例如,我们用"杨树"、"松树"等指称某种具体的树木,用"树"指称树这个类,这些都是对象的名称。

对象的名称可以分为专有名词和普通名词。专有名词简称"专名",是特定的某个对象的名称,例如"金星"、"苏格拉底";普通名词简称"通名",是一类对象的名称,例如"恒星"、"人"。世界的事物多种多样,人们为了区分不同的事物,就给它们命名,用不同的名称来称谓它们,以便区别开来,清楚所指的对象。所以,名称就是用来指称对象的。

概念是反映对象的特有属性的思维形态。客观事物具有各种各样的属性。有些属性是不同类别的事物所共有的,例如,"盗窃罪"和"交通肇事罪"是两种不同的犯罪行为,但它们有一个共同特征,就是都是"犯罪行为",都是"触犯刑法并应受刑罚处罚的行为";而有些属性却是一类事物所独有,他类事物都不具有,例如"以非法占有为目的,秘密窃取公私财物数额较大或者多次盗窃公私财物"的属性只能由"盗窃罪"所具有,而"违反交通运输管理法规,因而发生重大事故,致人重伤、死亡或者使公私财产遭受重大损失"的属性则只能由"交通肇事罪"所具有。这种属性就是特有属性。特有属性将"盗窃罪"和"交通肇事罪"两种不同的犯罪行为区分开来,也和其他的犯罪行为区分开来。

事物的特有属性是指该类事物都具有而他类事物都不具有的那些属性,也就是能把该类事物和他类事物区分开来的那些属性。例如,"法律"具有许多属性:

(1)法律是由国家制定或认可、并由国家强制力保证实施的行为规范;

(2)法律反映统治阶级意志,维护有利于统治阶级的社会秩序;

(3)法律以权利和义务为内容;

……

其中,"由国家制定或认可、并由国家强制力保证实施"就是"法律"的特有属性,这一属性将法律和其他行为规范区分开来。而其他行为规范,如校规校纪、学生守则等就不具有"由国家制定或认可、并由国家强制力保证实施"这样的属性,所以它们不是法律。

人们把握了一类事物的特有属性,就形成了关于该类事物的概念。认识一个事物仅仅停留在其一般属性上是不够的,只有把握了它的特有属性,才能把这类事物与其他事物区分开来,才能知道该事物之所以为该事物的根据,才能真正认识这个事物。概念作为思维的"细胞",作为理性思维的形式之一,并不反映客观事物的所有属性,而是只反映客观事物的特有属性。例如,《刑法》第93条规定:"本法所称国家工作人员,是指国家机关中从事公务的人员。”这段法条只是揭示了“国家工作人员”是在“国家机关中从事公务的人员”这样的特有属性，而没有揭示也没有必要揭示这类人的性别、年龄、住址、文化程度等其他属性。因为这些属性还不足以也不可能将“国家工作人员”和其他身份的人员区分开来。

概念是人类思维形式中最基本的构成单位，是组成命题和推理的基本要素，是抽象的、不能物化的东西，无法对它进行直接的研究，因此，概念要通过语词表达出来。概念之间的关系最终仍是语词之间的关系，对概念的研究离不开对表达概念的语词的研究。

(二)词项与语词

简单命题的主项或者谓项称为词项。

例如:法院是审判机关。

上述命题中，“法院”是命题的主项，“审判机关”是命题的谓项，它们都称为词项。将命题分析为由主项和谓项构成的结构，是逻辑学分析命题结构的一种方式。

事物的名称或概念是词项的内容，语词(词或词组)则是词项的表达形式。所以，对概念和语词的关系的分析，最终归结为词项和语词的关系的分析。

凡词项都要通过语词来表达，但词项和语词并非一一对应的关系。词项是对语词的抽象，只表达语词的逻辑内容。这种抽象表现在两个方面:

第一，词项是抽象掉了非逻辑含义的语词。

日常语言是具体的、含义丰富的，作为表达日常语言的最小单位的语词不仅有逻辑方面的含义，也有其他方面如情感、语气等含义。

例如，“月球”和“月亮”两个语词，所指称的对象是相同的，都是指地球唯一的卫星，但所使用的领域是不同的，在科学领域一般用“月球”一词，而在日常生活中一般称之为“月亮”;再如，“牺牲”和“毙命”两个语词，都是指人的生命结束，但两者的感情色彩完全不同，一个褒义，一个贬义，但这些含义都与逻辑无关。如果两个语词所指的对象是同一的，或者含义是一样的，那么它们在逻辑上就是同一个词项。

第二，词项是确定了含义的语词。

语词大多是多义的，在不同的语言环境中，一个语词的意思可以是不同的。例如，“人”这个语词可以泛指单个的人，也可以特指某一个人，还可以指人的群体即人类。下面两个语句的语法结构相同，但“人”这个语词的意思却不同:

(1)人是由猿进化而来的。

(2)人是有理性的。

句子(1)中的“人”指的是整个人类，而句子(2)中的“人”是指个体的人，指的是一个个具体的人。可见，尽管两个句子中的语词是一样的，但所指是不同的。在由语词到词项的抽象过程中，当把语词的含义固定下来，语词就抽象成为词项。

经过上述两方面的抽象，语词就只剩下逻辑方面的含义，也就称为词项了。总之，词项是一个逻辑概念，表达语词的逻辑含义。词项的含义是确定的、形式化的。这样的抽象对于逻辑分析，特别是研究推理形式是非常重要的。

进行逻辑分析时，有时需要考虑对象的内容，如关于概念内涵和外延的分析，对概念进行限制和概括，使用概念的某些错误，如混淆概念等。这时，涉及的是概念问题，所以用概念来指称。但当研究推理形式时，这时只与对象的形式有关，不涉及内容，这时，涉及的是词项问题，用词项来表达。

二、概念的内涵和外延

概念的逻辑含义表现在两个方面：一是每个概念都指称、对应一个或一些确定的对象，一是每个概念都表示所指称对象的特有属性。

概念的外延是指概念所指称的对象。我们可以把一个概念所指称的全部对象看成是一个集合，所以外延也可以称为外延集。

例如："人"的外延，就是古今中外所有的人；"偶数"的外延，可以用集合表示为：{0，2，4，6，8，……}。

概念的内涵是一个概念所指称对象的特有属性。

例如："人"的内涵是"能制造和使用工具进行劳动、并能运用语言进行交际的动物"；偶数的内涵是"可以被2整除"。

内涵和外延是概念所具有的两个基本特征，明确了概念的内涵和外延，就明确了这个概念的逻辑含义。例如，要理解民法上的"不可抗力"这个概念，一方面要清楚什么样的情况属于不可抗力，即要清楚它的内涵：人所不能预见的、不能避免并且不能克服的客观情况；另一方面要清楚哪些情况属于不可抗力，也就是要明确其外延：因自然原因的地震、洪水等自然灾害及社会原因的战争、封锁、禁运、动乱、罢工等。

概念必须明确，不容许含混，否则就不能准确地表达思想。特别是在法律概念的表述上，如果不明确，就会造成实施上的困境。例如，1995年全国人民代表大会常务委员会《关于惩治违反公司法的犯罪的决定》中关于侵占罪的规定是"公司董事、监事或者职工利用职务或工作上的便利，侵占公司财物……"，由于"工作上的便利"这样的规定过于宽泛，导致司法人员对某公司的公共卫生清洁工窃取该公司财务部门的计算机的行为定性的时候发生疑惑：该清洁工能进入公司是利用了"工作上的便利"，他所犯的是盗窃罪还是侵占罪？1997年修改《中华人民共和国刑法》时，将关于侵占罪规定的"或工作"删去，仅保留了"利用职务上的便利"。经过这样的修改，明确了职务"侵占罪"的概念。这样，司法人员在上述案例中便可清楚地将该行为排除侵占罪的外延。

三、掌握法律概念的意义

美国法学家博登海默说："法律概念乃是解决法律问题所必需的和必不可少的工具。没有限定严格的专门概念，我们就不能清楚地和理性地思考法律问题。没有概念，我们便无法将我们对法律问题的思考转变为语言，也无法以一种可理解的方式把这些思考传达给他人。如果我们试图完全否弃概念，那么整个法律大厦将化为灰烬。"①

法律规范是一套规则体系，也是一套概念体系。法律规范的适用范围、构成要件和法律效果，都是通过法律概念来表述的，因此，要正确掌握法律，必须先正确掌握法律概念。例如，《消费者权益保护法》第四十九条规定：经营者有欺诈行为的，双倍赔偿。其适用范围，是用"消费者"、"经营者"、"合同"和"消费者合同"这些概念表述的；其构成要件，是用"欺诈"、"行为"、"欺诈行为"等概念表述的；其法律效果，是用"赔偿"、"损害赔偿"、"惩罚性赔偿"等概念表述的。因此，要正确理解和掌握《消费者权益保护法》第四十九条，就要先正确

① 【美】博登海默：《法理学——法哲学及其方法》，邓正来、姬敬武译，华夏出版社，1987年版，第465页。

理解和掌握上述这些法律概念。

法律是一套概念、原则、制度和理论的体系，其基础是一整套有严密逻辑关系的概念，掌握了这套概念体系，并且掌握了每一个法律概念的内涵和外延，就掌握了法律规范的体系。实践表明，法官在裁判中、律师在处理案件中、学者在分析案例中，如果出现失误，往往源于没有掌握好这套概念体系或者发生了概念混淆。因此，学习法律首先要掌握好这套概念体系。

法律概念不同于日常语言使用中的一般概念，法律概念一般有其专门含义。法律概念也是通过语词来表达的，要准确把握法律概念，就要准确把握表达法律概念的语词的含义，注意和日常语言使用上的区别。某些语词在法律概念和自然语言中都使用，但其含义不完全相同。例如，“人”一词在民法中的含义，就不同于自然语言中所指称的“人”。它在民法中，不仅包括自然人，也包括法人及其他主体。对于法律适用对象来说，在适用和遵守法律时，必须以法律所规定的“人”来理解。某些语词的含义在法律概念和自然语言中完全不同。作为法律概念，在制定、运用和研究法律的语境下，其含义与语词原有的含义无关。例如，“第三人”在日常语境中，是指依一定序列而确定的某个人；在法律语言中则专指与法律行为、诉讼标的有关联的第三方。某些语词在自然语言中已经不再使用或不常用，但却给它赋予一个新的法律含义，只在法律的语境中使用。例如，“标的”一词的原意是靶子、目的，但是这些含义均已退化，表达这些含义时不再使用“标的”这个词。“标的”现在只作为法律概念使用，指合同当事人双方权利和义务共同指向的对象，如货物、劳务、工程项目等。

第二节　概念的分析

一、概念的分类

根据不同的标准，可以将概念进行不同的分类。通过不同的分类，可以从不同的角度认识概念的性质。

（一）单独概念和普遍概念

根据概念外延的大小，即指称的对象数量的不同，将概念分为单独概念、普遍概念和空概念。

单独概念是指其外延指称某一特定对象的概念。例如“中国”、“2008 年 5 月 12 日”、“世界上最高的山峰”、“中华人民共和国宪法”等。单独概念所指称的外延范围相当于集合中的单元集。

普遍概念是指其外延指称两个以上对象的概念。例如“大学生都是学生”中的“大学生”和“学生”都是普遍概念。普遍概念所指称的外延范围相当于集合中的多元集。

空概念的外延无所指称。例如“过失放火罪”就是空概念。这个概念的外延没有任何元素，因为不存在“过失放火罪”这样的犯罪行为。在刑法中，“过失”是指过失犯罪，“放火罪”则是故意犯罪，不存在这样一种行为，它既是过失犯罪，又是故意犯罪。过失犯罪和故意犯罪是两个外延互相矛盾的概念，不可能同时存在于一种犯罪行为上。空概念所指称的外延范围相当于集合中的空集。

本书中所讲的推理，有许多不适用于包含空概念的句子，因此本书所讲到的概念是不涉及空概念的，也就是说，本书所讲到的概念预设为非空的。

(二)集合概念和非集合概念

在自然语言中，很多概念既可以在集合意义上使用，也可以在非集合意义上使用。在集合意义上使用的概念称为集合概念，在非集合意义上使用的概念称为非集合概念。

集合概念的外延以该集合作为元素。

非集合概念的外延以该集合中的任意个体作为元素。

如前面所述的例子：

(1)人是由猿进化而来的。

(2)人是有理性的。

例(1)中的概念“人”是在集合意义上使用的，因为它所谓述的“由猿进化而来的”，所指是“人类”，而不是组成人类的任意个体；例(2)中的概念“人”是在非集合意义上使用的，因为它所谓述的“有理性的”，所指是人类中的任意个体。

(三)肯定概念和否定概念

根据概念是否含有否定词，将概念分为肯定概念和否定概念。

肯定概念是不含否定词的概念。它肯定概念所指称的对象具有某种属性。例如“成年人”、“正常死亡”、“有效合同”等。

否定概念是含有否定词的概念。它否定概念所指称的对象具有某种属性。否定概念总是与肯定概念相对应的而言的，例如与上述肯定概念相对应的否定概念是“未成年人”、“非正常死亡”、“无效合同”等。

当具体使用一个概念的时候，总是在一个确定的对象范围内，这个确定的对象范围称为论域。例如，当谈到“成年人”和“未成年人”的时候，是在“人”这个论域内；当谈到“合法”和“不合法”时，是在“行为”这个论域内；当使用“偶数”和“奇数”这两个概念时，是在“自然数”的论域内；而使用“有理数”和“无理数”时的论域则扩大到了“实数”的论域。也就是说，肯定概念和它相对应的否定概念共同构成一个类，这个类就是这两个概念共同的论域。

明确概念的论域有助于正确理解概念的外延。特别是否定概念，如果论域不明确，就无法清楚地知道概念所指称的对象范围。

严格地说，一个概念是单独的、普遍的、还是空的，是集合概念还是非集合概念，是肯定概念还是否定概念，都不能抽象地谈，要在具体的语境中考虑。因为大多数语词是多义的，因此当我们运用语词表达概念时，会用同一个语词表达多个概念，以致这些不同的概念的语言形式却是一样的，所以只有在具体的句子中才能确定它们的外延，才能辨别它们是何种概念。

二、概念外延间的关系

我们可以把概念的外延范围看成是一个集合，那么任意两个概念外延之间的关系就是两个集合之间的关系。任意两个概念，其外延之间或者有交集，或者没有交集。有交集的情况，又根据交集的不同，分为四种不同的情况。所以，任意两个概念，其外延之间共有五种不同的关系。

在下面的分析中，我们将以 S、P 表示任意两个非空的概念，并且同时也用 S、P 表示它们的外延。

(一)全同关系

如果S和P两个概念的外延完全相同，即S⊆P且P⊆S，也就是S = P，则S和P之间就是全同关系。用欧拉图①表示就是两个重合的圆圈：

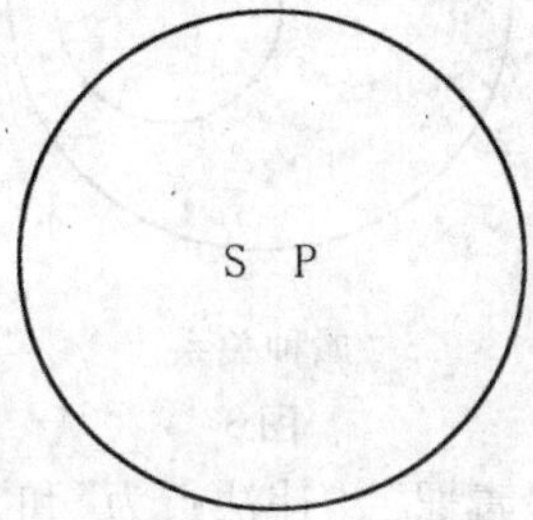

全同关系

图1

例如："法院"和"国家的审判机关"、"北京"和"中国的首都"就是全同关系。

具有全同关系的概念虽然其外延是完全重合的，但是其内涵有时却不尽相同。所以，替换使用具有全同关系的概念能够从不同的角度去揭示同一思维对象的多重性。

例如："国家的根本大法"、"具有最高法律效力的法律"和"规定国家根本制度的法律"是全同关系的概念，它们所作的陈述都指向同一个对象——宪法。但"国家的根本大法"陈述的是宪法在国家整个法律体系中的地位，"具有最高法律效力的法律"陈述的是宪法的法律效力，"规定国家根本制度的法律"陈述的是宪法的具体内容。

(二)种属关系

如果概念S的外延完全包含在概念P的外延之中，并且P的外延大于S的外延，即S⊆P但P⊄S，则S和P之间就是种属关系。用欧拉图表示为：

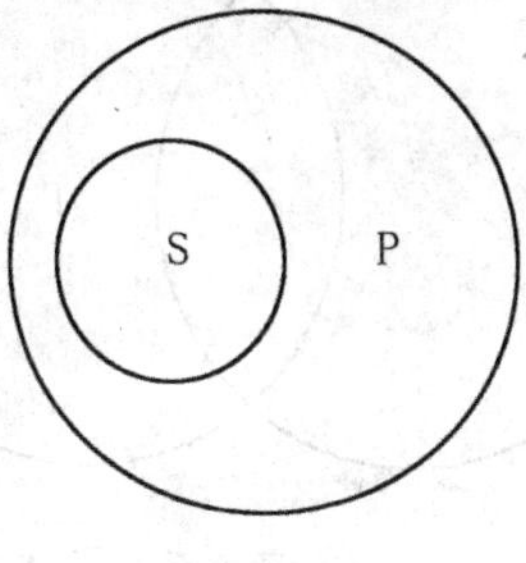

种属关系

图2

例如："盗窃罪"和"侵犯财产罪"、"大学生"和"学生"就是种属关系。

(三)属种关系

如果概念S的外延包含了概念P的全部外延，并且S的外延大于P的外延，即S⊄P但

① 用一个圆圈表示一个概念的外延集这种图解的方法是瑞士数学家欧拉(Leonhard Euler，1707－1783)创立的，故称之为欧拉图解。

$P \subseteq S$，则 S 和 P 之间就是属种关系。用欧拉图表示为：

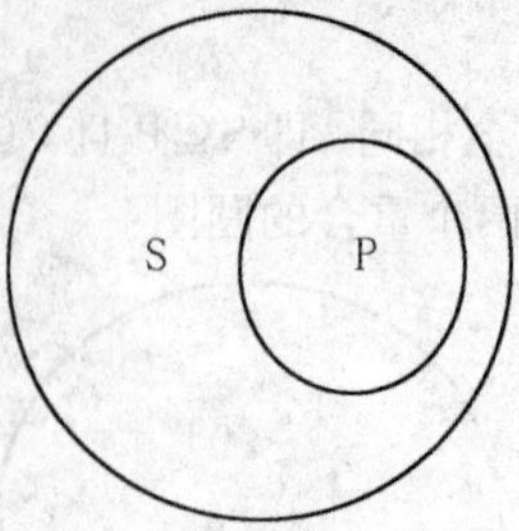

属种关系

图 3

例如："危害公共安全罪"和"投毒罪"、"违法行为"和"侵权行为"就是属种关系。

显然，"S 和 P 是属种关系"与"P 和 S 种属关系"是一回事。

种属关系和属种关系中的两个概念的关系，也称为从属关系。其中外延较大的概念称为属概念，外延较小的概念称为种概念。种概念具有属概念的共性，又具有和其他种概念相区别的特有属性。正是因为具有共性，所以种概念的外延包含在属概念的外延之中；因为具有特有属性，各个种概念又各自区别开来。例如，盗窃罪和侵占罪都是属于侵犯财产罪下的具体罪名，都具有侵犯财产罪的性质，因此是侵犯财产罪的种概念；但又都具有各自的特有属性，因此是不同的犯罪行为。盗窃罪的特有属性是"盗窃公私财物，数额较大或者多次盗窃"，侵占罪的特有属性是"将代为保管的他人财物非法占为己有，数额较大，拒不退还"。

（四）交叉关系

如果概念 S 和概念 P 的外延有一部分相同，又各有一部分不相同，即 $S \not\subset P$ 且 $P \not\subset S$ 且 $S \cap P \neq \phi$，则 S 和 P 之间就是交叉关系。用欧拉图表示为：

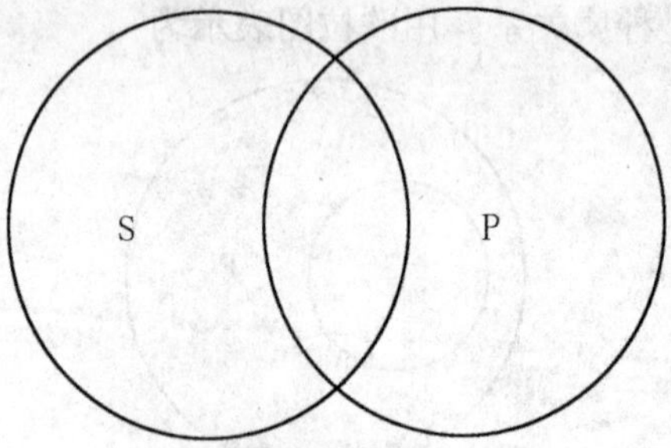

交叉关系

图 4

例如："故意犯罪"和"伤害罪"、"青年"和"法官"就是交叉关系。

具有交叉关系的两个概念所反映的是两类不同的对象，但有的对象既具有其中一类的特有属性而属于这一类，同时又具有另一类的特有属性而属于另一类，于是这两个概念的外延形成交叉关系。

（五）全异关系

如果概念 S 和概念 P 的外延完全不相同，即 $S \cap P = \phi$，则 S 和 P 之间就是全异关系。用欧拉图表示为：

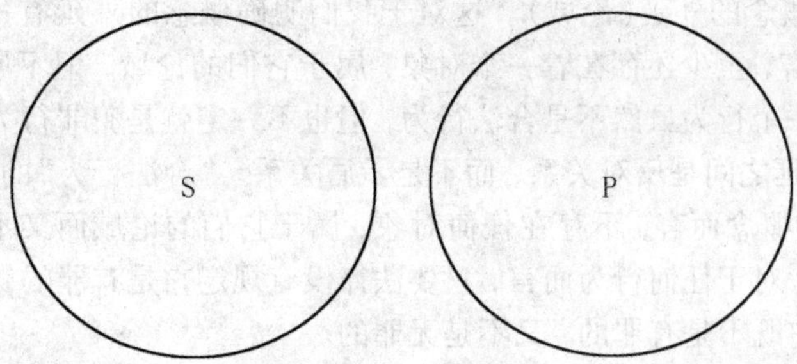

全异关系

图5

例如:“自然人”和“法人”、“自行车”和“小汽车”就是全异关系。

如果论域明确，可以进一步将全异关系分为矛盾关系和反对关系。

1. 矛盾关系。如果 S 和 P 两个概念之间是全异关系，并且 S、P 的外延之和等于它们的属概念的外延 U(论域)，即 $S \cup P = U$ 时，则称 S 和 P 是矛盾关系。用欧拉图表示为:

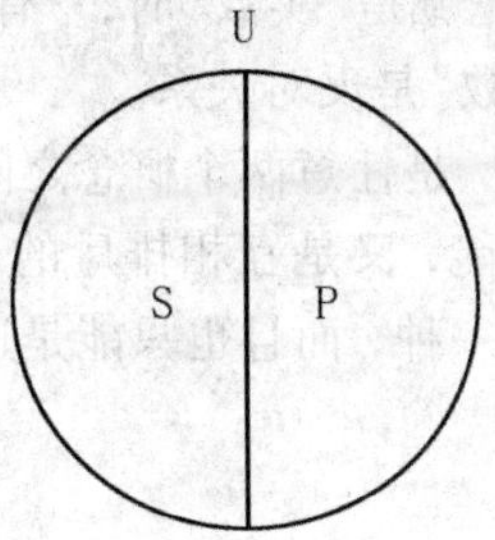

矛盾关系

图6

例如:“有效合同”和“无效合同”之间是全异关系，对于论域“合同”而言它们之间就是矛盾关系。

2. 反对关系。如果 S 和 P 两个概念之间是全异关系，并且 S、P 的外延之和小于它们的属概念的外延 U(论域)，即 $S \cup P \subset U$ 时，则称 S 和 P 是反对关系。用欧拉图表示为:

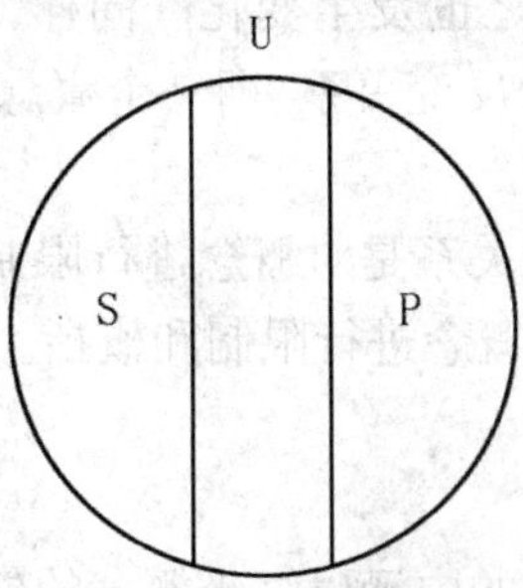

反对关系

图7

例如:“民法”和“刑法”之间是全异关系，它们的外延之和小于论域“法律”，所以它们之间就是反对关系。

区分全异关系之下的概念之间是矛盾关系还是反对关系，就看这两个概念的外延之和是否穷尽了它们的属概念的外延(论域)。这对于我们明确概念的外延有一定的指导意义。就反对关系的概念而言，至少还存在着一个对象，属于它们的论域，但不属于它们之中任何一个的外延。例如，一个行为虽然不是合法行为，但也不一定就是犯罪行为。因为“合法行为”和“犯罪行为”的外延之间是反对关系，而不是矛盾关系。“合法行为”的矛盾概念是“违法行为”。就矛盾关系的概念而言，不存在任何对象，属于它们的论域而又不属于它们之中任何一个的外延。例如，对于任何行为而言，只要法律没有规定它是有罪的，它就只能是无罪的。不存在一种行为，它既不是有罪的，又不是无罪的。

需要强调的是:第一，概念外延间的关系是两个集合之间的关系，而不是其他任何关系，如整体与部分的关系、隶属关系、地理位置关系等。例如，“地球”和“北半球”是整体和部分的关系，二者在外延上没有共同元素，因为“北半球”不具有“地球”的性质，所以是全异关系，而不是属种关系。又如，“北京”和“中国”在地理位置上前者位于后者，但二者在外延上同样没有共同元素，因为“北京”是一个城市，而“中国”是一个国家，二者的性质是不同的，所以也是全异关系，而不是种属关系。第二，矛盾关系和反对关系是针对具体论域而言的，论域变了，关系也会变。例如，当论域是“实数”时，“有理数”和“无理数”是矛盾关系;当论域是“复数”时，“有理数”和“无理数”是反对关系。

概念外延之间的上述五种关系，是任意两个概念之间可能具有的全部关系。这五种关系既穷尽了概念外延间关系的各种可能，又是互相排斥的。因此，具体到两个概念时，它们之间的关系必然是这五种关系之中的一种，而且也只能是这五种关系之中的一种。

第三节　概念的运用:限制与概括

一、概念的内涵和外延间的反变关系

概念的内涵和外延之间是相互依存、相互制约的:一个概念的内涵确定了，其外延也就确定了;内涵如果发生变化则外延随之也发生变化。同样，外延的变化也会导致内涵的变化。概念的内涵和外延之间存在着一种反变关系:即一个概念的内涵越多，则外延越小;反之，一个概念的内涵越少，则外延越大。

概念的内涵和外延之间的反变关系是对概念进行限制和概括的逻辑基础。根据这种反变关系，我们可以对具有属种关系的概念进行限制和概括。

二、概念的限制

概念的限制就是通过增加概念的内涵以缩小概念的外延，使一个概念从外延较大的属概念过渡到外延较小的种概念的方法。

只有具有属种关系的概念之间才可以进行限制，也就是说，概念的限制，应该由类到类所包含的元素，或者由大类到它所包含的小类。

例如，从“犯罪”到“侵犯财产罪”，再到“盗窃罪”，就是对概念进行限制的过程。犯罪的内涵是“触犯刑法应当受到刑法处罚的行为”，侵犯财产罪的内涵是“侵犯公私财物所有权的

犯罪行为”，盗窃罪的内涵是“盗窃公私财物，数额较大或者多次盗窃的犯罪行为”。这三个概念之间是属种关系，随着内涵逐渐增多，外延逐渐缩小，从属概念过渡到种概念。限制的过程可用下图表示：

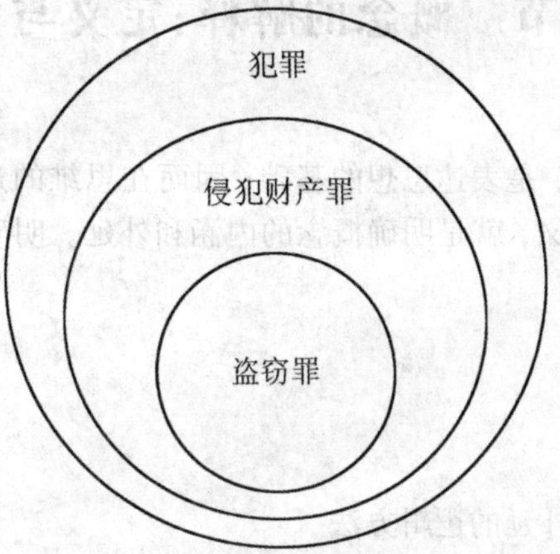

图8

概念的限制可以连续进行，限制的极限是单独概念。因为单独概念指称的对象只有一个，所以是外延最小的种概念，因此无法再进行限制了。

对概念进行限制的主要意义在于，可以使概念指称的对象更为清楚、准确。显然，从属概念限制到种概念，其外延小于属概念，所指更为明确。

例如：《刑事诉讼法》第八十一条规定：送达传票、通知书和其他诉讼文件应当交给收件人本人；如果本人不在，可以交给他的成年家属或者所在单位的负责人员代收。

这段法条中，用“成年”对“家属”加以限制，构成“成年家属”，这样指称的对象更为清楚，表述更为准确。

三、概念的概括

概念的概括就是通过减少概念的内涵以扩大概念的外延，使一个概念从外延较小的种概念过渡到外延较大的属概念的方法。

概念的概括和概念的限制正好相反。只有具有种属关系的概念之间才可以进行概括，也就是说，概念的概括，应该由元素到元素所属的类，或者由小类到包含它的大类。例如，从“盗窃罪”到“侵犯财产罪”，再到“犯罪”，就是对概念进行概括的过程。

概念的概括也可以连续进行，概括的极限是论域，因为论域是讨论问题时外延最大的属概念。哲学范畴是某一领域内最大的类，所以，外延概括到哲学范畴，就不能再进行概括了。

对概念进行概括的主要意义在于，有助于认清概念所归属的论域。因为对概念概括的过程，就是由种概念向属概念过渡的过程，即对种概念进行归类的过程。通过对概念的层层概括，可以使我们认识到被概括概念与它所属的属概念所共有的性质。

例如：某案件盗窃的不是财物，而是“技术秘密”，那么，能构成盗窃罪吗？这里，首先要弄清楚，“技术秘密”是否属于刑法上的“盗窃罪”所指的“物”这一客体。我们要思考关于“技术秘密”的问题，就应思考它所具有的更为一般的性质，即它属于“信息”，而“信息”可以归为一种特殊的“物”。通过这样的逐层概括，不但使我们清楚了“技术秘密”所具有的最一般的性质，而且也便于厘清思考的方向。

第四节　概念的解释：定义与划分

概念是命题的组成单位，是表达思想的基础，因而在思维的过程中，首先要对概念的含义加以解释。解释概念的含义，就是明确概念的内涵和外延。明确概念内涵和外延的逻辑方法是定义和划分。

一、定义

(一)定义及其结构

定义是明确概念内涵或外延的逻辑方法。

定义可以通过揭示概念的特有属性来明确概念的内涵，或者指明概念所指对象的外延范围，也可以通过说明或规定语词的含义来明确概念。

例如：(1)刑法是关于犯罪和刑罚的法律。

(2)间谍罪是指参加国外的间谍组织或者为间谍组织窃取、刺探、提供我国情报或者接受间谍组织派遣任务的行为。凡具有上述三种行为之一的，就可以构成间谍罪。

(3)大辟是我国隋朝以前死刑的通称。

(1)揭示了“刑法”的特有属性，明确了刑法的内涵，从而将刑法和其他法律区分开来；(2)列举了“间谍罪”的三种不同行为表现，明确了属于间谍罪的范围；(3)说明了“大辟”这一语词的特定含义，从而明确了大辟这一概念的含义。

一个完整的定义由被定义项、定义项和定义联项三个部分组成。

被定义项是含义需要明确的概念。如例(1)中的“刑法”，例(2)中的“间谍罪”，例(3)中的“大辟”。被定义项通常用 D_s 表示。

定义项是揭示被定义项含义的表达式。如例(1)中的“关于犯罪和刑罚的法律”，例(2)中的“参加国外的间谍组织或者为间谍组织窃取、刺探、提供我国情报或者接受间谍组织派遣任务的行为”，例(3)中的“我国隋朝以前死刑的通称”。定义项通常用 D_p 表示。

定义联项联结被定义项和定义项，表明被定义项与定义项之间的定义关系。通常用“是”、“就是”、“是指”、“即”等表示，在数学、逻辑学等形式化较强的学科中，定义联项通常用“$=_{df}$”表示。

标准的定义的公式是：D_s 就是 D_p 或者 $D_s =_{df} D_p$。

定义是一种常用的逻辑方法。人们在表达思想、交流观点、辩论问题时，常常需要明确所使用概念的含义或所指。在科学研究工作中，常常要使用定义方法来建立和巩固新的概念和术语。在立法工作中，往往需要对所提出的概念进行解释。实际上，定义贯穿了每一部法典的始终。

(二)定义的种类和方法

定义通常分为事物定义和语词定义两大类。

1. 事物定义

事物定义是揭示概念所反映的事物的特有属性的定义。事物定义又称为真实定义。

事物定义的基本形式是属加种差定义，即定义项由一个属概念和一个种差构成。可以用公式表示为：

被定义项 = 种差 + 邻近属

所谓属概念，是指被定义概念所从属的一个概念。如上述例(1)、例(2)都是属加种差定义，其中，“刑法”、“行为”是属概念。

一个概念的属概念往往是多层次的。给概念下定义时，一般是选择被定义项最邻近的属概念。但“邻近的属概念”是相对而言的，选择哪个外延较广的概念作属概念，要根据定义的具体要求而定。

所谓种差，是指那些可以把被定义项所反映的那种事物与该属的其他种事物区别开来的特有属性。上述例(1)和例(2)中的“关于犯罪和刑罚”、“参加国外的间谍组织或者为间谍组织窃取、刺探、提供我国情报或者接受间谍组织派遣任务”是种差。

选择种差时应考虑两点要求：第一，运用种差把被定义项与邻近属中的其他种概念区别开来；第二，运用种差增加邻近属的内涵以缩小邻近属的外延，使被定义项外延与定义项外延之间具有全同关系。

由于事物的属性是多方面的，对同一事物从不同的角度去看，就可以形成不同的特有属性。因而在不同的科学领域，人们可以从不同的方面揭示被定义项所反映对象的特有属性，从而形成不同的种差，作出不同的定义。

由于种差是多种多样的，因而在事物定义中，用属加种差方法下定义也呈现出不同的类型。

(1) 性质定义。种差是事物的性质特征。

例如：刑事诉讼证据是指以法律规定的形式表现出来的能够证明案件真实情况的一切事实。

(2) 发生定义。种差是事物发生、形成的特征。

例如：犯罪中止是指在犯罪过程中，自动放弃犯罪或者自动有效地防止犯罪结果发生的行为。

(3) 功用定义。种差是事物的功能特征。

例如：主犯是组织、领导犯罪集团进行犯罪活动的或者在共同犯罪中起主要作用的罪犯。

(4) 关系定义。种差是事物间的关系特征。

例如：中华人民共和国领海的外部界线为一条其每一点与领海基线的最近点距离等于 12 海里的线。

属加种差定义虽然是常用的定义方法，但也有一定的局限性，对于最大类概念就不能用这种方法下定义。因为最大类概念外延最广，没有比它外延更大的属概念。如哲学范畴就不能用这种方法下定义。对某些单独概念，也不适合用属加种差定义。有的单独概念所反映的个体事物具有多重属性，难以找到种差来刻画。

2. 语词定义

语词定义就是说明或规定语词含义的定义。

语词定义的目的是明确概念的表述。在日常语言中大多数语词的含义不是唯一的，一个语词可以用来表达这个概念，也可以用来表达那个概念。因此，为了避免歧义，需要明确语词在不同领域的含义，明确它们究竟表达的是哪个概念。法律活动的严肃性要求法律概念的建立和使用都应非常精确。因此，一般需要对用于表述法律概念的语词加以解释，这时就需要使用语词定义。

语词定义有两种类型:说明的语词定义和规定的语词定义。

(1)说明的语词定义。

说明的语词定义是对某个语词的已有含义作出解释、说明的定义。

例如:著作权法所称作品，指文学、艺术和科学领域内，具有独创性并能以某种有形形式复制的智力创作成果。

有些语词的含义在日常语言的交流中不需要加以解释，而在法律活动中，为保证对法律条文的理解没有歧义，经常需要对所使用的语词的含义加以说明。例如，“父母”是日常语言中的一个常用的语词，人们在日常交流中是不需要加以解释的，而在法律条文中经常需要对这样的语词加以说明。

例如，我国《继承法》中作了这样的说明:本法所说的父母，包括生父母、养父母和有抚养关系的继父母。

(2)规定的语词定义。

规定的语词定义是对某个原有的语词或新出现的语词赋予确定含义的定义。

这种定义常常用来简化语言表达，用一个减缩的语词表达一个比较繁琐的语词。在法律条文中，当提及一个新的对象，对其描述的表达式又比较冗长时，就需要对其规定一个简称以便其后提及。例如，我国《中外合资经营企业法》中在提及“外国公司、企业和其他经济组织或个人”时规定，“以下简称外国合营者”，《中外合资经营企业法实施条例》中在提及“对外经济贸易部和受托机构”时规定:“以下统称为审批机构”。

在某些特定的情形下，人们常常需要对某些原有的语词的含义作出精确的规定。日常语言中的一些意义含混的语词，直接用于法律规范就会产生歧义，造成适用上的不明确。

例如，汉语中的“以上”、“以下”、“以内”、“届满”等可以理解为包括本数，也可以理解为不包括本数，因此，《民法通则》第一百五十五条规定:民法所称的“以上”、“以下”、“以内”、“届满”，包括本数;所称的“不满”、“以外”，不包括本数。

有些词的含义一般情况下是明确的，无须解释，但在某些特定的场合下却需要加以规定。

例如，“发明”是人们熟知并经常使用的一个词，但在某些法律条文中却需要作出具体规定。国务院颁布的《发明奖励条例》中对“发明”一词的含义作了如下规定:本条例所说的发明是一种重大的科学技术新成就。它必须同时具备下列三个条件:(1)前人所没有的;(2)先进的;(3)经过实践证明可以应用的。

条例对“发明”一词的解释是就特定场合所作的规定，而不是该词的一般通行解释。

随着社会的变化与发展会不断出现新的语词，这就需要对其规定一个确定的含义，以便人们在语词的使用过程中有共同的理解。例如，2006 年，教育部在其官方网站发布了《中国语言生活状况报告(2006)》，列出了 171 条汉语新词语选目，如“灰色技能”“裸考”等，很多语词的确切含义一般人并不清楚，所以往往需要对它们加以解释。

规定的语词定义所规定的语词，在一定时期内可以看作是一种规定，人们按照这个规定来学会使用这个词。当这个词成为通用词以后，对其词义的解释就可被看作说明的语词定义了。例如，在时代发展的过程中新出现的一些语词，如“跳槽”、“下岗”、“裸官”等都已经成为通用词汇了，对其含义的解释已由出现时的规定转化为说明了。

（三）定义的规则

要达到正确定义的目的，不仅需要具备所定义概念的相关知识，还应该遵循定义的规则。

1. 定义必须相应相称。

这条规则要求：定义项的外延和被定义项的外延应该相等，即定义项和被定义项的外延是全同关系。

违反这一要求导致的错误是定义过宽或定义过窄。

如果定义项的外延所包含的对象范围大于被定义项的外延范围，这表明该定义并没有把被定义项指称的对象与其他概念指称的对象区别开来，这种错误称为“定义过宽”。

例如：刑法是关于违法行为的法律。

定义项“关于违法行为的法律”的外延不仅包括刑法，还包括其他法律，范围大于“刑法”的外延。这一定义，并没有揭示刑法的特有属性。

如果定义项的外延小于被定义项的外延，表明定义项所陈述的性质仅仅是被定义项中部分对象所具有的性质，这种错误称为“定义过窄”。

例如：刑法是关于犯罪的法律。

刑法不仅是“关于犯罪的法律”，也是“关于刑罚的法律”。这个定义中的定义项“关于犯罪的法律”，外延小于被定义项“刑法”的外延。

2. 定义不能循环。

这条规则要求：定义项中不能直接或间接地出现被定义项。因为被定义项本身的内涵是不清楚的，需要通过定义来明确的。如果定义项中直接或间接地出现被定义项，等于用被定义项来说明被定义项自身，这样被定义项的内涵并没有得到明确。

违反这一要求导致的错误是“循环定义”。

一个结构正确的定义，被定义项不能在定义项中直接出现，违反这一要求的错误称为直接循环定义。定义项中直接包含被定义项，通常表现为只是改变了被定义项的语词表达结构。

例如：贪污罪就是因为贪污而构成的犯罪。

通过这个定义，我们得不到关于贪污罪的任何特定的知识。

直接循环定义的错误是容易察觉的，而间接循环定义的错误则具有一定的隐蔽性。它的形式是用语词 B 来定义语词 A，而语词 B 又终要回到 A 来定义。

例如：所谓孳息是从原物产生出来的收益的物质形态；所谓原物就是产生孳息的物。

“孳息”和“原物”这两个概念的定义是互相依存的，用原物为孳息下定义，又用孳息为原物下定义，结果是这两个概念的内涵都没有揭示出来。

3. 定义应当用肯定形式。

这条规则要求：

（1）给肯定概念下定义不能用否定概念。

因为定义的目的就是要说明被定义项所指称的对象具有何种特有属性。而否定概念只能说明被定义项所指称的对象不具有某种属性，而不能说明所指称的对象具有什么属性。

（2）定义应当用肯定命题来表达。

用否定命题下定义，只能说明被定义项不是什么，而不能说明被定义项是什么。

违反这一要求导致的错误是“定义离题”。

这一错误表现为，在定义项中并没有给出揭示被定义项含义的语词，而是给出了一个相异于被定义项的概念，这一概念所指称的对象与被定义项所指称的对象互相排斥。

例如：故意犯罪不是过失犯罪。

这样的定义并不能使我们了解什么是故意犯罪。

需要指出的是，这一要求并不是绝对的。如果被定义项是否定概念，其本身就是以缺乏某种属性为特征，定义项中就必然要出现否定词。

例如：非正式解释就是在法律上没有约束力的解释。

4. 定义必须明确。

这条规则要求：

(1)定义应当用简洁的语言，不应包含含混的语词。

定义的目的是明确概念的含义，不必要的冗长句式往往费解，而含混的语言不能澄清概念，只会导致概念的含义更加模糊。

违反这一要求导致的错误称为“定义含混”。

(2)定义项中不应包含比喻。

比喻虽然富有形象性和启发性，但它不能直接、准确地揭示出被定义项的特有属性。比喻不是定义。

违反这一要求导致的错误称为“用比喻代定义”。

例如：数学是科学中的皇后，而哥德巴赫猜想是皇冠上的宝石。

这样的比喻虽然形象地说明了数学在科学中的地位，哥德巴赫猜想在数学中的重要性，但是我们并不能因此得知数学是关于什么的科学，哥德巴赫猜想又是关于什么问题的假说。

二、划分

(一)划分及其结构

划分是明确概念外延的逻辑方法。

划分就是依据一定的标准，把一个概念所指称的一类对象分成若干个小类，即把一个属概念分成几个种概念。

例如：(1)根据犯罪的主观方面，把犯罪分为故意犯罪和过失犯罪。

(2)刑事诉讼证据可分为原始证据和传来证据。

划分由划分的母项、划分的子项和划分标准三部分组成。

划分的母项就是其外延被划分的概念。如例(1)中的“犯罪”，例(2)中的“刑事诉讼证据”。

划分的子项就是母项被划分后得到的各并列的概念。如例(1)中的“故意犯罪”和“过失犯罪”，例(2)中的“原始证据”和“传来证据”。

划分标准就是将一个母项划分为若干个子项时所依据的一定的属性。如例(1)中的“犯罪的主观方面”。划分一定依据一定的标准，但并不必然在划分的陈述中出现。如例(2)中的划分标准是“是否直接来源于案件事实”。

事物具有多种属性，因此划分时可以根据需要选取不同的属性作为划分标准。例如，可以根据以下几个方面的属性对“法律”进行不同的划分：

(1)根据法律规定的内容不同，法律可以分为实体法和程序法；

(2)根据法律制定的主体和适用范围不同，法律可以分为国际法和国内法；

(3)根据法律创立和表现形式不同，法律可以分为成文法和不成文法；

(4)根据法律的效力范围，法律可以分为一般法和特别法。

(二)划分的种类和方法

1. 一次划分和连续划分

一次划分是对母项进行一次分完的划分，只包含母项和子项两个层次。

连续划分是把第一次划分后所得到的子项作为母项继续进行划分，这样连续划分下去，直到满足需要为止。

例如，根据人民法院的性质不同，将人民法院分为：

人民法院
- 最高人民法院
- 地方各级人民法院
  - 高级人民法院
  - 中级人民法院
  - 基层人民法院
- 专门人民法院

这是一个包含着三个层次、进行了两次的连续划分。

2. 二分法

二分法是以对象有无某种属性为划分标准，把母项中凡是具有这种属性的对象划分为一类，表现为一个肯定概念；把凡是不具有这种属性的对象划分为另一类，表现为一个否定概念。二者在外延上是矛盾关系。如根据是否合乎法律规范的规定，把人的行为分为合法行为和非法行为；根据解释主体和法律效力的不同，将法律解释分为正式解释和非正式解释。

(三)划分的规则

要给一个概念作出正确的划分，不仅需要掌握有关划分对象的具体知识，还要遵守划分的规则。

1. 子项外延之和必须等于母项外延。

这条规则要求，划分后所得各子项外延之和与母项的外延之间是全同关系。

违反这一要求导致的错误称为“子项不全”或“多出子项”。

子项不全是划分后所得的各子项外延之和小于母项外延，即遗漏了子项。

例如：刑罚中的附加刑包括罚金、剥夺政治权利。

刑罚中的附加刑还包括“没收财产”，此例中遗漏了子项“没收财产”，犯了子项不全的错误。

多出子项是划分后所得的各子项外延之和大于母项外延，将不属于母项外延的对象包括进来。

例如：民事行为能力分为完全民事行为能力、限制民事行为能力和无民事行为能力。

“无民事行为能力”与“民事行为能力”这两个概念间是矛盾关系，所以“无民事行为能力”不是“民事行为能力”的种概念，此例犯了多出子项的错误。

2. 各子项外延之间必须互不相容。

这条规则要求，划分后所得的各子项外延之间必须是全异关系，互不相容，这样才能把属于母项的任何一个对象划分到一个子项中，而且也只能划分到一个子项中。否则，就会出现某些对象既属于这一子项，又属于另一子项，而引起外延关系的混乱。

违反这一要求导致的错误称为“子项相容”。

例如:犯罪分为故意犯罪、过失犯罪和共同犯罪。

此例中共同犯罪的外延和故意犯罪的外延之间是种属关系，所以犯了子项相容的错误。

3. 划分标准必须同一。

这条规则要求，同一层次的划分必须用同一个标准，不允许同时用两个以上的标准，这样就会造成一部分子项的划分依据某一个标准，而另一部分子项的划分依据另一个标准。这样的结果是子项之间外延关系的混乱。

违反这一要求导致的错误称为“多标准划分”。

例如:我国诉讼时效分为普通诉讼时效、特别诉讼时效、短期诉讼时效和长期诉讼时效。

显然，在这一划分中出现了两个划分标准。

如果是不同层次的划分，采用不同的标准在逻辑上没有问题，不会造成概念外延关系的混乱。例如，可以将我国诉讼时效分为普通诉讼时效和特别诉讼时效;特别诉讼时效再分为短期诉讼时效和长期诉讼时效。

同一次划分中不能采用多个标准，但不是说只能用概念的一个属性作划分标准，也可以把概念的多种属性结合起来作为一个综合标准进行划分。

(四)分解与列举

分解是把一个整体分为几个组成部分，它所显现出的是整体和部分的关系。分解后的部分不具有整体的属性。

划分不同于分解。划分是把一个大类分为几个小类，其中，大类是母项，小类是子项，母项和子项之间是属种关系，划分后的子项具有母项的属性。

例如，把人民法院分为最高人民法院、地方各级人民法院、专门人民法院，这是一个划分，我们可以说地方各级人民法院是人民法院，因为划分后的子项具有母项的属性。但把人民法院分为刑事审判庭、经济审判庭、民事审判庭、行政审判庭和其他审判庭，就属于对人民法院的分解，而不是划分。我们不能说民事审判庭是人民法院，因为分解后的部分不具有整体的属性，而只能说民事审判庭是人民法院的组成部分。

对于单独概念，因为它的外延只有一个特定个体，不能进行划分，但是可以根据不同的属性进行分解。例如，地球可以分解为南北两个半球，又可以分解为陆地和海洋两部分。

列举也是明确概念外延的一种逻辑方法，是划分的一种特殊形式，是划分的省略式。划分需要明确概念的全部外延，把属概念下所包含的每一个分子都分到一定的种概念中;而列举既可明确概念的全部外延，把一定范围内的对象逐一列举出来，也可只明确概念的部分外延，把不能或不需要明确的部分省略，只将需要的子项列出来，并在后面加上“等”或省略号，以示未尽。

例如:(1)近亲属包括夫、妻、父、母、子、女、同胞兄弟姊妹。

(2)行政处罚的种类有警告、罚款、没收违法所得、没收非法财物、责令停产、停业、暂扣或吊销许可证、执照等。

要点小结

本章主要阐述了与概念的逻辑分析有关的内容，包括概念的含义、概念的分析、概念的运用和概念的解释四部分。主要内容是：

一、概念的含义

（一）概念、词项与语词

概念与语词

词项与语词

（二）概念的含义

概念的含义
- 内涵
- 外延

（三）掌握法律概念的意义

二、概念的分析

（一）概念的分类

根据外延集元素的个数
- 单独概念
- 普遍概念
- 空概念

根据指称集合还是非集合
- 集合概念
- 非集合概念

根据概念是否含有否定词
- 肯定概念
- 否定概念

（二）概念外延间的关系

相容关系
- 全同关系
- 种属关系
- 属种关系
- 交叉关系

不相容关系（全异关系）
- 矛盾关系
- 反对关系

三、概念的运用：限制与概括

限制

概括

四、概念的解释：定义与划分

（一）定义的结构

定义的结构
- 被定义项
- 定义项
- 定义联项

（二）定义的种类和方法

（三）定义的规则

定义必须相应相称

定义不能循环

定义应当用肯定形式

定义必须明确

（四）划分的结构

母项

子项

划分标准

（五）划分的种类和方法

根据划分的层次
- 一次划分
- 连续划分

根据对象有无某种属性：二分法

（六）划分的规则

子项外延之和必须等于母项外延

各子项外延之间必须互不相容

划分标准必须同一

（七）分解与列举

分解是将一个整体分为几个组成部分。分解不是划分。

列举是划分的一种特殊形式，是划分的省略式。

思考与练习

一、思考题

1. 什么是概念？概念和语词是什么关系？
2. 什么是词项？词项和语词是什么关系？
3. 从逻辑的角度分析，概念的含义体现在哪两个方面？
4. 可以从哪些角度对概念进行分类？
5. 概念外延间有哪几种关系？
6. 什么是概念的限制和概括？
7. 什么是定义？定义由哪些部分组成？
8. 定义有哪些规则？违反这些规则会犯什么逻辑错误？
9. 什么是划分？划分由哪些部分组成？
10. 划分有哪些规则？违反这些规则会犯什么逻辑错误？

二、练习题

1. 指出下列各段话是从内涵方面还是从外延方面明确标有横线的概念的。

（1）宪法是规定国家性质、政治制度、经济制度、国家机构以及公民的基本权利和义务等重要内容的根本大法。

(2)著作权包括下列人身权和财产权：发表权、署名权、修改权、保护作品完整权、使用权和获得报酬权。

(3)证明案件真实情况的一切事实，都是证据。

(4)诉讼代理人是指以当事人的名义，在一定权限内，代理当事人进行诉讼活动的人。诉讼代理人可以是法定代理人，可以是指定代理人，也可以是委托代理人。

(5)刑事诉讼证明是指国家公诉机关和诉讼当事人在法庭审理中依照法律规定的程序和要求向审判机关提出、运用证据阐明系争事实，论证诉讼主张的活动。

(6)论理解释就是按照立法精神，联系有关情况，从逻辑上所作的解释。论理解释分为3种：当然解释、扩张解释和限制解释。

(7)本法所称司法工作人员，是指有侦查、检察、审判、监管职责的工作人员。

2. 指出下列各语句中，标有横线的概念是单独概念还是普遍概念。

(1)人民法院是国家的审判机关。

(2)联合国有100多个成员国。

(3)法学专业的学生都要学习逻辑学。

(4)动物是人类的朋友。

(5)《人民日报》是中共中央的机关报。

(6)参会的每一个人手中都拿着一份《人民日报》。

3. 指出下列各语句中，标有横线的概念是集合概念还是非集合概念。

(1)人贵有自知之明。

(2)进化论理论认为人是由猿进化而来的。

(3)金属都能导电。

(4)书是知识的海洋。

(5)自然数无穷无尽的。

(6)自然数是有理数。

4. 指出下列各语句中标有横线的概念外延间的关系。

(1)宪法是国家的根本大法。

(2)有些教师是律师。

(3)要严格区分犯罪行为和非犯罪行为。

(4)盗窃罪是侵犯财产罪。

(5)有些司法人员是法官。

(6)高级人民法院是中级人民法院的上级法院。

5. 用欧拉图表示下列各组概念外延之间的关系。

(1)森林、树木、杨树、树枝。

(2)概念、集合概念、非集合概念。

(3)亚洲、中国、北京、海淀区。

(4)司法人员、审判员、律师、教师。

6. 分析下列定义有何逻辑错误。

(1)计算机就是电脑。

(2)累犯是非初次犯罪的人。

(3)失败是成功之母。

(4)国际法不是国内法。

(5)法院是国家的司法机关。

(6)刑法是关于刑事犯罪的法律。

7. 分析下列划分有何逻辑错误。

(1)法律可以分为实体法、程序法、刑法。

(2)地球可以分为欧洲、非洲、亚洲、美洲、大洋洲和南极洲。

(3)刑事证据可以分为直接证据、间接证据、有罪证据、无罪证据。

(4)近亲属包括配偶、父母、子女。

(5)一年可以划分为四季。

(6)事故发生后，所有的媒体和电视、电台、报纸，都给予了详细的报道。

8. 分析下述案例中标有横线的概念外延之间的关系，并用欧拉图表示出来。

2001 年 5 月的一天，湖北某市公安局接到了一个举报，说在一个山坡上有人大量地种植罂粟。接到举报后，刑警迅速赶往现场调查。山坡上，一个长条形的地带种植了大量的形状非常像罂粟的植物。经过鉴定，这些可疑植物为罂粟。

罂粟能够提炼鸦片、海洛因，是国家严禁种植的毒品原植物。按照我国刑法规定，非法种植罂粟等毒品原植物数量在 3000 株以上，可处 5 年以上有期徒刑。而这次经过清点的罂粟数量高达 13830 株。

在接受调查时，种植者岳宏凤交待说，她是在弟弟家无意中看到一本名叫《农村百事通》的杂志，而杂志上当时有许多种植花卉致富的信息。其中有一种叫冰岛罂粟的花特别好看，所以就花了 20 块钱买来种子，想通过卖花来贴补家用。

在随后的进一步调查中，民警确实在《农村百事通》杂志上看到了岳宏凤所说的那篇文章。该案进展至此，湖北某报便开始进行报道。因感慨于作为国家级杂志的《农村百事通》竟然介绍种植毒品让农民致富的方法，该报在发表题名为《农村百事通竟推荐种罂粟致富》的文章同时，还配发了一条题为《书之祸》的报社评论，对农村百事通杂志进行了措辞严厉的抨击。

国家级刊物《农村百事通》介绍种植冰岛罂粟一事已经公安部门查证属实。但令人疑惑的是这样的杂志怎会介绍种植毒品呢？介绍种植冰岛罂粟就是介绍种植毒品吗？冰岛罂粟真的是毒品吗？

据《大不列颠百科全书》等文献资料记载，冰岛罂粟和虞美人、东方罂粟等属于观赏类花卉罂粟，而真正提取毒品的罂粟叫鸦片罂粟。冰岛罂粟没有提炼毒品的价值，它是一种观赏植物。

但湖北某报在发表上述文章和报社评论时，相关新闻工作者包括办案的公安人员在内都以为冰岛罂粟就是罂粟，罂粟就是毒品，因而报道中将介绍种植冰岛罂粟视同介绍种植毒品。

2001 年 8 月，江西《农村百事通》杂志社以侵犯名誉权为由状告湖北某报，索赔 200 万元。同年 12 月，江西省南昌市中级人民法院做出判决：湖北某报侵犯《农村百事通》名誉权成立，赔偿 15 万元。但湖北某报不服判决，提出上诉。2002 年 5 月 16 日，江西省高级人民法院驳回该报的上诉，维持一审判决。

第三章　直言命题

◆**内容提要**：本章讲述了命题概述和直言命题。

命题就是对事物情况的陈述。命题具有三个共同特征：第一，任何命题都有所陈述。任何命题是都对事物情况作出肯定或否定的陈述。第二，任何命题都有真假。符合客观实际情况的就是真命题，否则，就是假命题。逻辑学研究的是命题之间的真假关系，特别是出现在推理和论证中的命题之间的真假关系。逻辑学中将命题的真假情况称为命题的真值，简称命题的值。第三，任何命题形式都是由常项和变项构成的。任何命题的形式都是由两种不同的成分构成的：一种是词项或命题，称为逻辑变项；另一种是联结词，称为逻辑常项。

命题与判断的关系是：命题是对事物情况的陈述。判断是对陈述事物情况的命题的断定。在逻辑学中，并不关注所研究的命题究竟是被断定的，还是未被断定的，而关注的是命题之间的真假关系。

命题与语句的关系是表达和被表达的关系。任何命题都要用语句来表达，并非任何语句都表达命题。一般来说，陈述句表达命题，疑问句中的反问句和某些感叹句则间接地表达命题。命题和语句不是一一对应的。同一命题可以用不同的语句来表达，同一语句也可能表达不同的命题。

陈述事物情况的命题是多种多样的。可以从不同的角度对命题进行分类。其中，最基本的分类是：根据命题中是否包含命题联结词，将命题分为简单命题和复合命题两类。

直言命题就是陈述某对象具有或不具有某种性质的简单命题，又称为性质命题。直言命题是由四种成分构成的：主项、谓项、联词、量词。主项是表示被陈述对象的词项。谓项是表示被陈述对象具有或不具有的性质的词项。联词是表示主项和谓项之间的联系的语词。直言命题的联词有两种：肯定联词和否定联词。一个直言命题的联词是肯定的还是否定的，这称作命题的质。量词是表示主项外延数量情况的语词。直言命题的量词有两种：全称量词和特称量词。一个直言命题的量词是全称的还是特称的，这称作命题的量。如果直言命题的主项是单独词项，就不需要使用量词。这样的命题称作单称命题。

根据质（联词的性质）的不同，直言命题可分为肯定命题和否定命题。根据量（量词的情况）的不同，直言命题可分为全称命题、特称命题和单称命题。将质和量结合起来，直言命题可分为六种：全称肯定命题、全称否定命题、特称肯定命题、特称否定命题、单称肯定命题和单称否定命题。在传统逻辑中，特别是在三段论中，都将单称肯定命题作为全称肯定命题处理，将单称否定命题作为全称否定命题处理。

直言命题词项的周延性，是指一个直言命题对其主项或谓项的全部外延是否都有所陈述的问题。如果一个命题对其主项或谓项的全部外延都有所陈述，那么该主项或谓项就是周延的；如果一个命题没有对其主项或谓项的全部外延都有所陈述，那么该主项或谓项就是不周延的。A、E、I、O 四种命题形式中的主项和谓项的周延情况是：在 SAP 中，S 是周延的，而 P 是不周延的；在 SEP 中，S 和 P 都是周延的；在 SIP 中，S 和 P 都是不周延的；在 SOP 中，S 是不周延的，而 P 是周延的。

直言命题的真值是由它的主项与谓项之间的外延关系来确定的。两个词项之间的外延关系有全同关系、种属关系、属种关系、交叉关系和全异关系五种，直言命题的主项 S 与谓项 P 之间的外延关系必然是也只能是这五种关系之一。当 S 和 P 之间的外延关系是全同或者种属关系时，SAP 为真，当 S 和 P 之间的外延关系是属种、交叉或者全异关系时，SAP 为假；当 S 和 P 之间的外延关系是全异关系时，SEP 为真，当 S 和 P 之间的外延关系是全同、种属、属种或者交叉关系时，SEP 为假；当 S 和 P 之间的外延关系是全同、种属、属种或交叉关系时，SIP 为真，当 S 和 P 之间的外延关系是全异关系时，SIP 为假；当 S 和 P 之间的外延关系是属种、交叉或全异关系时，SOP 为真，当 S 和 P 之间的外延关系是全同或者种属关系时，SOP 为假。

同一素材的直言命题间的对当关系共有四种：矛盾关系、差等关系、反对关系和下反对关系。SAP 和 SOP 之间以及 SEP 和 SIP 之间是不同真并且不同假的关系，这种关系称为矛盾关系；SAP 和 SIP 以及 SEP 和 SOP 之间是全称命题真则特称命题真，特称命题假则全称命题假的关系，这种关系称为差等关系；SAP 和 SEP 之间是不可同真但可同假的关系，这种关系称为反对关系；SIP 和 SOP 之间是不可同假但可同真的关系，这种关系称为下反对关系。

◆**学习目标**：通过本章学习，要求学生重点掌握：直言命题的结构、种类，直言命题主项和谓项的周延性，直言命题的真值，同一素材的直言命题之间的对当关系；掌握：命题的特征；一般了解：命题与判断的关系，命题与语句的关系，命题的种类。

◆**关键词**：命题、真值、逻辑常项、逻辑变项、命题形式、直言命题、主项、谓项、联词、量词、周延性、对当关系

第一节　命题概述

一、命题的特征

命题就是对事物情况的陈述。

例如：(1)金子都是发光的。

(2)我们反对一切贪污腐败行为。

(3)某甲不可能是这个案件的作案人。

(4)如果行为人不是出于故意或者过失，则不认为是犯罪。

例(1)陈述了某一类事物的一种性质，例(2)陈述了事物之间的某种关系，例(3)陈述了某一事物情况的可能性，例(4)陈述了事物之间的条件关系。尽管命题的陈述类型多种多样，

但它们又具有某些共同特征。

第一，任何命题都有所陈述。

任何一个命题都是对事物情况的某种陈述，或者肯定了某种情况，或者否定了某种情况，总之，都是有所陈述的。如果对事物情况无所陈述，则不构成命题。例如，“某甲是这个案件的作案人吗?”这个句子提出了一个问题，并没有陈述某甲是这个案件的作案人，也没有陈述某甲不是这个案件的作案人，所以不是命题。又如，“抓紧时间啊!”这是一个祈使句，只是向某人提出了一个要求，但没有肯定什么，也没有否定什么，所以，也不是命题。

第二，任何命题都有真假。

既然命题是对事物情况的陈述，那么就存在主观陈述与客观情况是否相符合的问题。按照符合论的观点，如果命题所陈述的情况符合客观实际情况，这个命题就是真的；如果命题所陈述的情况不符合客观实际情况，这个命题就是假的。因此，任何命题都有真假。例如，“金子都是发光的”是一个符合客观实际情况的陈述，因此是一个真命题；“发光的都是金子”是一个不符合实际情况的陈述，因此是一个假命题。

逻辑学并不研究某一具体命题事实上的真假，即不研究某一具体命题的陈述是否符合客观实际情况，而是研究命题之间的真假关系，特别是出现在推理和论证中的命题之间的真假关系。例如，逻辑学不研究“金子都是发光的”和“发光的都是金子”是否符合客观实际情况，即事实上的真假，而是研究这两个命题之间具有怎样的真假关系，并且据此真假关系进行推理或论证。又如，逻辑学不研究“如果行为人不是出于故意或者过失，则不认为是犯罪”这一命题的陈述是否为真，而是研究命题中的“行为人不是出于故意或者过失”与“不认为是犯罪”这两个命题之间的真假关系，同样，根据该命题所具有的真假关系的规律进行推理和论证。

逻辑学中将命题的真假情况称为命题的真值，简称命题的值。我们所讲述的经典逻辑考虑的命题的真值范围是真假二值，就是说，我们认为，命题或者为真，或者为假，二者必居其一并且只居其一。当命题为真时，它的真值为真，当命题为假时，它的真值为假。

第三，任何命题形式都是由常项和变项构成的。

逻辑学是从形式的角度研究命题，不研究命题的内容。任何命题的形式都是由两种不同的成分构成的：一种是词项或命题，另一种是联结词，它是联结词项或命题的。其中，联结词是命题形式结构中不变的部分，它具有确定的含义，决定命题的形式特征，所以称为逻辑常项；词项或命题是命题形式结构中可变的部分，它容纳命题的具体内容，所以称为逻辑变项。

例如：(1)所有植物都是能够进行光合作用的。

(2)所有金属都是导体。

(3)所有违法行为都是有社会危害性的。

以上命题的内容各不相同，但都有一个共同的形式：所有 S 是 P 。其中，“所有……是……” 是联结词，是命题的逻辑常项；“S”、“P”是命题的逻辑变项。这里，“S”、“P”表达不同的词项，称为词项变项。

又如：(1)如果水温在一个大气压下为摄氏零度，那么水就会结冰。

(2)如果过度砍伐森林，那么就会破坏生态平衡。

(3)如果某甲作案，那么他有作案时间。

这里，命题的内容不同，但也都有一个共同的形式：如果 p，那么 q。其中，“如果……那么……”是联结词，是命题的逻辑常项；“p”“q”是命题的逻辑变项，这里，“p” “q”表达不同的命题，称为命题变项。

任何命题都可以进行这样的逻辑分析，将内容抽象掉，形式分析为常项和变项构成的表达式。命题形式反映命题的形式结构，反映命题的逻辑结构或逻辑关系。命题形式是对同一类命题的形式结构进行抽象的结果，是同一类命题的共同特征。逻辑学不研究具体命题所陈述的具体内容，这些具体内容属于各门具体科学所研究的对象。逻辑学只从命题形式结构方面研究命题的特征，研究各种形式的命题之间的真假关系及其规律。

二、命题与判断

命题是对事物情况的陈述。判断是对陈述事物情况的命题的断定。一个命题可以是已被断定的，也可以是未被断定的。已被断定的命题就称为判断。另外，一个命题因人、时间、地点、条件等不同，它可以是判断，也可以不是判断。

例如：某甲到法院起诉某媒体：“某媒体侵犯了我的隐私权。”这是一个命题。这个命题对某甲而言是已被断定了的，因而是一个判断；但对审理这起案件的法官来说，在他尚未作出判决之前，还是一个没有断定的命题，不是判断。

又如，某侦查员分析案情时说：“如果某甲是案犯，某甲就有作案时间。”此时，该侦查员并未断定“某甲是案犯”的真假，也没有断定“某甲有作案时间”的真假，因而这两个命题都是未被断定的命题，不是判断。

再如，在科学研究中，经常对某些事物或现象作出假设或假说，这些假设或假说是推测性的陈述，在它们未被检验之前，都是未被断定的命题，不是判断。

在逻辑学中，并不关注所研究的命题究竟是被断定的，还是未被断定的，而关注的是命题之间的真假关系。因此，在逻辑学中采用“命题”的称谓，比采用“判断”更为恰当。

三、命题与语句

命题与语句具有密切联系。任何命题都要用语句来表达。命题是语句的含义，语句是表达命题的语言形式。所以，语句和命题是表达和被表达的关系。但是，并非任何语句都表达命题，或者说并非任何语句都陈述事物情况。一般来说，陈述句表达命题，前面所举的关于命题的例子都是由陈述句表达的。疑问句中的反问句和某些感叹句则间接地表达命题。例如，“难道违法行为不应受到法律制裁吗？”这是一个反问句，表达了“违法行为应当受到法律制裁”这一命题；“这个凶手多么残忍呀！”这是一个感叹句，表达了“这个凶手是残忍的”这一命题。而大多数疑问句和感叹句不表达命题。

命题和语句不是一一对应的。同一命题可以用不同的语句来表达。例如，“某甲是有罪的”和“难道某甲不是有罪的吗？”这两个语句表达的是同一个命题。由于语词歧义、结构歧义以及语境等因素，同一语句可能陈述不同的事物情况，表达不同的命题。例如，“他刚做完手术”这个命题，既可以表达“他是医生，刚给病人做完手术”这一含义，也可以表达“他是病人，刚做完手术”这一含义。这个语句表达了两个不同的命题。此时，要明确这个语句是在什么意义下使用的，要明确它陈述了什么事物情况，表达了哪个命题。不能把同一个语句表达的不同命题混为一谈。

明确命题与语句的关系，有助于明确一个语句所表达的命题，有助于用恰当的语句准确地表达命题，这一点对于法律工作者而言尤为重要。

四、命题的种类

陈述事物情况的命题是多种多样的。可以从不同的角度对命题进行分类。

根据命题中是否包含命题联结词，命题可以分为两类：简单命题和复合命题。不包含命题联结词的命题，称为简单命题，包含命题联结词的命题，称为复合命题。

根据命题是陈述事物的性质，还是陈述事物间的关系，简单命题可以分为直言命题和关系命题。

根据命题联结词的不同，可以将复合命题分为负命题、联言命题、选言命题、假言命题和等值命题。

根据命题中是否包含模态词，可以将命题分为模态命题和非模态命题。包含模态词的命题，称为模态命题；否则，称为非模态命题。

根据命题中是否包含规范词，可以将命题分为规范命题和非规范命题。包含规范词的命题，称为规范命题；否则，称为非规范命题。

第二节　直言命题的特征

一、直言命题的定义及结构

直言命题就是陈述某对象具有或不具有某种性质的简单命题，又称为性质命题。

例如：(1)所有人都是有理性的。

(2)有的金属不是固体。

(3)地球是行星。

(4)某甲不是被告。

直言命题是我们思维和表述中常用的一种命题，以主谓式语句表达。

直言命题是由如下四种成分构成的：主项、谓项、联词、量词。

主项是表示被陈述对象的词项。如上述例(1)中的“人”，例(2)中的“金属”，例(3)中的“地球”，例(4)中的“某甲”，它们分别是四个命题中的主项。

谓项是表示被陈述对象具有或不具有的性质的词项。如上述例(1)中的“有理性的”，例(2)中的“固体”，例(3)中的“行星”，例(4)中的“被告”，它们分别是四个命题中的谓项。

命题中的主项和谓项，称作词项。一般来说，它们表达事物的名称或概念。习惯上把主项理解为对象，把谓项理解为性质。

联词是表示主项和谓项之间的联系的语词。直言命题的联词有两种：肯定联词和否定联词。

“是”称为肯定联词，表示主项与谓项之间具有肯定的联系，即主项的全部或部分对象与谓项表达的性质是相容的。包含肯定联词的命题称作肯定命题，如例(1)和例(3)。“不是”称为否定联词，表示主项与谓项之间具有否定的联系，即主项的全部或部分对象与谓项表达的性质是相互排斥的。包含否定联词的命题称作否定命题，如例(2)和例(4)。在语言表达中，肯定联词可以省略，省略以后不影响句子表达。例如，“所有人都有理性”。否定联词则不能省略，但有时可用“不”等来表示。例如，“有些鸟不会飞”。

一个直言命题的联词是肯定的还是否定的，这称作命题的质。

量词是表示主项外延数量情况的语词。直言命题的量词有两种：全称量词和特称量词。

全称量词是表示主项全部外延的语词，或者说表示该命题陈述了主项的全部外延。包含全称量词的命题称作全称命题，如例(1)。在语言表达中，表示全称量词的语词通常有“凡”、“所有”、“任何”、“一切”、“每一个”等。当量词是全称量词时，往往在主项后面加上“都”字，如例(1)。全称量词有时被省略，例如，“犯罪行为是危害社会的行为”。

特称量词是表示主项部分外延的语词，即表示主项指称的部分对象。包含特称量词的命题称作特称命题，如例(2)。在语言表达中，表示特称量词的语词有“有些”、“有的”、“有”、“存在”等。特称量词不能省略。

应当注意，在自然语言中，对全称量项的用法没有歧义，但对“有的”、“有些”则有狭义的和广义的两种理解。狭义理解的“有些”、“有的”，表示“仅仅有一些”，“有一些但不是全部”。例如，我们在说“有些犯罪嫌疑人是无罪的”时，意思常常是有一些犯罪嫌疑人是无罪的，即部分犯罪嫌疑人是无罪的，并不包括“所有的犯罪嫌疑人都是无罪的”这种情形，因而这句话的言外之意是“有些犯罪嫌疑人不是无罪的”。

广义理解的“有的”、“有些”，表示“至少有”，其数量至少有一个，多可至全部。例如，在不知道全面疫情的情况下，只要在某一个养鸡场发现一例禽流感，就可以说“该养鸡场有些鸡得了禽流感”。这里这句话并不意味着“有些鸡没有得禽流感”。事实上这里“有些”的范围是不能确定的，有可能只有一个，也可能多至全部。

逻辑学中对特称量词作广义的理解。我们今后对特称量词“有些”、“有的”理解为“至少有一个”，也就是说，特称量词指称的量是在一个和全部之间的一个不定的范围。

特称量词又称为存在量词，这是因为，既然特称量词表示“至少有一个”，就表明该命题陈述主项所指称的对象是存在的。表述时使用特称量词，也就是断定了该命题主项所指称的对象是存在的。因此，特称命题又称为存在命题。

一个直言命题的量词是全称的还是特称的，这称作命题的量。

如果直言命题的主项是单独词项，就不需要使用量词。例如，“地球是行星”。这样的命题称作单称命题。

在直言命题的各构成成分中，主项和谓项是命题的逻辑变项，代入具体的内容，就构成了具体的命题；联词和量词构成命题的逻辑常项，命题包含不同的联词和量词，就构成了不同形式的直言命题。

二、直言命题的种类

根据质（联词的性质）的不同，直言命题可分为肯定命题和否定命题。根据量（量词的情况）的不同，直言命题可分为全称命题、特称命题和单称命题。将质和量结合起来，直言命题可分为以下六种：

（一）全称肯定命题

全称肯定命题就是陈述主项所指称的全部对象都具有某种性质的命题。也就是陈述主项的外延都属于谓项的外延的命题。

例如：所有法人都是有民事行为能力的。

逻辑学中通常用字母 S、P 分别表示直言命题的主项、谓项。全称肯定命题的形式是:

所有 S 是 P。

在逻辑学中,通常以“A”表示全称肯定命题,因而全称肯定命题的形式可符号化为:

SAP。简记为 A。

全称肯定命题“所有 S 是 P”陈述了 S 的全部外延都属于 P 的外延,但它并未陈述 S 的全部外延是否等于 P 的全部外延。当 S 与 P 是全同关系或种属关系时,S 的全部外延都属于 P 的外延。如图 1 所示:

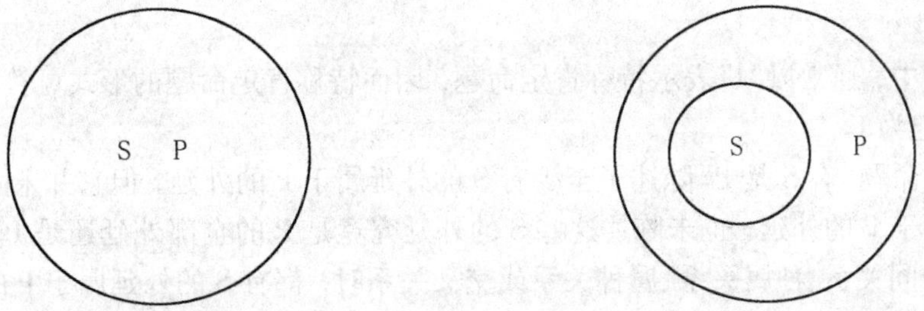

全同关系　　　　种属关系

图 1

因此,全称肯定命题实际上陈述了 S 与 P 或是全同关系或是种属关系,但它并未陈述 S 与 P 究竟是其中的哪一种关系。当 S 与 P 处于上述两种关系的任何一种关系时,“所有 S 是 P”都是真的。

(二)全称否定命题

全称否定命题就是陈述主项所指称的全部对象都不具有某种性质的命题。也就是陈述主项的全部外延和谓项的全部外延是相互排斥的。

例如:任何违法行为都不是法律应当保护的。

全称否定命题的形式是:

所有 S 不是 P。

在逻辑学中,通常以“E”表示全称否定命题,因而全称否定命题的形式可符号化为:

SEP。简记为 E。

全称否定命题“所有 S 不是 P”陈述了 S 的全部外延与 P 的全部外延是相互排斥的,也就是陈述 S 与 P 之间具有全异关系。如图 2 所示:

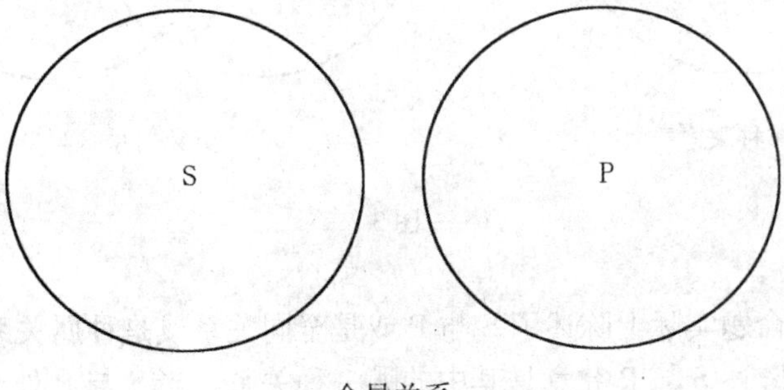

全异关系

图 2

因此，全称否定命题实际上陈述了 S 与 P 是全异关系，当 S 与 P 处于全异关系时，“所有 S 不是 P”就是真的。

（三）特称肯定命题

特称肯定命题就是陈述主项所指称的对象中至少有一个分子具有某种性质的命题。也就是陈述主项的外延中至少有一个对象包含在谓项的外延之中。

例如：有些合同是无效合同。

特称肯定命题的形式是：

有 S 是 P。

在逻辑学中，通常以“I”表示特称肯定命题，因而特称肯定命题的形式可符号化为：

SIP。简记为 I。

特称肯定命题“有 S 是 P”陈述了至少有 S 的外延属于 P 的外延，但它并未陈述究竟有多少 S 的外延属于 P 的外延，也未陈述这些 S 的外延究竟是 P 的全部外延还是 P 的部分外延。当 S 与 P 是全同关系、种属关系、属种关系或交叉关系时，都有 S 的外延属于 P 的外延。如图 3 所示：

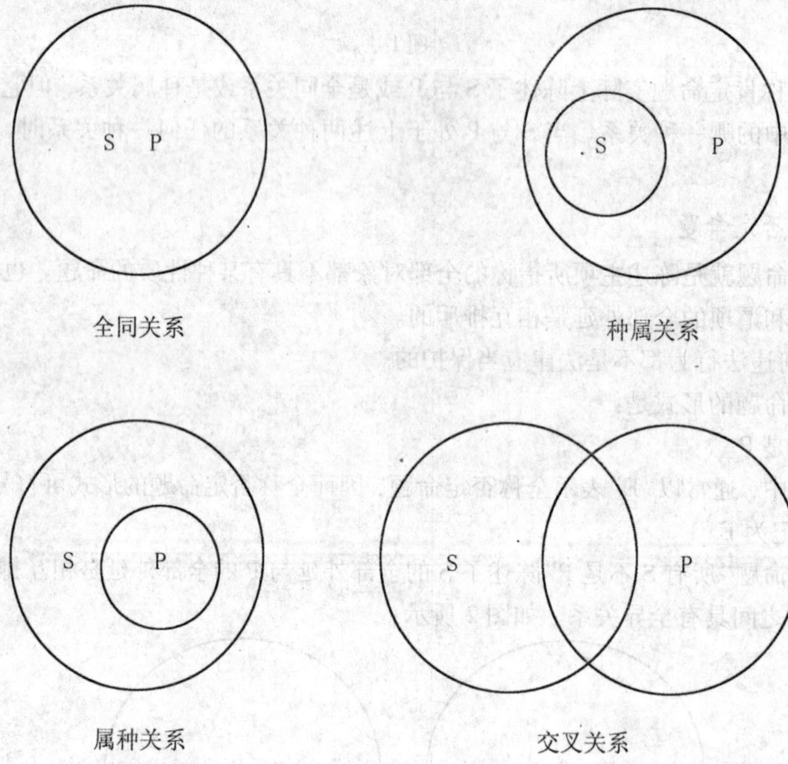

图 3

因此，特称肯定命题实际上陈述了 S 与 P 或是全同关系或是种属关系或是属种关系或是交叉关系，但它并未陈述 S 与 P 究竟是其中的哪一种关系。当 S 与 P 处于上述四种关系中的任何一种关系时，“有 S 是 P”都是真的。

（四）特称否定命题

特称否定命题就是陈述主项指称的对象中至少有一个分子不具有某种性质的命题。也就是陈述主项的外延中至少有一个对象被排斥在谓项的外延之外。

例如：有些法律不是成文法。

特称否定命题的形式是：

有S不是P。

在逻辑学中，通常以“O”表示特称否定命题，因而特称否定命题的形式可符号化为：

SOP。简记为O。

特称否定命题“有S不是P”陈述了至少有S的外延排斥在P的全部外延之外，但它并未陈述究竟有多少S的外延排斥在P的全部外延之外。当S与P是属种关系、交叉关系或全异关系时，都有S的外延排斥在P的全部外延之外。如图4所示：

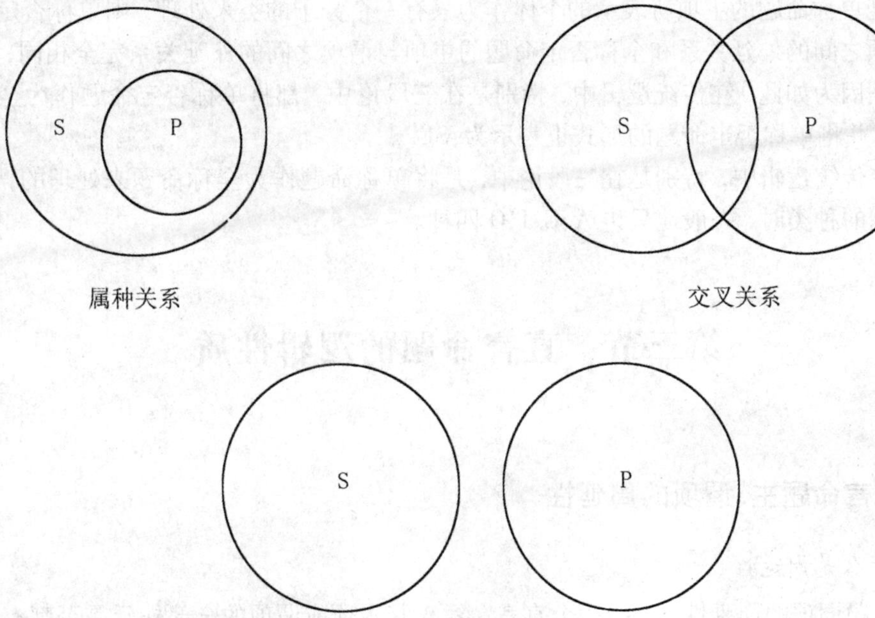

图4

因此，特称否定命题实际上陈述了S与P或是属种关系或是交叉关系或是全异关系，但它并未陈述S与P究竟是其中的哪一种关系。当S与P处于上述三种关系的任何一种关系时，“有S不是P”都是真的。

（五）单称肯定命题

单称肯定命题就是陈述主项指称的某个特定对象具有某种性质的命题。也就是陈述主项的外延属于谓项的外延。

例如：卡多佐是美国著名法官。

单称肯定命题的形式是：

这个S是P。

单称命题的主项所表示的对象是一个特定的个体，而不是一个事物类。根据需要，可以把个体视为只包含一个分子的单元类。如果把单称命题的主项所表示的个体作为只有一个分子的类来处理，则单称肯定命题的主项与谓项之间的外延关系和全称肯定命题的主项与谓项之间的外延关系完全相同，也是全同关系或种属关系。而直言命题的推理，是以命题中主项和谓项之间的外延关系为依据的，因而在传统逻辑中，特别是在三段论中，都将单称肯定命题作为全称肯定命题处理，并将单称肯定命题的形式也表示为：SAP。

（六）单称否定命题

单称否定命题就是陈述主项所指称的某个特定对象不具有某种性质的命题。也就是陈述主项的外延被排斥在谓项的外延之外。

例如：这个证据不是真实的。

单称否定命题的形式是：

这个 S 不是 P。

如果把单称命题的主项所表示的个体作为只有一个分子的类来处理，则单称否定命题的主项与谓项之间的外延关系和全称否定命题的主项与谓项之间的外延关系完全相同，也是全异关系。正因为如此，在传统逻辑中，特别是在三段论中，都将单称否定命题作为全称否定命题处理，并将单称否定命题的形式也表示为：SEP。

由于在传统逻辑中，特别是在三段论中，是将单称命题作为全称命题来处理的，因而在讲直言命题的种类时，一般地只讲 A、E、I、O 四种。

第三节　直言命题的逻辑性质

一、直言命题主、谓项的周延性

（一）什么是周延性

直言命题词项的周延性，是指一个直言命题对其主项或谓项的全部外延是否都有所陈述的问题。如果一个命题对其主项或谓项的全部外延都有所陈述，那么该主项或谓项就是周延的；如果一个命题没有对其主项或谓项的全部外延都有所陈述，那么该主项或谓项就是不周延的。

直言命题中词项的周延性问题，在简单命题推理中是非常重要的问题。后面将介绍的直接推理和三段论的一些推理规则，就是根据词项周延性的理论而提出的。所以，必须准确理解周延性概念。

准确理解直言命题中词项的周延性，需要明确以下三个方面：

第一，周延性问题是就直言命题中的主项或谓项来说的。离开命题，孤立的一个名称或概念不存在周延或不周延的问题；

第二，直言命题中的主项和谓项是否周延，这是就命题是否对它们的全部外延有所陈述而言的，而与这两个词项客观存在的外延关系无关；

第三，词项的周延性问题是就命题形式来说的，与命题的具体内容无关。只需根据给定的命题形式就可以判定其中的主、谓项是否周延。

(二)A、E、I、O 四种命题形式中的主项和谓项的周延情况

1. 全称肯定命题的词项周延性情况

在"所有S是P"这一命题形式中，陈述了所有S是P，但没有陈述所有S是所有P。这就是说，它只陈述了S的全部外延，而没有陈述P的全部外延。因而在SAP中，S是周延的，而P是不周延的。

2. 全称否定命题的词项周延性情况

在"所有S不是P"这一命题形式中，陈述了所有S不是P，这等于陈述了所有S与所有P是互相排斥的。这就是说，它既陈述了S的全部外延，也陈述了P的全部外延。因而在SEP中，S和P都是周延的。

3. 特称肯定命题的词项周延性情况

在"有S是P"这一命题形式中，陈述了有的S是P，但没有陈述所有S是P，也没有陈述有的S是所有的P。这就是说，它既没有陈述S的全部外延，也没有陈述P的全部外延。因而在SIP中，S和P都是不周延的。

4. 特称否定命题的词项周延性情况

在"有S不是P"这一命题形式中，陈述了有的S不是P，这等于陈述了有的S与所有P是互相排斥的，但它没有陈述所有的S不是P。这就是说，它没有陈述S的全部外延，但陈述了P的全部外延。因而在SOP中，S是不周延的，而P是周延的。

A、E、I、O 四种命题的主、谓项的周延性情况可列表如下：

表1

命题的种类	S	P
SAP	周延	不周延
SEP	周延	周延
SIP	不周延	不周延
SOP	不周延	周延

从上表可以看出，在直言命题中，全称命题的主项是周延的，特称命题的主项是不周延的；否定命题的谓项是周延的，肯定命题的谓项是不周延的。

单称肯定命题和单称否定命题的词项周延性情况，同全称肯定命题和全称否定命题的词项周延性情况相同。

二、直言命题真值的判定

直言命题的真值是由它的主项与谓项之间的外延关系来确定的。两个词项之间的外延关系有全同关系、种属关系、属种关系、交叉关系和全异关系五种，直言命题的主项S与谓项P之间的外延关系必然是也只能是这五种关系之一。

根据前面所述的A、E、I、O 四种直言命题的形式特征，当S和P之间的外延关系是全同或者种属关系时，SAP为真，当S和P之间的外延关系是属种、交叉或者全异关系时，SAP为假；

当S和P之间的外延关系是全异关系时，SEP为真，当S和P之间的外延关系是全同、种属、属种或者交叉关系时，SEP为假；

当S和P之间的外延关系是全同、种属、属种或交叉关系时，SIP为真，当S和P之间的外延关系是全异关系时，SIP为假；

当S和P之间的外延关系是属种、交叉或全异关系时，SOP为真，当S和P之间的外延关系是全同或者种属关系时，SOP为假。

直言命题的真假情况可列表如下：

表2

A B C		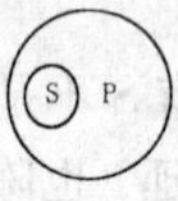	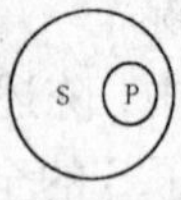	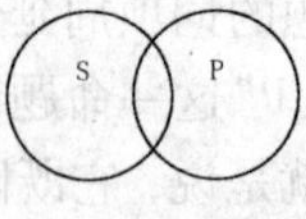	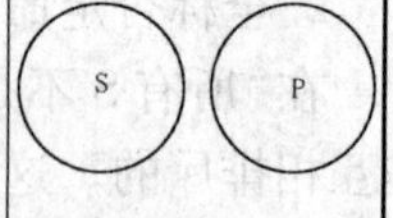
SAP	+	+	−	−	−
SEP	−	−	−	−	+
SIP	+	+	+	+	−
SOP	−	−	+	+	+

（注：A：S与P之间的外延关系，B：命题的真假，C：命题的种类，“+”表示真，“-”表示假。）

三、直言命题的对当关系

主项和谓项分别相同的A、E、I、O四种命题之间的真假关系，统称为对当关系。例如：(1)所有证据都是属实的。(A)

(2)所有证据都不是属实的。(E)

(3)有些证据是属实的。(I)

(4)有些证据不是属实的。(O)

上述四个命题，其主项和谓项都是相同的，因此称为同一素材的直言命题。同一素材的直言命题之间存在确定的真假关系。

直言命题间的对当关系可用图5表示：

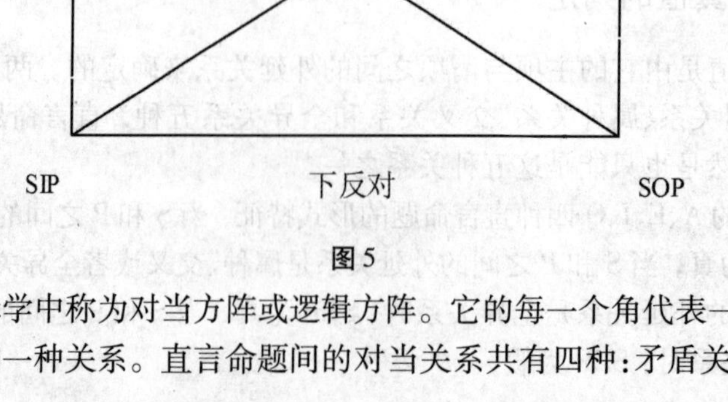

图5

这种图形在逻辑学中称为对当方阵或逻辑方阵。它的每一个角代表一种命题，每一条线代表两种命题之间的一种关系。直言命题间的对当关系共有四种：矛盾关系、差等关系、反对关系和下反对关系。

直言命题间的对当关系可以根据直言命题的真假情况来说明。

从表 2 可以看出，SAP 和 SOP 之间以及 SEP 和 SIP 之间是不同真并且不同假的关系，这种关系称为矛盾关系；

SAP 和 SIP 以及 SEP 和 SOP 之间是全称命题真则特称命题真，特称命题假则全称命题假的关系，这种关系称为差等关系；

SAP 和 SEP 之间是不可同真但可同假的关系，这种关系称为反对关系；

SIP 和 SOP 之间是不可同假但可同真的关系，这种关系称为下反对关系。

要点小结

本章讲述了命题概述和直言命题，命题概述包括命题的特征、命题与判断、命题与语句、命题的种类；直言命题包括直言命题的特征和直言命题的逻辑性质。主要内容有：

一、命题概述

(一)命题的特征

任何命题都有所陈述。

任何命题都有真假。

任何命题形式都是由常项和变项构成的。

(二)命题与判断

命题是对事物情况的陈述。

判断是对命题的断定。

(三)命题与语句

语句和命题是表达和被表达的关系。任何命题都要用语句来表达，并非任何语句都表达命题。

命题和语句不是一一对应的。同一命题可以用不同的语句来表达，同一语句可能表达不同的命题。

(四)命题的种类

- 命题
  - 简单命题
    - 直言命题
    - 关系命题
  - 复合命题
    - 负命题
    - 联言命题
    - 选言命题
    - 假言命题
    - 等值命题

- 根据命题中是否包含模态词
  - 模态命题
  - 非模态命题

根据命题中是否包含规范词
- 规范命题
- 非规范命题

二、直言命题的特征

定义

构成
- 主项　直言命题中的逻辑变项
- 谓项
- 联词　直言命题中的逻辑常项
- 量词

种类
- 全称肯定命题　SAP
- 全称否定命题　SEP
- 特称肯定命题　SIP
- 特称否定命题　SOP
- 单程肯定命题　作为全称肯定命题处理
- 单称否定命题　作为全称否定命题处理

三、直言命题的逻辑性质

(一)直言命题主、谓项的周延性

主项 S
- 在全称命题中周延
- 在特称命题中不周延

谓项 P
- 在否定命题中周延
- 在肯定命题中不周延

(二)直言命题真值的判定

SAP
- 为真 S 和 P 之间是全同或者种属关系
- 为假 S 和 P 之间是属种、交叉或者全异关系

SEP
- 为真 S 与 P 之间是全异关系
- 为假 S 和 P 之间是全同、种属、属种或者交叉关系

SIP
- 为真 S 和 P 之间是全同、种属、属种或交叉关系
- 为假 S 和 P 之间是全异关系

SOP
- 为真 S 和 P 之间是属种、交叉或全异关系
- 为假 S 和 P 之间是全同或者种属关系

(三)直言命题的对当关系

矛盾关系 [SAP 与 SOP; SEP 与 SIP] 不可同真，不可同假

差等关系 [SAP 与 SIP; SEP 与 SOP] 全称命题真，则同质的特称命题真；特称命题假，则同质的全称命题假

反对关系　SAP 与 SEP 不可同真，可以同假

下反对关系　SIP 与 SOP 不可同假，可以同真

思考与练习

一、思考题

1. 什么是命题？命题有哪些特征？

2. 命题与判断有何联系和区别？

3. 命题有哪些种类？

4. 什么是直言命题？直言命题是由哪些部分构成的？

5. 直言命题有哪些种类？它们各自的逻辑性质是什么？

6. 什么是直言命题的词项的周延性？各个直言命题的主、谓项的周延情况是怎样的？

7. 直言命题的真值是由什么确定的？各个直言命题的真值情况是怎样的？

8. 什么是直言命题的对当关系？直言命题的对当关系有哪几种？

二、练习题

1. 分析下列命题，指出其中的逻辑常项和逻辑变项。

(1) 凡法律都是有强制力的。

(2) 一切物体都不是静止的。

(3) 有些教师是律师。

(4) 如果有法不依，那么有法亦同无法。

(5) 只有通过更多的争辩，才能获得更多的认同。

(6) 错误的判决或者是认定事实错误或者是适用法律错误。

2. 写出下列直言命题的形式，并指出它的主项、谓项及其周延情况。

(1) 任何困难都是可以克服的。

(2) 月球上是没有生物的。

(3) 凡金属都不是非导体。

(4) 黄河不是中国最长的河流。

(5) 至少有一种金属不是固体。

(6) 没有一种商品不是劳动产品。

(7) 无罪的人都不适用“免予起诉”。

(8) 中毒死亡者中，有的是自服中毒的。

(9) 凡鸟都是卵生脊椎动物。

(10) 我们当中有人不遵守诺言。

3. 根据下列表达式，写出相应的直言命题形式。

(1) 至少有 S 是 P

(2) 没有 S 是 P

(3) 存在 S 不是 P

(4) 没有 S 是非 P

(5) 有 S 是非 P

(6)有非S是P

4.已知下列直言命题为真，请根据对当关系，指出与其同素材的其他三种直言命题的真假。

(1)凡犯罪行为都是违法行为。

(2)凡侵略战争都不是正义的。

(3)有诈骗罪是过失犯罪。

(4)有的证据不是合法取得的。

5.已知下列直言命题为假，请根据对当关系，指出与其同素材的其他三种直言命题的真假。

(1)所有法律都不是实体法。

(2)至少有一种金属是绝缘体。

(3)有的律师不是法律工作者。

(4)所有犯罪嫌疑人都是有罪的。

第四章 复合命题

◆**内容提要**：本章阐述了复合命题的逻辑性质。首先分析了复合命题的逻辑特征，然后分析了五种基本的复合命题的形式特征和逻辑性质，以及多重复合命题的形式特征，最后讲解了重言式的判定方法和常用的重言等值式。

复合命题就是由联结词联结若干命题所构成的命题。在复合命题中，把命题联结起来的联结词称为命题联结词。被联结词联结起来的命题称为复合命题的支命题，简称支命题。每个命题，不论是复合命题，还是复合命题的支命题，都是有真假的。经典逻辑考虑的命题的真值范围是真假二值。逻辑学并不考虑一个具体命题的真假，而是命题之间的真假关系，也就是支命题的真假与复合命题的真假之间的关系。联结词也不同于自然语言中的连词，是抽象掉了连词的其他种种非逻辑的成分的联结词。只反映命题真假关系的连词我们称之为逻辑联结词，或者真值联结词。命题之间只存在五种基本的逻辑关系或者真值关系。在自然语言中，表达这五种基本逻辑关系的逻辑联结词包括：并非……、……并且……、……或者……、如果……那么……、……当且仅当……。我们分别设定了符号¬、∧、∨、→、↔来表示这五种基本联结词，分别称为否定词、合取词、析取词、蕴涵词、等值词。这是命题形式中的常项部分。复合命题的支命题是命题形式中可变的部分，是命题形式中的变项部分，一般用符号p、q、r、s、t……表示。由命题常项和命题变项构成的五个基本的命题形式是：$\neg p$，$p \wedge q$，$p \vee q$，$p \rightarrow q$，$p \leftrightarrow q$，分别称为否定式、合取式、析取式、蕴涵式和等值式。

基本的复合命题是：负命题、联言命题、选言命题、假言命题和等值命题。负命题是在某个命题前加上否定词而构成的复合命题。负命题陈述对某个命题的否定。负命题的形式为：并非p，用符号表示为：$\neg p$。负命题的逻辑性质是：负命题为真，则支命题为假；负命题为假，则支命题为真。也就是说，负命题与它的支命题的真值是相反的，即p与$\neg p$是矛盾关系。联言命题是由合取词联结若干支命题而构成的复合命题。联言命题对所陈述的命题都加以肯定。联言命题的形式为：p并且q，用符号表示为：$p \wedge q$。联言命题的逻辑性质是：联言命题为真，则它的所有支命题为真；如果它的所有支命题为真，则联言命题为真；如果联言命题为假，则至少有一个支命题为假；如果有一个支命题为假，则联言命题为假。选言命题是由析取词联结若干支命题而构成的复合命题。选言命题陈述几个命题中至少有一个命题为真。选言命题的形式为：p或者q，用符号表示为：$p \vee q$。选言命题的逻辑性质是：一个选言命题为真，就是说它的选言支中至少有一个为真。反过来说，如果一个选言命题的选言支中有一个为真，那么整个选言命题就是真的；如果一个选言命题为真，就是说，如果 p 为假，那么 q 为真。反过来说，如果 q 为假，那么 p 为真；如果一个选言命题为假，那么选言支都为假。假言命题是由蕴涵词联结两个支命题而构成的复合命题。假言命题陈述某一命题为真是另一命题为真的条件。所以假言命题又称为蕴涵命题或充分条件假言命题。假言命题的形式为：如果 p 那么 q，用符号表示为：$p \to q$。假言命题的逻辑性质是：当前件为真时，后件也为真；换言之，如果一个假言命题为真，就不会是前真而后假。这样理解的蕴涵关系称为实质蕴涵。等值命题是用等值词联结两个支命题而构成的复合命题。等值命题陈述两个命题是同真或者同假的关系。等值命题的形式为：p 当且仅当 q，用符号表示为：$p \leftrightarrow q$。等值命题的逻辑性质是：一个等值命题为真，意味着它的支命题的值相等，就是说它的前、后件的值都为真或者都为假；一个等值命题为假，意味着它的支命题的值不相等，则前、后件的值一个为真，一个为假。

以复合命题为支命题的复合命题称为多重复合命题。多重复合命题表达命题之间复杂的逻辑关系。多重复合命题包含两个或两个以上的命题联结词，这些联结词处于结构中不同的层次。其中，最外层的联结词称为主联结词。主联结词体现了多重复合命题的基本性质，多重复合命题以其主联结词命名和分类。就表达命题之间的逻辑关系而言，五个基本的命题联结词是足够的。因此，任何复合命题都可以用这五个基本的复合命题的相互组合来表达，任何复合命题的形式都可以用这五个基本的命题形式的相互组合来表达。

根据复合命题的公式的真值情况，可以将复合命题公式进行不同的分类。根据复合命题公式是否恒真，可以将复合命题公式分为两类：恒取真值的和可以取假值的。恒取真值的复合命题公式称为重言式，或者称为永真式。可以取假值的公式称为非重言式，其中，恒取假值的公式称为矛盾式。命题逻辑特别关心的是重言式。因为重言式反映了复合命题之间以及复合命题与其支命题之间存在的确定的真值关系。可以说，每一个重言式都是一条逻辑规律。因此，判定一个公式是否重言式是很重要的问题。本章介绍了两种判定重言式的方法：真值表法和归谬赋值法。在重言式中最引人注目的是形如 $A \to B$ 和 $A \leftrightarrow B$ 的重言式。(1)如果 $A \to B$ 是重言式，则称 A 重言蕴涵 B，记作 $A \Rightarrow B$；(2)如果 $A \leftrightarrow B$ 是重言式，则称 A 重言等值 B，记作 $A \Leftrightarrow B$；(3)如果 $\alpha \Leftrightarrow \beta$ 当且仅当 $\alpha \Rightarrow \beta$ 且 $\beta \Rightarrow \alpha$。每一个重言的蕴涵式都提供了一个有效的推理形式或推理方法。本书将在第六章中具体分析重要的推理有效式。重言等值式刻画了真值联结词的逻辑性质，表达了真值联结词的等价的逻辑语义，反映了不同的命题形式之间所具有的等值关系。复合命题的重言等值式非常之多，本章介绍了十个常用的重言等值式：(1)假言易位律 $A \to B \Leftrightarrow \neg B \to \neg A$，(2)蕴涵析取律 $A \vee B \Leftrightarrow \neg A \to B$，(3)蕴涵合取律 $A \wedge B \Leftrightarrow \neg(A \to \neg B)$，(4)$(A \leftrightarrow B) \Leftrightarrow (A \to B) \wedge (\neg A \to \neg B)$，(5)$(A \leftrightarrow B) \Leftrightarrow (A \wedge B) \vee (\neg A \wedge \neg B)$，(6)否定蕴涵律 $\neg(A \to B) \Leftrightarrow A \wedge \neg B$，(7)德·摩根定律 $\neg(A \wedge B) \Leftrightarrow \neg A \vee \neg B$，(8)德·摩根定律 $\neg(A \vee B) \Leftrightarrow \neg A \wedge \neg B$，(9)$\neg(A \leftrightarrow B) \Leftrightarrow (A \to \neg B) \wedge (\neg A \to B)$，(10)$\neg(A \leftrightarrow B) \Leftrightarrow (A \wedge \neg B) \vee (\neg A \wedge B)$。

◆**学习目标**：通过本章学习，要求学生重点掌握：基本的复合命题的形式特征和逻辑性质；掌握：多重复合命题的形式分析，重言式的判定方法，十个常用的重言等值式。

◆**关键词**：复合命题、命题形式、支命题、联结词、真值表、重言式

第一节　复合命题概述

一、复合命题的结构

复合命题就是由联结词联结若干命题所构成的命题。

例如，“小明选修了逻辑导论”和“小明参加了辩论赛”这两个命题在不同的联结词作用下可以形成不同的复合命题：

小明选修了逻辑导论并且小明参加了辩论赛。

小明选修了逻辑导论或者小明参加了辩论赛。

如果小明选修了逻辑导论，那么小明参加了辩论赛。

小明选修了逻辑导论当且仅当小明参加了辩论赛。

在复合命题中，把命题联结起来的联结词称为命题联结词。语言中的连词表达联结词。

被联结词联结起来的命题称为复合命题的支命题，简称支命题。也就是说，复合命题是由若干个支命题和一个或多个联结词所组成的。不能分析为复合命题的命题，称为简单命题。

需要说明的是，这里所说的简单命题是相对于复合命题而言的。这一章要研究的由命题联结词联结命题而构成的复合命题的性质，因此，凡是不能分析为联结词结构的命题，都称为简单命题。

二、复合命题的真值

每个命题，不论是复合命题，还是复合命题的支命题，都是有真假的。经典逻辑考虑的命题的真值范围是真假二值，就是说，命题或者为真，或者为假。当命题为真时，它的真值为真，当命题为假时，它的真值为假。然而，一个具体的命题究竟为真还是为假不是逻辑学所要考虑的。逻辑学所要考虑的是命题之间的真假关系，也就是支命题的真假与复合命题的真假之间的关系。逻辑学所研究的联结词也不同于自然语言中的连词，是抽象掉了连词的其他种种非逻辑的成分的联结词。

在自然语言中，连词的含义是多方面的，不仅有逻辑方面的，也有其他方面的。

例如：(1)他取得了优异成绩并且考上了重点大学。

(2)他考上了重点大学并且取得了优异成绩。

这两个命题的含义是不同的。这说明连词表达了所联结的命题之间时间顺序方面的含义。

又如：(1)如果 $2+2=4$，那么雪是白的。

(2)鲁迅是文学家并且金属是导体。

在日常生活中我们不会表达这样的命题，因为句中的两个支命题没有任何关联。这说明连词对所联结的命题有内容方面的要求。

在自然语言中，连词所表达的命题之间的含义不止这些，还有语气、条件、因果等等多方面的含义。但这些都不是我们所关注的。在逻辑学中，我们只关注连词所表达的命题之间在真假方面的联系。连词所表达的命题在真假方面的联系就是连词的逻辑含义。

为了排除非逻辑内容的干扰，我们需要对研究对象作一些抽象。这是一种科学的抽象，进行这样的科学抽象是必需的，是进行科学研究的必经程序，任何学科都是这样做的。例如，几何学要研究点、线、面的性质，但几何学中的点是没有大小的点、线是没有粗细的线、面是没有薄厚的面，这些都是经过科学抽象的，在现实世界是不存在的；物理学要研究摩擦系数为零的光滑表面，要研究真空状态，这些也是经过科学抽象的；同样道理，在逻辑学中，经过科学的抽象以后，我们要研究的命题是只有真假而没有内容的"命题"，连词是只反映命题真假方面的联系而抛弃了其他内容的"联结词"。从此，我们的眼里就只有真命题和假命题两种命题，而不再考虑命题的具体内容了；联结词也只反映命题在真假方面的联系，而不再反映其他方面的联系了。

当我们对我们所研究的对象进行科学的抽象以后，就可以使我们关注于我们所要研究的对象，排除掉其他无关因素的干扰。所以，这样做，只会带来便利，而不会有麻烦。

三、复合命题的形式

1. 逻辑联结词

只反映命题真假关系的连词我们称之为逻辑联结词，或者真值联结词。逻辑学的研究成果表明，命题之间只存在五种基本的逻辑关系或者真值关系。相应地，共有五种不同的复合命题。在自然语言中，表达这五种基本逻辑关系的逻辑联结词是：并非……、……并且……、……或者……、如果……那么……、……当且仅当……。我们分别设定了符号¬、∧、∨、→、↔来表示这五种基本联结词，分别称为否定词、合取词、析取词、蕴涵词、等值词。

用符号表示一方面是为了表述方便，更重要的意义在于，这些联结词虽然读作"并非"、"并且"、"或者"、"如果……那么……"、"当且仅当"，但它们已经不表示自然语言中连词的含义了，只表示这些词的逻辑含义，即支命题与复合命题在真值方面的联系。用符号表示，可以使含义更加明确，不致产生歧义。

命题联结词是复合命题形式中不变的部分，即复合命题中的常项部分。

2. 命题变项

复合命题的支命题的真值有可能为真，也有可能为假，是命题形式中可变的部分，称之为命题变项。我们一般用符号 p、q、r、s、t……表示。

3. 命题形式

有了命题变项和逻辑联结词，我们就可以把复合命题的逻辑结构从具体的命题中抽象出来了。

例如：并非小明选修了逻辑导论。

小明选修了逻辑导论并且小明参加了辩论赛。

小明选修了逻辑导论或者小明参加了辩论赛。

如果小明选修了逻辑导论，那么小明参加了辩论赛。

小明选修了逻辑导论当且仅当小明参加了辩论赛。

这五个复合命题的形式就可以表示为：

$\neg p$, $p \wedge q$, $p \vee q$, $p \to q$, $p \leftrightarrow q$

这种符号串，我们称之为命题形式，或者命题公式。因为它只反映命题之间在真值上的联系，所以又称为真值形式。上述五个命题形式是五个基本的命题形式，分别称为否定式、合取式、析取式、蕴涵式和等值式。命题的基本形式有五种，意味着一切更为复杂的命题形式都可以由这五种基本的命题形式复合而得。

第二节 基本的复合命题

一、负命题

(一)定义及特征

负命题是在某个命题前加上否定词而构成的复合命题。负命题陈述对某个命题的否定。

例如:(1)并非所有证据都是确实的。

(2)不是所有发光的都是金子。

(3)天气预报今天有雨，这是假的。

(4)同位角不相等，这是不成立的。

负命题是在某一个命题前加上“并非”、“不是”这样的表达否定的词构成，如例(1)和例(2);或者在某一命题之后加上“这是假的”、“这是不成立的”等表示否定的句子，也可以构成负命题，如例(3)和例(4)。

负命题的形式为:

并非 p

联结词“并非”用“¬ ”表示，则负命题的形式表示为:

$$\neg p$$

其中，“¬ ”称为否定词，p 称为支命题，这一公式称为否定式。

从形式上看，负命题只有一个支命题，也看作是复合命题，是因为负命题的形式是由两部分构成的:否定词和否定词所作用的支命题。在逻辑学中将否定词看做是一元联结词，这样，负命题当然是复合命题。

(二)逻辑性质

负命题的逻辑性质是:负命题为真，则支命题为假;负命题为假，则支命题为真。也就是说，负命题与它的支命题的真值是相反的，即 p 与¬ p 是矛盾关系。

负命题与其支命题之间的真值关系用真值表表示如下:

p	¬ p
+	−
−	+

(其中的“+”表示真，“−”表示假。以下同)

因为负命题的支命题只有一个 p，p 有真、假两种真值情况，所以它的真值表也是两行。

二、联言命题

(一)定义及特征

联言命题是由合取词联结若干支命题而构成的复合命题。联言命题对所陈述的命题都加以肯定。

例如:(1)公民依法享有民事权利并且公民依法承担民事义务。

例(1)是一个标准的联言命题。它陈述了两个支命题:“公民依法享有民事权利”和“公民依法承担民事义务”,用“并且”联结起来,表示对这两个命题都加以肯定。

联言命题的支命题称为“联言支”,联结词称为“合取词”,在自然语言中一般用“并且”表达。

在自然语言中,联言命题的表达是多种多样的。

例如:(2)这是一个容易的方法,但不是正确的方法。

(3)肖邦不但擅长作曲,而且擅长演奏。

(4)他大发了一通脾气,然后气冲冲地走了。

这三个命题中的联结词分别是“……但……”、“不但……而且……”、“……然后……”,在语气上分别表达转折、递进、承接关系,但这些区别不是我们要关注的。从逻辑学的角度看,它们和并列关系一样,都陈述了对支命题同时加以肯定,因此,都表达联言命题。

在实际表达中,联言命题的联结词有时也可以省略。

例如:(5)虚心使人进步,骄傲使人落后。

这一命题的两个支命题之间没有联结词,要确定是否在陈述中对这两个命题都加以肯定,需要考虑上下文。

联言命题中如果几个联言支的主项或谓项是相同的,在具体表述时常常只保留一个而省略其他重复的,这样表达更简练,更符合日常语言表达的习惯。

例如:(6)鉴定结论和勘验笔录都是证据。

例(6)陈述了两个命题:“鉴定结论是证据”和“勘验笔录是证据”,用“和”联结起来,表示对这两个命题都加以肯定。这一命题中,因为两个支命题有共同的谓项“证据”,所以在表达时合并陈述了。同样,上述例(1)如果这样表达更符合语言习惯:

公民依法享有民事权利并且承担民事义务。

联言命题也可以含有三个或更多的联言支。

例如:(7)富贵不能淫,贫贱不能移,威武不能屈。

这是一个由三个联言支构成的联言命题。

联言命题在法条中是一种常见的表述形式。例如刑法第十三条:

一切危害国家主权、领土完整和安全,分裂国家、颠覆人民民主专政的政权和推翻社会主义制度,破坏社会秩序和经济秩序,侵犯国有财产或者劳动群众集体所有的财产,侵犯公民私人所有的财产,侵犯公民的人身权利、民主权利和其他权利,以及其他危害社会的行为,依照法律应当受刑罚处罚的,都是犯罪,但是情节显著轻微危害不大的,不认为是犯罪。

这是一个由多个联言支构成的联言命题。该法条在规定了一般原则之后,对例外情况作了补充规定。“但是”之后的内容是一般原则的补充条款。这样的表述在法条上称为“但书”,是法律条文中一种常见的表达式。法律条款中的“但书”多是对前段内容的例外、限制、相反或补充的规定。需要强调的是,但书的陈述和之前的条款的陈述在逻辑上是同时加以肯定的关系,所以,整个法律条文是一个包含了多个联言支的联言命题。

如果用 p、q 表示支命题,上述包含两个支命题的联言命题的形式为:

p 并且 q

联结词“并且”用符号“∧”表示，则联言命题的形式表示为：

$$p \wedge q$$

其中，“∧”称为合取词，p、q 称为联言支或合取支，这一公式称为合取式。

(二)逻辑性质

联言命题对所陈述的支命题都加以肯定。也就是说，当我们肯定了一个联言命题，就同时肯定了它的各个支命题。因此，联言命题的逻辑性质是：联言命题为真，则它的所有支命题为真；如果它的所有支命题为真，则联言命题为真；如果联言命题为假，则至少有一个支命题为假；如果有一个支命题为假，则联言命题为假。

以包含两个支命题的联言命题 p∧q 为例，将联言命题与其支命题之间的真值关系用真值表表示如下：

p	q	p∧q
+	+	+
+	−	−
−	+	−
−	−	−

由于联言命题 p∧q 中有两个命题变项，共有四种真值组合情况，因而它的真值表共有四行。

有三个或更多的联言支的联言命题和两个支的联言命题的性质是一样的。所以，为了方便起见，以后都以包含两个支的联言命题来分析它的真值关系。

下面运用联言命题的逻辑性质分析一个具体的案例。

2003 年发生的“乙肝歧视第一案”的引发和在事实上及法律上与联言命题的准确理解有关。安徽青年张某从当地某大学环境专业毕业，并于 2003 年 6 月 30 日参加了安徽省国家公务员考试，报考的是芜湖县委办公室经济管理人员，笔试和面试的成绩在近百名竞争者中排在第一位，然而在随后的体检中却被检查出感染了乙肝病毒。尽管张某被确诊感染了乙肝病毒，但从张某的体检结果显示在乙肝五个检测指标中，他只有第一项和第五项是阳性(按医学定义，第一、三、五项为阳即为“大三阳”，病毒复制快，有传染性；第一、四、五项阳性则是“小三阳”，病毒复制相对较慢，传染性相对较小)。相关专家认为第一、五或者四、五两项阳性说明此人感染过乙肝病毒，或者正在康复之中，但基本不具备传染性，在社会生活角色上应该视为健康人。另外，安徽省制定的《安徽省国家公务员体检标准》中第四条第二款在针对“乙肝两对半检测不合格情况”列举的七种不合格情况中，恰恰没有第一、五项同时为阳这一条，但是张某仍被芜湖市人事局宣布“乙肝两对半不合格”。9 月 25 日，芜湖人事局正式宣布张某体检不合格未被录取。11 月 10 日，张某正式向芜湖人事局所在的新芜区人民法院提起行政诉讼，状告人事部门“歧视乙肝患者”。从逻辑的眼光看，即使有法律依据断定乙肝呈阳性者不符合被录用公务员的条件，张某也不是乙肝呈阳性者。因为乙肝呈阳性的两种情形都是乙肝五项检测指标中的三项呈阳性，俗称“大三阳”的是第一、三、五项都呈阳性，俗称“小三阳”的是第一、四、五项都呈阳性。作为具有传染性的乙肝的构成条件的两种情况都相当于一个由三个支命题构成的联言命题。任一支命题的成立都是联言命题成立的不可或缺的条件。既然缺少第三项为阳性不构成“大三阳”，缺少第四项为阳性不构成“小三阳”，张某就不是传染性乙肝病毒携带者，因而是适于工作的健康者。所以，芜湖市人事局不录用张某的行为是违法的。

三、选言命题

（一）定义及特征

选言命题是由析取词联结若干支命题而构成的复合命题。选言命题陈述几个命题中至少有一个命题为真。

例如：（1）犯罪主体或者是自然人或者是法人。

（2）某甲和某乙至少有一个人是凶手。

例（1）陈述了两个支命题："犯罪主体是自然人"和"犯罪主体是法人"，用"或者"联结起来，表示这两个命题至少有一个为真；例（2）陈述的两个支命题："某甲是凶手"和"某乙是凶手"，其中出现的联结词"至少有一个"和"或者"所表达的含义显然是相同的。

选言命题的支命题称为"选言支"，联结词称为"析取词"，在自然语言中一般用"或者"表达。

在实际表达中，选言命题的联结词不可以省略。如果没有"或者"这样的联结词，就无法表达命题之间的至少有一个为真的关系。

选言命题也可以含有三个或更多的选言支。

例如：（3）人的血型或者是A型，或者是B型，或者是AB型，或者是O型。

这是一个由四个选言支构成的选言命题。

如果用p、q表示支命题，上述包含两个支命题的选言命题的形式为：

p或者q

联结词"或者"用符号"∨"表示，则选言命题的形式表示为：

$$p \vee q$$

其中，"∨"称为析取词，p、q称为选言支或析取支，这一公式称为析取式。

（二）逻辑性质

选言命题的逻辑性质是：一个选言命题为真，就是说它的选言支中至少有一个为真。反过来说，如果一个选言命题的选言支中有一个为真，那么整个选言命题就是真的；如果一个选言命题为真，就是说，如果p为假，那么q为真。反过来说，如果q为假，那么p为真；如果一个选言命题为假，那么选言支都为假。

以包含两个支命题的选言命题p∨q为例，将选言命题与其支命题之间的真值关系用真值表表示如下：

p	q	p∨q
+	+	+
+	−	+
−	+	+
−	−	−

由于选言命题p∨q中有两个命题变项，共有四种真值组合情况，因而它的真值表共有四行。

有三个或更多的选言支的选言命题和两个支的选言命题的性质是一样的。所以，为了方便起见，以后都以包含两个支的选言命题来分析它的真值关系。

下面的案例涉及对联言命题和选言命题的理解和运用。

1989 年浙江富阳所在地两邻村村民因利益冲突引起纠纷。双方相持不下之际，村民夏某利用村广播站的喇叭发表言论，号召全体村民不畏对方势力，团结起来，一致为了全村的利益和对方较量。在夏某的呼吁下，村民们集中起来，又一次发动了和邻村的直接冲突。公安人员赶到后，以夏某扰乱治安为由对夏某施以拘留 15 天的处罚。

公安人员作出上述决定的法律依据是当时的《中华人民共和国治安管理处罚条例》第十九条第(五)款。相关规定是：

第十九条："有下列扰乱公共秩序行为之一，尚不够刑事处罚的，处十五日以下拘留、二百元以下罚款或者警告"；第(五)款是："造谣惑众，煽动闹事的"。

夏某对公安机关的上述决定提起了行政诉讼，理由是公安机关适用法律错误。因为法律规定对"造谣惑众且煽动闹事的"行为才能施以拘留的处罚，而自己并没有造谣惑众，诉请人民法院撤销公安机关的行政行为。一审法院支持了原告的诉讼请求；公安机关不服，提起了上诉，理由是自己的行政行为合法有效。法律规定是指造谣惑众或者煽动闹事者都该施以处罚，夏某的煽动闹事行为适用于上述法律的规定。二审法院支持了上诉人的请求，对一审作了改判。夏某不服，提起再审，浙江省高级人民法院对该案进行再审，审理期间，审判人员对上述法律规定的理解产生了分歧：一派认为同时具备造谣惑众和煽动闹事的行为才能施以处罚；另一派认为造谣惑众和煽动闹事中任居其一便可施以处罚。双方相持不下，浙江省最高人民法院请求对上述规定给予解释，后公安部对该规定作了解释：任居其一便可施以处罚。至此，夏某提起的一波三折的案件才告审结。

该案经过一审、二审、再审以及批复各程序及环节，究其实质，是对治安管理处罚条例第十九条第五款的理解的分歧：该条款规范的行为是既要造谣惑众又要煽动闹事还是造谣惑众或者煽动闹事中的任何举动。从逻辑的角度看：该法律规定陈述的是联言命题还是选言命题。

联言命题陈述事物情况都存在，陈述支命题陈述的情况都符合实际；选言命题陈述事物情况至少有一个存在，陈述支命题中至少有一个陈述符合实际。表达联言命题的联结词是"并且"，表达选言命题的联结词是"或者"。

法律规范如果用联言命题表述，表明各要件缺一不可；法律规范如果用选言命题表述，表明符合任一要件便适用该法律。从立法文字表达看，治安管理处罚条例第十九条第五款理解为联言命题并无不妥：从它的概括条款看，"有下列行为之一"表明若没有特别说明下述各款描述的都是行为之一；从语言表达看，联言命题的联结词通常可以省略但选言命题的联结词通常不能省略，而第五款中在"造谣惑众"和"煽动闹事"之间没有联结词。如果法律文字的表达改为"造谣惑众或煽动闹事"，对于该法条的理解就会毫无歧义的像公安部最后批复的那样。

1994 年修改后的《中华人民共和国治安管理处罚条例》的相关条款如下：

第十九条　有下列扰乱公共秩序行为之一，尚不够刑事处罚的，处十五日以下拘留、二百元以下罚款或者警告：

(一)扰乱机关、团体、企业、事业单位的秩序，致使工作、生产、营业、医疗、教学、科研不能正常进行，尚未造成严重损失的；

（二）扰乱车站、码头、民用航空站、市场、商场、公园、影剧院、娱乐场、运动场、展览馆或者其他公共场所的秩序的；

（三）扰乱公共汽车、电车、火车、船只等公共交通工具上的秩序的；

（四）结伙斗殴，寻衅滋事，侮辱妇女或者进行其他流氓活动的；

（五）捏造或者歪曲事实、故意散布谣言或者以其他方法煽动扰乱社会秩序的；

（六）谎报险情，制造混乱的；

（七）拒绝、阻碍国家工作人员依法执行职务，未使用暴力、威胁方法的。

修改后的第五款的表述中对各种煽动的方法用“或者”联结，对此应该理解为以各种方法煽动扰乱社会秩序的行为，只要具备其中一种行为即违反此款规定。这样的表述显然明确多了。

四、假言命题

（一）定义及特征

假言命题是由蕴涵词联结两个支命题而构成的复合命题。假言命题陈述某一命题为真是另一命题为真的条件。所以假言命题又称为蕴涵命题或充分条件假言命题。

例如：（1）如果某甲是案犯，那么某甲有作案时间。

这是一个典型的假言命题，这一命题的联结词是“如果……那么……”，联结了两个支命题：“某甲是案犯”和“某甲有作案时间”。这两个支命题在复合命题中的地位是不同的，应加以区分，所以，我们把写在前面的那个支命题称为“前件”，把写在后面的那个支命题称为“后件”。

在自然语言中，表达假言命题的连词是多种多样的。

例如：（2）假如他能保持现在的状态，那么比赛时就会创造佳绩。

（3）只要驳倒了对方的论证，就能胜诉。

（4）一旦准备就绪，就马上出发。

上述例（2）中的联结词是“假如……那么……”，例（3）中的联结词是“只要……就……”，例（4）中的联结词是“一旦……就……”，这些词的含义和用法与“如果……那么……”都是相同的。

在实际表达中，假言命题的联结词有时也可以省略。

（5）人心齐，泰山移。

（6）未经人民法院依法判决，对任何人都不得确定有罪。

省略了联结词的表达比完整的表达更简洁，但显然容易有歧义。前面谈到，联言命题的联结词有时也可以省略。因此，一个没有联结词的命题究竟是联言命题还是假言命题，需要考虑上下文来确定。

假言命题是法律条文中常用的一种表达式。大多数法律条文的表达都省略了联结词。

例如：（7）勾结外国，危害中华人民共和国的主权、领土完整和安全的，处无期徒刑或者十年以上有期徒刑。（《刑法》第一百零二条）

如果用 p 表示假言命题的前件，用 q 表示假言命题的后件，上述假言命题的形式为：

如果 p 那么 q

联结词“如果……那么……”用符号“→”表示，则假言命题的形式表示为：

$$p \to q$$

其中，“→”称为蕴涵词，p 称为前件，q 称为后件，这一公式称为蕴涵式。

(二)逻辑性质

假言命题的逻辑性质是:当前件为真时，后件也为真;换言之，如果一个假言命题为真，就不会是前真而后假。这样理解的蕴涵关系称为实质蕴涵。

具体来说，p→q 的真值情况是:当前件 p 为真，后件 q 为真时，p→q 为真;当前件 p 为真而后件 q 为假时，p→q 为假;当前件 p 为假，后件 q 为真时，p→q 为真;当前件 p 为假，后件 q 为假时，p→q 为真。

假言命题 p→q 与其支命题之间的真值关系用真值表表示如下:

p	q	p→q
+	+	+
+	−	−
−	+	+
−	−	+

由于假言命题 p→q 中有两个命题变项，共有四种真值组合情况，因而它的真值表共有四行。

显然，对假言命题或者说蕴涵词的这种真值解释远不像前述三种复合命题的真值解释那样直观。这是因为，一个具体的充分条件假言命题的前后件之间不仅有真值关系，而且有内容方面的联系。假言命题即蕴涵命题的上述性质，只是对充分条件关系的逻辑抽象，只是对充分条件关系的前、后件之间的真值关系的刻画，只反映假言命题前、后件之间的真值关系，而不涉及前、后件之间在内容上的联系。因此，尽管我们一般将形如“如果 p 那么 q”的命题称作“充分条件假言命题”，但“p→q”为真与“p 是 q 的充分条件”，严格来讲并不是一回事。

五、等值命题

(一)定义及特征

等值命题是用等值词联结两个支命题而构成的复合命题。等值命题陈述两个命题是同真或者同假的关系。

例如:(1)一个数是偶数当且仅当能被 2 整除。

(2)他犯了罪当且仅当他应当受到刑罚处罚。

(3)如果小明参加我也参加，否则我也不参加。

例(1)陈述的两个支命题是:“一个数是偶数”和“一个数能被 2 整除”，例(2)陈述的两个支命题是:“他犯了罪”和“他应当受到刑罚处罚”，联结词都是“当且仅当”。例(3)陈述的两个支命题是:“小明参加”和“我也参加”，其中并没有出现“当且仅当”这样的联结词，但从整个命题来看，它表达了“小明参加”和“我也参加”之间是同真或者同假的关系，因此应分析为等值命题。

和假言命题相同，等值命题的两个支命题也分别称为“前件”和“后件”，联结词称为“等值词”，在自然语言中一般用“当且仅当”表达。

如果用 p、q 表示支命题，上述等值命题的形式为:

p 当且仅当 q

联结词“当且仅当”用符号“↔”表示，则等值命题的形式表示为：

$$p \leftrightarrow q$$

其中，“↔”称为等值词，p 称为前件，q 称为后件，p↔q 称为等值式。

（二）逻辑性质

等值命题的逻辑性质是：一个等值命题为真，意味着它的支命题的值相等，就是说它的前、后件的值都为真或者都为假；一个等值命题为假，意味着它的支命题的值不相等，则前、后件的值一个为真，一个为假。这一性质可用公式表示为：

$$(p \wedge q) \vee (\neg p \wedge \neg q)$$

如果 p 和 q 相互等值，就意味着有 p 就有 q，有 q 就有 p，所以 p 和 q 实质上是相互蕴涵的关系。这一性质可用公式表示为：

$$(p \rightarrow q) \wedge (q \rightarrow p)$$

等值命题 p↔q 与其支命题之间的真值关系用真值表表示如下：

p	q	p↔q
+	+	+
+	–	–
–	+	–
–	–	+

由于等值命题 p↔q 中有两个命题变项，共有四种真值组合情况，因而它的真值表共有四行。

第三节　多重复合命题

一、多重复合命题的逻辑特征

以复合命题为支命题的复合命题称为多重复合命题。

复合命题的支命题可以是简单命题，这样的复合命题称为基本的复合命题，也就是前面我们所分析的五种复合命题；复合命题的支命题也可以是复合命题，这样的复合命题称为多重复合命题。

多重复合命题是由简单命题和命题联结词经过多次联结而逐层构成的，是基本的复合命题的多次的组合。在多重复合命题中，支命题是复合命题，支命题的支命题还可以是复合命题。因此，简单命题和命题联结词的多次联结，复合命题的多次组合，可以构成非常复杂的多重复合命题。多重复合命题表达命题之间复杂的逻辑关系。

例如：明知自己的行为会发生危害社会的结果，并且希望或者放任这种结果发生，因而构成犯罪的，是故意犯罪。

这就是一个多重复合命题。这一命题中包含了多个简单命题，并且是用多个联结词联结而构成的，表达了命题之间复杂的逻辑关系。

多重复合命题包含两个或两个以上的命题联结词，这些联结词处于结构中不同的层次。其中，最外层的联结词称为主联结词。主联结词体现了多重复合命题的基本性质，多重复合命题以其主联结词命名和分类。如上例中的主联结词是“如果……那么……”，上述多重复合命题称为假言命题。

多重复合命题的形式称为多重复合命题公式。如果用p、q、r、s、t……表示多重复合命题中先后出现的简单命题，上述多重复合命题的形式为：

$$(p\wedge(q\vee r)\wedge s)\rightarrow t$$

这个命题公式称为蕴涵式。

用符号表示多重复合命题的形式，即多重复合命题形式化的步骤是：

第一步，逐层找出支命题，用命题变项符号p、q、r、s、t……表示多重复合命题中先后出现的支命题，相同的命题代以相同的符号，不同的命题代以不同的符号；

第二步，根据多重复合命题所陈述的支命题之间的逻辑关系，确定或补上命题联结词，并用基本的命题联结词符号表示。将命题变项用相应的命题联结词联结起来，就得到了多重复合命题的形式。

在使用符号表示多重复合命题公式时，需要用括号来表示命题公式中的命题之间的结构关系。括号内的公式是一个独立的部分。为了减少公式中的括号，可以对命题联结词和命题联结的结合力强弱作以下规定：

¬ 最强，∧和∨次之，→ 较弱，↔最弱。

按照这样的规定，公式经过简化以后，可以使公式的表述更简洁。

例如：放火、决水、爆炸以及投放毒害性、放射性、传染病病原体等物质或者以其他危险方法危害公共安全，尚未造成严重后果的，处三年以上十年以下有期徒刑。

第一步，将其中的支命题一一找出，并代以相应的命题变项符号：

以放火危害公共安全(p)

以决水危害公共安全(q)

以爆炸危害公共安全(r)

以投放毒害性、放射性、传染病病原体等物质危害公共安全(s)

以其他危险方法危害公共安全(t)

尚未造成严重后果(u)

处三年以上十年以下有期徒刑(v)

第二步，根据命题之间的逻辑关系，将命题变项分别用真值联结词联结起来，就可以得到这个多重复合命题的形式：

$$((p\vee q\vee r\vee s\vee t)\wedge u)\rightarrow v$$

根据减少括号的规定，公式可以进一步简化为：

$$(p\vee q\vee r\vee s\vee t)\wedge u\rightarrow v$$

应当指出，在分析多重复合命题形式时，支命题可以分析到简单命题，也可以分析到复合命题为止。例如，在上述多重复合命题形式中，有些命题变项代表简单命题，有些命题变项则表示复合命题。在这里，根据分析时的具体情况，根据必要性，可以把某些复合命题视为一个整体，而不再加以分析。

二、实例分析

就表达命题之间的逻辑关系而言，五个基本的命题联结词是足够的。因此，任何复合命题都可以用这五个基本的复合命题的相互组合来表达，任何复合命题的形式都可以用这五个基本的命题形式的相互组合来表达。也就是说，任何复合命题都可以用简单命题和这五个基本的命题联结词的多次联结来表达，任何复合命题形式都可以用命题变项和这五个基本的命题联结词的多次联结来表达。下面分析几个常见的复合命题的形式。

1. 既不 p 也不 q

例如：那个皇帝既不关心他的军队，也不理睬国家政务。

这个命题的形式可以用否定词和合取词相互结合来表达：

$$\neg p \wedge \neg q$$

所以，尽管这个联结词很常用，但也没必要专门规定一个表示“既不……也不……”的逻辑联结词，完全可以用基本联结词来表达。

2. 要么 p 要么 q

一般用这一联结词表达选言命题中选言支是不相容的关系的命题，称为排斥选言命题。

例如：要么选择鱼，要么选择熊掌。

“要么 p 要么 q”实际上表达的是 p 或者 q，二者不可兼得。

所以，排斥选言命题就是选言命题中的一种特殊情况，即排除了同真的可能性，所以，这一命题的形式可以表示为：

$$(p \vee q) \wedge \neg (p \wedge q)$$

这一表达式是合取词、析取词和否定词的相互结合。

排斥选言命题的两个支命题是相互排斥的，也就是说，当 p 为真时，q 为假，当 p 为假时，q 为真，所以，这一命题的形式也可以表示为：

$$(p \wedge \neg q) \vee (\neg p \wedge q)$$

这一表达式也是合取词、析取词和否定词的相互结合。

可以看出，排斥选言命题所表达的命题之间的真值关系，和等值命题是正好相反的，所以，这一命题的形式又可以表示为：

$$\neg (p \leftrightarrow q)$$

这一表达式是否定词和等值词的相互结合。

不论怎样分析，总是可以用基本的命题联结词的相互结合来表达“要么……要么……”的逻辑含义的。

需要指出的是，选言命题的选言支是相容的，还是不相容的，这是根据内容进行的区分。但逻辑学主要是研究命题的形式规律，所以从内容方面对选言支进行区分并不必要。这里作这一分析，主要是想说明如何用基本的命题联结词表达复合命题的形式。

3. 只有 p 才 q

用这一联结词表达的命题称为必要条件假言命题。表达同样逻辑含义的联结词还有“仅当……才……”、“除非……才……”。

例如：只有年满十八周岁的公民才有选举权。

这一命题我们也可以这样表达：

如果没有年满十八周岁的公民，那么没有选举权。

这里，我们已经将原命题中的联结词转换为了"如果没有……那么没有……"，也就是说，用蕴涵词和否定词相结合，就可以表达这一命题的形式：

$$\neg p \to \neg q$$

这一命题显然还可以这样表达：

如果有选举权，那么就是年满十八周岁的公民。

这一命题的形式为：

$$q \to p$$

因此，没必要再专门规定一个表示"只有……才……"的逻辑联结词，而是用基本联结词表达就可以了。

一个必要条件假言命题实际上陈述了两个逻辑关系：前件是后件的必要条件，同时，后件是前件的充分条件。

同样道理，假言命题也陈述了两个逻辑关系：前件是后件的充分条件，同时，后件是前件的必要条件。

尽管多重复合命题有时在结构上非常复杂，但是，我们总可以根据它所包含的命题联结词，逐层对多重复合命题的逻辑结构，对多重复合命题所陈述的命题之间的复杂的逻辑关系进行分析。法律条文通常要考虑到各种因素、各种情况、各种可能，因而它所陈述的逻辑关系往往是很复杂的。为了准确地理解法律和正确地适用法律，就有必要对法律条文所陈述的逻辑关系即法律条文的逻辑结构进行分析。对法律条文进行逻辑分析的最基本的方法，就是把法律条文作为多重复合命题进行分析。分析了多重复合命题的命题形式，就是分析了相应法律条文的逻辑结构。有时法律条文的语言表述中虽然不具有命题联结词，但是，我们总可以根据法律条文所陈述的逻辑关系，把省略的联结词补充上。

多重复合命题与其支命题之间的真值关系也可以用真值表来表达。根据基本的真值形式的真值表，可以计算出任何多重复合命题形式的真值表。

第四节 重言式

一、什么是重言式

根据复合命题的公式的真值情况，可以将复合命题公式进行不同的分类。

根据复合命题公式是否恒真，可以将复合命题公式分为两类：恒取真值的和可以取假值的。恒取真值的复合命题公式称为重言式，或者称为永真式。

例如：$p \vee \neg p$，$p \to p$，$p \wedge q \to p$，$p \to p \vee q$

可以取假值的公式称为非重言式。

例如：$p \wedge \neg q$，$p \vee q$，$p \wedge q \to r$，$p \vee q \to p$

其中，恒取假值的公式称为矛盾式。

例如：$p \wedge \neg p$，$\neg (p \to p)$

命题逻辑特别关心的是重言式。因为重言式反映了复合命题之间以及复合命题与其支命题之间存在的确定的真值关系。可以说，每一个重言式都是一条逻辑规律。因此，判定一个公式是否重言式是很重要的问题。

二、重言式的判定方法

(一)真值表法

真值表法就是基于命题公式的真值表计算的判定方法。

任何命题公式都是五个基本命题形式的相互结合，所以，基于五个基本命题形式的真值表，可以计算出任何命题公式的真值表。一般地，一个含有 n 个不同命题变项的命题公式，其真值组合有 2^n 种，即真值表有 2^n 行。如果命题公式的真值表的每一行，即每一种真值组合的值都是真的，它就是重言式；否则就不是重言式。因此，一步一步地计算出命题公式的所有真值组合的真值情况，就可以判定它是否重言式。

真值表法判定的步骤如下：

第一步，找出命题公式中的所有命题变项；

第二步，分析公式的层次结构。按照由里向外的原则每一步都列出来；

第三步，作出真值表。列出变项的所有真值组合，并一步一步地计算出每一步的值，直到主联结词，即公式的值。

例如：$\neg(p\land q)\leftrightarrow\neg p\lor\neg q$

第一步，该公式中共有两个命题变项：p 和 q；

第二步，该公式的层次结构是这样的：(1)p 和 q 由 ∧ 联结构成 $p\land q$，(2)¬ 和 $p\land q$ 联结构成 $\neg(p\land q)$，(3)由 ¬ 和 p 联结构成 $\neg p$，(4)由 ¬ 和 q 联结构成 $\neg q$，(5)$\neg p$ 和 $\neg q$ 由 ∨ 联结构成 $\neg p\lor\neg q$，(6)$\neg(p\land q)$ 和 $\neg p\lor\neg q$ 由 ↔ 联结构成 $\neg(p\land q)\leftrightarrow\neg p\lor\neg q$；

第三步，作出如下真值表：

p	q	p∧q	¬(p∧q)	¬p	¬q	¬p∨¬q	¬(p∧q)↔¬p∨¬q
+	+	+	−	−	−	−	+
+	−	−	+	−	+	+	+
−	+	−	+	+	−	+	+
−	−	−	+	+	+	+	+

由上表可以看出，在公式 $\neg(p\land q)\leftrightarrow\neg p\lor\neg q$ 一列上真值组合都为真，从而可以断定该公式是重言式。

又如：$\neg p\lor q\rightarrow p\land q$

步骤与上例相同，作出的真值表如下：

p	q	¬p	¬p∨q	p∧q	¬p∨q→p∧q
+	+	−	+	+	+
+	−	−	−	−	+
−	+	+	+	−	−
−	−	+	+	−	−

在这个真值表中，公式 $p\land q\rightarrow\neg p\lor q$ 一列真值组合不都为真，在第三行和第四行上为

假，也就是说当 p 为假时公式¬ p∨q→p∧q 的值为假。因此该公式不是重言式。

从理论上说，对于任何一个命题公式，我们都可以用真值表法来判定它是否重言式。不过在实际应用中，当命题变项个数较多时，尽管可以在有限步内计算出这个命题公式的真值表，但计算过程是相当繁琐的。例如在有 4 个命题变项时真值表是 $2^4=16$ 行，当有五个命题变项时真值表就变成了 $2^5=32$ 行。因而在判定一个含有较多命题变项的命题公式是否重言式时，真值表法不是一个便捷的方法。

(二)归谬赋值法

要确定一个公式是否重言式，就是确定该公式是否永真，也就是确定它是否可以为假：如果该公式可以为假，它就不是永真的，因而也就不是重言式；如果该公式不能为假，那就意味着它永真，那么它就是重言式。归谬赋值法就是通过判定一个公式能否为假来确定它是否重言式的判定方法。

与真值表法类似，归谬赋值法的判定也是基于五个基本联结词的真值表。所不同的是归谬赋值法是以相反的方向使用这五个基本真值表。在真值表法中我们是从支命题形式的真值计算复合命题形式的真值，而在归谬赋值法中我们是从复合命题形式的真值反过来计算支命题形式的真值。

这种方法主要适用于判定蕴涵式是否重言式。要想判定蕴涵式 A→B 是否永真，就要判定它是否可以为假。假设 A→B 为假，则根据蕴涵式的性质，A 真而 B 假。如果按照 A 真而 B 假进行赋值，必然导致矛盾，就说明 A→B 不可能为假，因而就可以判定 A→B 为重言式；如果按照 A 真而 B 假进行赋值，没有导致矛盾，就说明找到了一个真值赋值，使得 A→B 可以为假，由此可以断定 A→B 不是重言式。

归谬赋值法判定的步骤如下：

第一步，假设蕴涵式为假，在其主联结词下面写上 0(表示假)；

第二步，根据上述假设，对前件赋值为真，对后件赋值为假，分别在前件下面写上 1(表示真)，在后件下面写上 0；

第三步，基于五个真值联结词的性质，根据前件为真对前件的组成部分逐层进行赋值，根据后件为假对后件的组成部分逐层进行赋值，直到命题公式中的每个命题变项都被赋值为止；

第四步，根据上述赋值的结果，判定命题公式是否为重言式。如果根据上述赋值会导致逻辑矛盾，则命题公式是重言式；如果根据上述赋值没有出现逻辑矛盾，则命题公式不是重言式。

例 1：确定公式 p∧q→p 是否重言式。

第一步，假设蕴涵式为假，在其主连接词下面写上 0：

$$\begin{array}{ccccc} p & \wedge & q & \rightarrow & p \\ & & & 0 & \end{array}$$

第二步，根据上述假设，对前件赋值为真，在∧下写上 1；对后件赋值为假，在 p 下写上 0：

$$\begin{array}{ccccc} p & \wedge & q & \rightarrow & p \\ & 1 & & 0 & 0 \end{array}$$

第三步，根据合取词的真值表，当 p∧ q 为真时支命题都为真，所以，将 p 和 q 的下方都写上 1。因为后件 p 已经赋值为 0，所以前件的 p 的值也应为 0：

$$\begin{matrix} p \wedge q \rightarrow p \\ 1\ 1\ 1\ 0\ 0 \\ 0 \end{matrix}$$

第四步，至此可以看到，公式中的 p 的下方既有 1 又有 0。这就是说，要使公式 $p\wedge q\rightarrow p$ 为假，就要求公式中的 p 既要为真又要为假，这是一个逻辑矛盾。这个矛盾是根据上述假设进行赋值导出的。因此，上述假设不能成立，上述命题公式不可能为假，从而它是重言式。

例 2：确定公式 $(p\vee q)\wedge p\rightarrow\neg q$ 是否重言式。

第一步，假设蕴涵式为假，在其主连接词下面写上 0：

$$\begin{matrix} (p\vee q)\wedge p \rightarrow \neg q \\ 0 \end{matrix}$$

第二步，根据上述假设，对前件赋值为真，在 ∧ 下写上 1；对后件赋值为假，在 ¬ 下写上 0：

$$\begin{matrix} (p\vee q)\wedge p \rightarrow \neg q \\ 1\quad 0\ 0 \end{matrix}$$

第三步，根据合取词的真值表，当 $(p\vee q)\wedge p$ 为真时支命题都为真，所以，将 $p\vee q$ 和 p 的下方都写上 1。因为后件 ¬ q 赋值为 0，根据否定词的真值表，q 应赋值为 1。此时 p 和 q 都已赋值，将同样的值分别写在 $p\vee q$ 中的 p 和 q 的下方：

$$\begin{matrix} (p\vee q)\wedge p \rightarrow \neg q \\ 1\,1\,1\quad 1\,1\,0\,0\,1 \end{matrix}$$

第四步，至此归谬赋值的过程结束。我们看到上述公式中没有出现矛盾，这表明当 p 和 q 都取真值时，上述公式为假。也就是说该公式是可以为假的，所以它不是重言式。

从上面两个例子可以看出，归谬赋值法的计算之所以可以进行下去，是因为¬ 、∧ 的真值表中都只有一行为真，而¬ 、∨ 、→的真值表中都只有一行为假。因此，在进行归谬赋值时，如果每一步都能遇到否定式为真或为假、合取式为真、析取式为假、蕴涵式为假的情形，上述计算就能顺利进行下去。但实际情形却并非总是这样。

例 3：确定公式 $(p\wedge q)\vee r\rightarrow(p\vee r)\wedge(q\vee r)$ 是否重言式。

第一步，假设蕴涵式为假，在其主连接词下面写上 0：

$$\begin{matrix} (p\wedge q)\vee r \rightarrow (p\vee r)\wedge(q\vee r) \\ 0 \end{matrix}$$

第二步，根据上述假设，对前件赋值为真，在 ∨ 下写上 1；对后件赋值为假，在 ∧ 下写上 0：

$$\begin{matrix} (p\wedge q)\vee r \rightarrow (p\vee r)\wedge(q\vee r) \\ 1\quad 0\qquad 0 \end{matrix}$$

但至此赋值进行不下去了。现在的情况是析取式 $(p\wedge q)\vee r$ 为真，合取式 $(p\vee r)\wedge(q\vee r)$ 为假，而析取式为真和合取式为假的情形都不是唯一的。这时我们需要选定其中的前件或者后件来分情况讨论。

第三步，我们可以选定讨论合取式 $(p\vee r)\wedge(q\vee r)$ 为假。于是得到

$$\begin{matrix} (1)\ (p\wedge q)\vee r \rightarrow (p\vee r)\wedge(q\vee r) \\ 1\quad 0\qquad 0\qquad 0 \end{matrix}$$

和

$$(2)(p\wedge q)\vee r\to(p\vee r)\wedge(q\vee r)$$

1 0 0 0

其中(1)是设 $p\vee r$ 为假(注意并没有设定 $q\vee r$ 的真值)，(2)是设 $q\vee r$ 为假(注意并没有设定 $p\vee r$ 的真值)。两种假设都保证了 $(p\vee r)\wedge(q\vee r)$ 为假，而当 $(p\vee r)\wedge(q\vee r)$ 为假时(1)和(2)至少有一个成立。现在分别对(1)和(2)继续做归谬赋值。对(1)可以由析取式 $p\vee r$ 为假得到 p 为假和 r 为假，即

$$(1)(p\wedge q)\vee r\to(p\vee r)\wedge(q\vee r)$$

0 1 0 0 0 0 0 0 0 0

第四步，由 p 为假可以得到合取式 $p\wedge q$ 为假。这时，可以计算出析取式 $(p\wedge q)\vee r$ 为假，而之前我们已经赋值 $(p\wedge q)\vee r$ 为真，即

$$(1)(p\wedge q)\vee r\to(p\vee r)\wedge(q\vee r)$$

0 0 1 0 0 0 0 0 0 0 0

0

得到矛盾。这个矛盾表明情形(1)不可能为假。然后再来看情形(2)。经类似的计算可以得到

$$(2)(p\wedge q)\vee r\to(p\vee r)\wedge(q\vee r)$$

0 0 1 0 0 0 0 0 0 0

0

同样存在矛盾。这表明情形(2)也不可能为假。两种情形都导致矛盾，就表明原公式不能为假，因此它是重言式。

例 4:确定公式 $(p\to q)\leftrightarrow(p\vee q)$ 是否重言式。

第一步，假设等值式为假，在其主连接词下面写上 0:

$$(p\to q)\leftrightarrow(p\vee q)$$

0

等值式为假的情形并不唯一，因此我们要分情况讨论。等值式为假有两种可能:前件为真后件为假或者前件为假后件为真。于是得到

$$(1)(p\to q)\leftrightarrow(p\vee q)$$

1 0 0

和

$$(2)(p\to q)\leftrightarrow(p\vee q)$$

0 0 1

继续做下去，由(1)得到

$$(1)(p\to q)\leftrightarrow(p\vee q)$$

0 1 0 0 0 0 0

没有矛盾出现，也就是说当 p、q 都为假时公式 $(p\to q)\leftrightarrow(p\vee q)$ 的值为假，因而该公式不是重言式。

需要强调的是，当分情况讨论时，如果有一种情形没有导致矛盾，就表明原公式是可以为假的，因而不是重言式;如果所有的情形都有矛盾，就表明原公式不能为假，因而是重言式。

三、重言蕴涵式和重言等值式

1. 重言蕴涵式和重言等值式

在重言式中最引人注目的是形如 A→B 和 A↔B 的重言式。

(1) 如果 A→B 是重言式，则称 A 重言蕴涵 B，记作 A⇒B；

(2) 如果 A↔B 是重言式，则称 A 重言等值 B，记作 A⇔B；

(3) 如果 A⇔B 当且仅当 A⇒B 且 B⇒A。

A 和 B 表示任意命题公式。所以，上述 A→B 表示所有蕴涵式，A↔B 表示所有等值式。

由→的真值表可以看出，当 A 重言蕴涵 B 时，A→B 永远是真的。也就是说，无论 A、B 中的命题变项取什么值，当 A 为真时 B 一定为真，这就表明从形如 A 的前提推得形如 B 的结论的推理是正确的。就是说，每一个重言的蕴涵式都提供了一个有效的推理形式或推理方法。本书将在第九章中具体分析重要的推理有效式。

由↔的真值表可以看出，当 A 重言等值 B 时，A↔B 总是真的。也就是说，不论 A、B 中的变项取什么值，等值式两端的命题公式都是等值的。重言等值式刻画了真值联结词的逻辑性质，表达了真值联结词的等价的逻辑语义，反映了不同的命题形式之间所具有的等值关系。换句话说，同一个命题形式，可以用不同的联结词刻画，而逻辑真值是相同的。

2. 常用的重言等值式

复合命题的重言等值式非常之多，下面列出十个常用的重言等值式。

(1) 假言易位律 A→B⇔¬B→¬A

例如："如果他患了肺炎，那么他会发烧"等值于"如果他没有发烧，那么他没有患肺炎"。

(2) 蕴涵析取律 A∨B⇔¬A→B

例如："某甲是案犯或者某乙是案犯"等值于"如果某甲不是案犯，那么某乙是案犯"。

(3) 蕴涵合取律 A∧B⇔¬(A→¬B)

例如："法律关系中的同一人既享有权利又承担义务"等值于"并不是说法律关系中的同一人如果享有权利，那么就不承担义务"。

(4) (A↔B)⇔(A→B)∧(¬A→¬B)

例如："一个人犯了罪当且仅当受到刑罚处罚"等值于"如果一个人犯了罪，那么应当受到刑罚处罚，并且，如果一个人没有犯罪，那么不应当受到刑罚处罚"。

(5) (A↔B)⇔(A∧B)∨(¬A∧¬B)

例如："一个数是偶数当且仅当能被 2 整除"等值于"一个数是偶数并且能被 2 整除，或者，一个数不是偶数并且不能被 2 整除"。

(6) 否定蕴涵律¬(A→B)⇔A∧¬B

例如："不是只要刮风就会下雨"等值于"刮风但是不下雨"。

(7) 德·摩根定律¬(A∧B)⇔¬A∨¬B

例如："并非他既有作案动机又有作案时间"等值于"他没有作案动机或者没有作案时间"。

(8) 德·摩根定律¬(A∨B)⇔¬A∧¬B

例如："并非他有作案动机或者作案时间"等值于"他既没有作案动机又没有作案时间"。

(9)¬(A↔B)⇔(A→¬B)∧(¬A→B)

例如："并非一个数是奇数当且仅当能被 2 整除"等值于"如果一个数是奇数那么不能被 2

整除，并且，如果一个数是偶数，那么能被 2 整除”。

(10) $\neg(A\leftrightarrow B)\Leftrightarrow(A\wedge\neg B)\vee(\neg A\wedge B)$

例如：“并非当且仅当某甲犯罪则某乙犯罪”等值于“某甲犯罪但某乙没有犯罪，或者，某甲没有犯罪但某乙犯罪”。

这些重言等值式的等值关系，通过真值表验证，都可以清楚地看出。

要点小结

本章阐述了复合命题的逻辑性质，包括复合命题概述、基本的复合命题、多重复合命题和重言式。主要内容是：

一、复合命题概述

(一)复合命题的结构

(二)复合命题的真值

(三)复合命题的形式

二、基本的复合命题

- 负命题
  - 定义　陈述对某个命题的否定
  - 形式　$\neg p$
  - 逻辑性质
    - 负命题为真，则它的支命题为假
    - 负命题为假，则它的支命题为真

- 联言命题
  - 定义　对所陈述的命题都加以肯定
  - 形式　$p\wedge q$
  - 逻辑性质
    - 联言命题为真，则它的所有支命题为真
    - 它的所有支命题为真，则联言命题为真
    - 联言命题为假，则至少有一个支命题为假
    - 有一个支命题为假，则联言命题为假

- 选言命题
  - 定义　陈述几个命题中至少有一个命题为真
  - 形式　$p\vee q$
  - 逻辑性质
    - 选言命题为真，那么选言支至少一真
    - 选言支有一真，那么选言命题为真
    - 选言命题为假，那么选言支都为假

- 假言命题
  - 定义　陈述某一命题为真是另一命题为真的条件
  - 形式　$p\rightarrow q$
  - 逻辑性质
    - 假言命题为真，就不会是前件真而后件假
    - 假言命题为假，则前件真且后件假

等值命题
- 定义　陈述两个命题是同真或者同假的关系
- 形式　$p \leftrightarrow q$
- 逻辑性质
  - 等值命题为真，它的前、后件的值同真或同假
  - 等值命题为假，它的前、后件的值不同真且不同假

三、多重复合命题

定义:以复合命题为支命题的复合命题

形式化的步骤

实例分析

四、重言式

重言式　判定方法
- 真值表法
- 归谬赋值法

重言蕴涵式

重言等值式:假言易位律 $A \to B \Leftrightarrow \neg B \to \neg A$

蕴涵析取律 $A \vee B \Leftrightarrow \neg A \to B$

蕴涵合取律 $A \wedge B \Leftrightarrow \neg (A \to \neg B)$

$(A \leftrightarrow B) \Leftrightarrow (A \to B) \wedge (\neg A \to \neg B)$

$(A \leftrightarrow B) \Leftrightarrow (A \wedge B) \vee (\neg A \wedge \neg B)$

否定蕴涵律 $\neg (A \to B) \Leftrightarrow A \wedge \neg B$

德·摩根定律 $\neg (A \wedge B) \Leftrightarrow \neg A \vee \neg B$

德·摩根定律 $\neg (A \vee B) \Leftrightarrow \neg A \wedge \neg B$

$\neg (A \leftrightarrow B) \Leftrightarrow (A \to \neg B) \wedge (\neg A \to B)$

$\neg (A \leftrightarrow B) \Leftrightarrow (A \wedge \neg B) \vee (\neg A \wedge B)$

思考与练习

一、思考题

1. 什么是复合命题？复合命题由哪些部分构成？有哪些基本的复合命题？
2. 什么是命题联结词？命题联结词的作用是什么？有哪些基本的命题联结词？
3. 什么是多重复合命题？如何分析多重复合命题的形式？
4. 什么是重言式？什么是重言蕴涵式？什么是重言等值式？
5. 有哪些重要的重言等值式？

二、练习题

1. 指出下列复合命题属于何种复合命题，并写出它们的命题形式。

(1)物证和证人证言都是证据。

(2)到过现场的人并不都是作案人。

(3)他患了气管炎或者肺炎。

(4)红了樱桃，绿了芭蕉。

(5)并非强权就是公理。

(6)林纾是著名的翻译家，但他不懂外语。

(7)不入虎穴，焉得虎子。

(8)死刑案件由最高人民法院判决或者核准。

(9)犯罪的时候不满18周岁的人和审判时怀孕的妇女，不适用死刑。

(10)青少年失足或有社会原因，或有家庭原因，或有自身的原因。

(11)雨、雪、风、霜都不会阻止那位快递员按时发送快递。

(12)三角形的三边相等当且仅当三内角相等。

(13)光合作用不是起源于植物，而是起源于细菌。

(14)人要是没有自知之明，就会做错事。

(15)某甲和某乙或者都是案犯，或者都不是案犯。

(16)未经人民法院依法判决，对任何人都不得确定有罪。

2. 分析下列多重复合命题的形式。

(1)只有发扬拼搏精神，才能取得突破性成功。

(2)甲、乙、丙中至少有一个是罪犯，但他们不会全是罪犯。

(3)不破不立，不塞不流，不止不行。

(4)决不是一个人的记忆力强并且延长学习时间，他就能够取得成就。

(5)行为在客观上虽然造成了损害结果，但是不是出于故意或者过失，而是由于不能抗拒或者不能预见的原因所引起的，不是犯罪。

(6)明知自己的行为会发生危害社会的结果，并且希望或者放任这种结果发生，因而构成犯罪的，是故意犯罪。

(7)因不可抗力不能履行合同或者造成他人损害的，不承担民事责任，法律另有规定的除外。

(8 法律明文规定为犯罪行为的，依照法律定罪处刑；法律没有明文规定为犯罪行为的，不得定罪处刑。

(9)精神病人在不能辨认或者不能控制自己的行为的时候造成危害结果，经法定程序鉴定的，不负刑事责任，但是应当责令他的家属或者监护人严加看管和医疗。

(10)犯罪以后自首的，可以从轻或者减轻处罚。其中，犯罪较轻的，可以免除处罚；有重大立功表现的，应当减轻或者免除处罚。

3. 判定下列公式是否重言式。

(1) $p \land \neg q \rightarrow \neg p \lor q$

(2) $(p \rightarrow q) \rightarrow \neg p \lor q$

(3) $(p \rightarrow q) \rightarrow \neg (p \land \neg q)$

(4) $(p \lor q) \land p \rightarrow \neg q$

(5) $(p \land q \rightarrow r) \land p \rightarrow q \lor r$

(6) $\neg (p \land q) \leftrightarrow \neg p \lor \neg q$

(7) $p \to \neg q \leftrightarrow \neg p \lor \neg q$

(8) $(p \land q) \lor (\neg p \lor \neg q)$

(9) $(p \to q) \to p \land \neg q$

(10) $(\neg p \to q \land r) \land (\neg q \lor \neg r \lor s) \land (p \lor \neg s) \to p$

4. 写出下列命题的形式及其某一等值命题的形式。

(1) 或者平淡一生，或者名垂青史。

(2) 如果条件适宜，种子就会发芽。

(3) 并非他既擅长书法又擅长作画。

(4) 并非他去参加会议或者我去参加会议。

(5) 不是只要努力学习就会取得好的成绩。

5. 回答下列问题。

(1) 设有下列公式：

①$p \to q$　②$\neg p \to \neg q$　③$p \lor q$　④$p \land q$　⑤$\neg(p \to \neg q)$　⑥$p \land \neg q$

⑦$\neg p \to q$　⑧$\neg p \land q$　⑨$p \lor \neg q$　⑩$\neg p \land \neg q$　⑪$\neg p \lor q$　⑫$\neg p \lor \neg q$

这些公式中，哪些相互等值？哪些相互矛盾？

(2) 在下列公式中：

①$\neg p \lor q$　②$p \land \neg q$　③$\neg q \to \neg p$　④$\neg(q \lor \neg p)$　⑤$\neg\neg q \lor \neg p$

⑥$\neg q \land \neg\neg p$　⑦$\neg(\neg q \land p)$

与“$p \to q$”相互等值的公式有____________，与“$p \to q$”相互矛盾的公式有____________。

第五章　演绎推理:直言命题推理

◆**内容提要**:本章讲述了直言命题推理的主要类型:直言命题的直接推理和三段论。

直言命题的直接推理就是以一个直言命题或其负命题为前提推出另一个直言命题或其负命题为结论的演绎推理。它包括直言命题的对当关系推理和直言命题的等值变形推理(即换质法、换位法)。

直言对当关系推理就是根据同一素材的A、E、I、O四种命题之间的真假关系进行的直接推理。直言对当关系推理也有四种:矛盾关系推理、差等关系推理、反对关系推理、下反对关系推理。

换质法就是通过改变作为前提的直言命题的质,从而得出一个与之相等值的直言命题作为结论的直接推理。A、E、I、O四种直言命题都可以进行换质法推理。

换位法就是将作为前提的直言命题的主项和谓项的位置互换,从而得出一个与之相等值的直言命题作为结论的直接推理。E和I命题可以换位,A命题可以限量换位,O命题不可以换位。

三段论是以两个直言命题作前提,并借助于前提中的一个共同词项把两个直言命题联结起来,从而得出一个直言命题作结论的推理。三段论又称为直言三段论。三段论在形式上的特征称为格和式。根据中项在两个前提中所占据位置的不同,从而形成了结构不同的三段论形式,这称为三段论的格。三段论共有四个不同的格。根据组成三段论的三个命题质和量的不同,所形成的不同的三段论的形式,这称为三段论的式。三段论四个格共有256个不同的式,但其中只有24个是有效的式。

三段论的基本规则是判定三段论是否有效的根据。三段论的基本规则概括为三条:1. 中项至少要周延一次;2. 前提中不周延的词项在结论中也不得周延;3. 前提和结论中否定命题的个数相等。

为了应用的方便,根据三段论的三条基本规则,还可以推导出若干导出规则。导出规则包括一般导出规则和各格的规则。导出规则是从基本规则推导出来的,因此可以用基本规则来证明。

在日常思维中,我们表述三段论很少用一个大前提、小前提和结论齐备并且排列整齐的完整形式,一般都使用省略的形式。省略三段论可以省略大前提,也可以省略小前提,还可以省略结论。省略三段论的特点是:它有两个直言命题,其中出现三个不同的词项。

三段论在实际应用中，往往表现为复杂的形式。这实际上是几个三段论的联合运用。这样的推理称为复合三段论。三段论的复合式主要表现为两种形式：连锁式三段论和带证式三段论。

法庭判决的一般形式是三段论的 AAA 式。本章通过一个具体案例说明三段论在法庭判决中的应用。

直言命题推理有一个实质性假定，即直言命题具有存在含义，主项非空。但是，该实质性假定在推理中体现不出来，这就使得在推理过程中有可能出错。在这个意义上，直言命题推理存在理论缺陷。但直言命题及其推理与常识、直观比较一致，所以使用起来比较方便、容易接受，在实际应用中出错的概率也较小，所以仍然具有理论价值和实用性。

◆**学习目标**：通过本章学习，要求学生重点掌握：直言命题直接推理的三种类型，包括直言对当关系推理、换质法和换位法，以及三段论的形式特征和基本规则；掌握：三段论的导出规则和各格的规则；一般了解：省略三段论和复合三段论，以及三段论在法庭审判中的应用。

◆**关键词**：直言对当推理、换质法、换位法、三段论

第一节 直言命题的直接推理

直言命题的直接推理，就是以一个直言命题或其负命题为前提推出另一个直言命题或其负命题为结论的演绎推理。它包括直言命题的对当关系推理和直言命题的等值变形推理（即换质法、换位法）。

一、直言命题的对当关系推理

直言对当关系推理就是根据同一素材的 A、E、I、O 四种命题之间的真假关系进行的直接推理。与四种直言对当关系相对应，直言对当关系推理也有四种：矛盾关系推理、差等关系推理、反对关系推理、下反对关系推理。

（一）矛盾关系对当推理

就是根据 A 与 O、E 与 I 之间的真假关系进行的对当关系推理。

1. A 与 O、E 与 I 之间的真假关系称为矛盾关系

根据第四章第二节的分析可知，具有矛盾关系的两个直言命题，其质和量都不相同。SAP 陈述 S 的全部外延都在 P 的外延之中；SOP 陈述至少有 S 的外延不在 P 的外延之中。这两种陈述的真值显然是相互矛盾的，具体来说，就是：

当 SAP 为真，则 SOP 为假；

当 SAP 为假，则 SOP 为真；

当 SOP 为真，则 SAP 为假；

当 SOP 为假，则 SAP 为真。

SEP 陈述 S 与 P 外延是全异关系，即 S 的外延和 P 的外延没有共同元素；SIP 陈述 S 和 P 是相容关系，即 S 和 P 的外延存在共同元素。这两种陈述的真值显然也是相互矛盾的。具体来说，就是：

当 SEP 为真，则 SIP 为假；

当 SEP 为假，则 SIP 为真；

当 SIP 为真，则 SEP 为假；

当 SIP 为假，则 SEP 为真。

因此，矛盾关系命题之间的真假关系是:两者既不同真也不同假。

2. 根据矛盾关系的推理

在具有矛盾关系的命题之间，可以由其中一个命题为真，推知另一个命题为假;也可以由其中一个命题为假，推知另一个命题为真。其推理有效式如下：

$$SAP \to \neg SOP$$

$$\neg SAP \to SOP$$

$$SOP \to \neg SAP$$

$$\neg SOP \to SAP$$

$$SEP \to \neg SIP$$

$$\neg SEP \to SIP$$

$$SIP \to \neg SEP$$

$$\neg SIP \to SEP$$

例如:所有贪污罪的主体都是国家工作人员，所以，并非有的贪污罪的主体不是国家工作人员。

其推理形式是：

$$SAP \to \neg SOP$$

又如:并非有的人没有偏见，所以，所有人都有偏见。

其推理形式是：

$$\neg SOP \to SAP$$

再如:订立时显失公平的合同都不是有效的，所以，并非有的订立时显失公平的合同是有效的。

$$SEP \to \neg SIP$$

矛盾关系的命题之间既不同真也不同假，因而，一个命题和它的矛盾命题的负命题真值相同，即一个命题和它的矛盾命题的负命题是等值关系。即：

$$SAP \leftrightarrow \neg SOP$$

$$SOP \leftrightarrow \neg SAP$$

$$SEP \leftrightarrow \neg SIP$$

$$SIP \leftrightarrow \neg SEP$$

（二）差等关系对当推理

就是根据 A 与 I、E 与 O 之间的真假关系进行的对当关系推理。

1. A 与 I、E 与 O 之间的真假关系称为差等关系

根据第四章第二节的分析可知，具有差等关系的两个直言命题，其质相同而量不同。SAP 陈述 S 的全部外延都在 P 的外延之中;SIP 陈述至少有 S 的外延在 P 的外延之中。因此，可以理解为:SAP 蕴涵 SIP。具体来说，就是：

当 SAP 为真，则 SIP 为真；

当 SAP 为假，SIP 可真可假；

当 SIP 为真，SAP 可真可假；

当 SIP 为假，则 SAP 为假。

SEP 陈述全部 S 的外延都在 P 的外延之外；SOP 陈述至少有 S 的外延在 P 的外延之外。因此，可以理解为：SEP 蕴涵 SOP。具体来说，就是：

当 SEP 为真，则 SOP 为真；

当 SEP 为假，SOP 可真可假；

当 SOP 为真，SEP 可真可假；

当 SOP 为假，则 SEP 为假。

因此，差等关系命题之间的真假关系是：全称命题真则特称命题真，特称命题假则全称命题假。

2. 根据差等关系的推理

在具有差等关系的命题之间，可以由全称命题为真，推知特称命题为真；也可以由特称命题为假，推知全称命题为假。其推理有效式如下：

$$SAP \to SIP$$

$$\neg SIP \to \neg SAP$$

$$SEP \to SOP$$

$$\neg SOP \to \neg SEP$$

例如：凡物体都不是静止的，所以，有些物体不是静止的。

其推理形式是：

$$SEP \to SOP$$

又如：并非有的未满 18 岁的公民有选举权，所以，并非所有未满 18 岁的公民都有选举权。

其推理形式是：

$$\neg SIP \to \neg SAP$$

(三) 反对关系对当推理

就是根据 A 与 E 之间的真假关系进行的对当关系推理。

1. A 与 E 之间的真假关系称为反对关系

根据第四章第二节的分析可知，具有反对关系的两个直言命题，其量相同而质不同。SAP 陈述 S 的全部外延都在 P 的外延之中；SEP 陈述 S 的全部外延都不在 P 的外延之中。因此，SAP 和 SEP 的陈述是相互否定的。具体来说，就是：

当 SAP 为真，则 SEP 为假；

当 SEP 为真，则 SAP 为假；

当 SAP 为假，SEP 可真可假；

当 SEP 为假，SAP 可真可假。

因此，反对关系命题之间的真假关系是：两者不同真，可以同假。

2. 根据反对关系的推理

在具有反对关系的命题之间，可以由一个命题为真，推知另一个命题为假。其推理有效式如下：

$$SAP \to \neg SEP$$

SEP→ ¬ SAP

例如:所有证据都是经过查证属实的，所以，并非所有证据都不是经过查证属实的。

其推理形式是:

SAP→ ¬ SEP

又如:人不能两次踏进同一条河流，所以，并非人能两次踏进同一条河流。

其推理形式是:

SEP→ ¬ SAP

(四)下反对关系推理

就是根据I与O之间的真假关系进行的对当关系推理

1. I与O之间的真假关系称为下反对关系

根据第四章第二节的分析可知，具有下反对关系的两个直言命题，其量相同而质不同。SIP陈述至少有S的外延在P的外延之中;SOP陈述至少有S的外延不在P的外延之中。因此，SIP和SOP的陈述不可能都是假的。具体来说，就是:

当SIP为假，则SOP为真;

当SOP为假，则SIP为真;

当SIP为真，SOP可真可假;

当SOP为真，SIP可真可假。

因此，下反对关系命题之间的真假关系是:两者不同假，可以同真。

2. 根据下反对关系的推理

在具有下反对关系的命题之间，可以由一个命题为假，推知另一个命题为真。其推理有效式如下:

¬ SIP→SOP

¬ SOP→SIP

例如:并非有些贪污罪是过失犯罪，所以，有些贪污罪不是过失犯罪。

其推理形式是:

¬ SIP→SOP

又如:并非有的逻辑教材不是讲述推理的，所以，有的逻辑教材是讲述推理的。

其推理形式是:

¬ SOP→SIP

为了准确地理解直言命题的对当关系及其推理，需要注意以下三点:

第一，对当关系是指同一素材的(即主项和谓项分别相同的)A、E、I、O之间的真假关系。素材不同的A、E、I、O之间，自然不存在这种真假关系。

第二，传统逻辑的对当关系以假定主项所指称的对象存在为前提条件。如果主项S所指称的对象不存在，即主项是空词项，那么除矛盾关系外，其他几种对当关系都是不能成立的。

第三，如前面所述，传统逻辑把单称命题作为全称命题来处理，但在对当关系中却不能这样处理。全称肯定命题和全称否定命题之间是反对关系，而单称肯定命题和单称否定命题之间却是矛盾关系。这是因为单称命题的主项所指称的对象是某一特定对象，对于一个特定对象而言，它或者具有某种性质，或者不具有这种性质，二者必居其一。因此，反映在真值上，单称肯定命题与单称否定命题之间既不同真也不同假。

二、直言命题的等值变形推理

(一)换质法

1. 什么是换质法

换质法就是通过改变作为前提的直言命题的质，从而得出一个与之相等值的直言命题作为结论的直接推理。

例如：所有的金属都是导体，所以，所有的金属都不是非导体。

换质法的规则是：

(1)结论中保留前提的主项和量词；

(2)改变前提命题的质，将联词“是”换成“不是”，或将“不是”换成“是”；

(3)结论中的谓项是前提中谓项的矛盾词项。

2. A、E、I、O 四种直言命题的换质法推理

(1)SAP 的换质法推理有效式是：

$$SAP \rightarrow SE\bar{P}$$

例如：所有的盗窃罪都是故意犯罪，所以，所有的盗窃罪都不是过失犯罪。

其中，$\bar{P}$ 表示词项 P 的矛盾词项。

(2)SEP 的换质法推理有效式是：

$$SEP \rightarrow SA\bar{P}$$

例如：死缓不是独立的刑种，所以，死缓是非独立刑种。

(3)SIP 的换质法推理有效式是：

$$SIP \rightarrow SO\bar{P}$$

例如：有些罪犯是未成年人，所以，有些罪犯不是成年人。

(4)SOP 的换质法推理有效式是：

$$SOP \rightarrow SI\bar{P}$$

例如：有些被告不是有罪的，所以，有些被告是无罪的。

换质法推理是日常表达中常见的一种推理。其依据是，如果 S 的全部或部分外延包含在 P 的外延之中，那么就与 $\bar{P}$ 的外延相排斥；反之，如果 S 的全部或部分外延与 P 的外延相排斥，那么就包含在 $\bar{P}$ 的外延之中。

关于换质法推理需要注意以下两个方面：

第一，结论的谓项与前提的谓项是具有矛盾关系的词项，而不是具有反对关系的词项，否则推理无效。

第二，以上四种换质法推理的结论也蕴涵前提，即从结论推出前提的推理也是有效的。因为 P 是 $\bar{P}$ 的矛盾词项，所以，逆向的推理是对原推理中作为结论的命题进行的换质法推理，也就是将谓项 $\bar{P}$ 换为它的矛盾词项 P。

因此，以上换质法推理的前提与结论之间具有等值关系：

$$SAP \leftrightarrow SE\bar{P}$$

$$SEP \leftrightarrow SA\bar{P}$$

$$SIP \leftrightarrow SO\bar{P}$$

$$SOP \leftrightarrow SI\bar{P}$$

(二)换位法

1. 什么是换位法

换位法就是将作为前提的直言命题的主项和谓项的位置互换，从而得出一个与之相等值的直言命题作为结论的直接推理。

例如:犯罪未遂不是犯罪中止，所以，犯罪中止不是犯罪未遂。

换位法的规则是:

(1)不改变前提命题的质和量，只改变其主项和谓项的位置;

(2)在前提中不周延的词项在结论中也不得周延。

2. 换位法推理的有效式

根据换位法的定义与规则，以及A、E、I、O四种直言命题中主、谓项的周延情况，E命题与I命题可以换位，而A命题与O命题不能换位。

(1)SEP的换位法推理有效式是:

$$SEP \rightarrow PES$$

例如:正当防卫不负刑事责任，所以，负刑事责任的不是正当防卫。

(2)SIP的换位法推理有效式是:

$$SIP \rightarrow PIS$$

例如:有些过失犯罪是要判刑的，所以，有些要判刑的是过失犯罪。

容易看出，在E、I命题的换位法推理中，结论也蕴涵前提。对作为结论的命题进行一次换位，就得到了前提的命题。这两种推理的前提和结论是等值的:

$$SEP \leftrightarrow PES$$

$$SIP \leftrightarrow PIS$$

SAP不能换位的原因是，SAP如果换位为PAS，则P在前提中不周延，而在结论中周延了，这就违反了换位法的第2条规则。如果SAP换位为PIS，则又违反换位法的第1条规则，得出的结论改变了前提的量。

但是，如果先使用直言对当推理，从SAP推出SIP，接着可以从SIP换位为PIS，即

$$SAP \rightarrow SIP \rightarrow PIS$$

此推理过程，前提蕴涵结论，但结论不等值于前提。这一换位法推理称为限量换位。

SOP不能换位的原因是，SOP如果换位为POS，则S在前提中不周延，而在结论中周延了，这就违反了换位法的第2条规则。

SEP陈述S和P具有全异关系，SIP陈述S和P具有相容关系，词项间的全异关系和相容关系都是对称性的关系，所以，E命题和I命题可以进行换位法推理;SAP陈述S的全部外延包含于P的外延之中，SOP陈述至少有S的外延不包含于P的外延之中，而词项间的包含于、不包含于关系都不是对称性的关系，所以，A命题和O命题不能换位。

3. 换质法、换位法和直言对当推理的联合应用

上述换质法和换位法，可以联合应用，也可以交替连续应用。

例如:所有的犯罪行为都是违法行为，

所有的犯罪行为都不是合法行为，

所以，所有的合法行为都不是犯罪行为。

其推理形式:

$$SAP \to SE\bar{P} \to \bar{P}ES$$

此推理是换质法和换位法的联合应用。传统逻辑中称此为换质位法。

换质法、换位法、直言对当推理也可以交替连续地应用。

例如：植物都是能够进行光合作用的，

所以，并非非植物是能够进行光合作用的。

其推理形式：

$$SAP \to \neg\, \bar{S}AP$$

$\neg\, \bar{S}AP$ 是如何从 SAP 推出来的？其推理过程可表示如下：

$SAP \to SE\bar{P}$（换质法）→ $\bar{P}ES$（换位法）→ $\bar{P}A\bar{S}$（换质法）→ $\bar{P}I\bar{S}$（差等关系对当推理）→ $\bar{S}I\bar{P}$（换位法）→ $\bar{S}OP$（换质法）→ $\neg\, \bar{S}AP$（矛盾关系对当推理）

第二节 三段论

三段论是最早成为逻辑学研究对象的一类推理。亚里士多德已建立了完备的三段论理论。

一、三段论的特征

三段论是以两个直言命题作前提，并借助于前提中的一个共同词项把两个直言命题联结起来，从而得出一个直言命题作结论的推理。三段论又称为直言三段论。

例如：法律是保护公民正当权益的，

民法是法律，

所以，民法是保护公民正当权益的。

三段论形式的特征，表现在以下两个方面：

第一，三段论都是由三个直言命题构成的，其中两个是前提，一个是结论。

第二，在三段论的前提和结论中一共出现三个不同的词项，每个词项恰好各出现两次。

作为结论的主项的词项称为小项，一般用 S 表示；作为结论的谓项的词项称为大项，一般用 P 表示；在两个前提中各出现一次的词项称为中项，一般用 M 表示。

为了研究方便，对前提中的两个命题也加以区分：含有大项的前提称为大前提，含有小项的前提称为小前提。

因此，在上述三段论中，“民法”是小项，“保护公民正当权益的”是大项，“法律”是中项。“法律是保护公民正当权益的”是大前提，“民法是法律”是小前提。上述三段论的推理形式是：

凡 M 是 P，

凡 S 是 M，

凡 S 是 P。

此推理形式可用符号表示为：

MAP

SAM

———

SAP

该推理形式也可用蕴涵式表示为：

$$MAP \land SAM \rightarrow SAP$$

在三段论推理中，中项在前提中起媒介作用，即把大项和小项联结起来，从而得出结论。三段论中词项的联结是指词项外延之间的关系。三段论理论实质上是词项外延关系的理论，也就是词项外延的相容或排斥关系的理论。例如，上述实例中前提和结论的推出关系，我们可以用欧拉图来说明：

MAP：

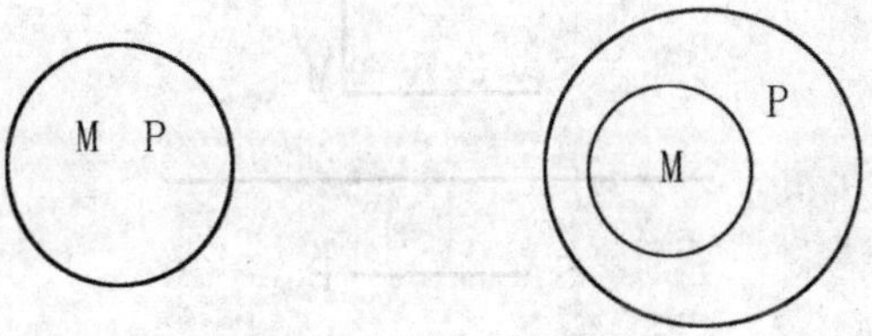

SAM：

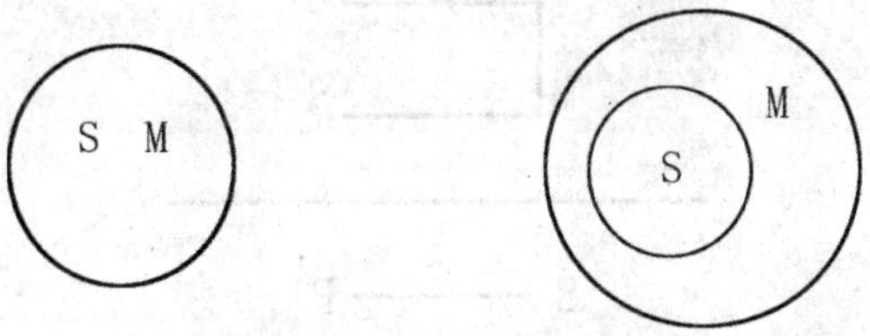

$MAP \land SAM \rightarrow SAP$：

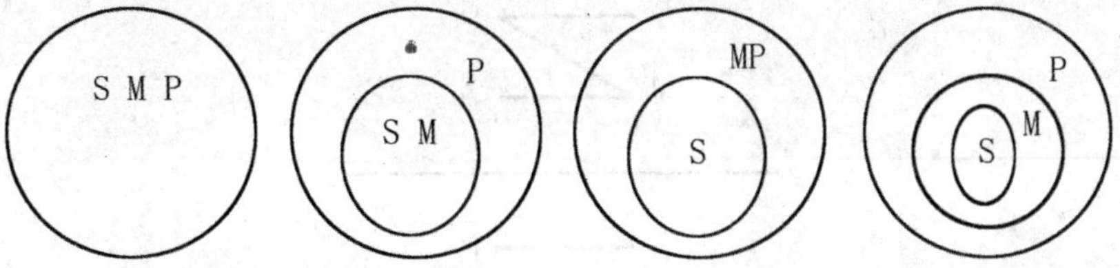

图解表明，在三段论中，中项在前提中起着十分重要的媒介作用。只有通过它的联系，才能确定小项和大项外延间的相容或排斥关系。所以，在前提中一共出现三个不同的词项，其中一个词项在两个前提中各出现一次，起着联结大项和小项的作用。否则，就不构成一个三段论。

二、三段论的格和式

三段论在形式上的特征称为格和式。

在三段论的前提中，中项既可以作主项，也可以作谓项。因此，根据中项在两个前提中所占据位置的不同，从而形成了结构不同的三段论形式，这称为三段论的格。三段论共有四个不同的格。

第一格：中项在大前提中作主项，在小前提中作谓项。其形式为：

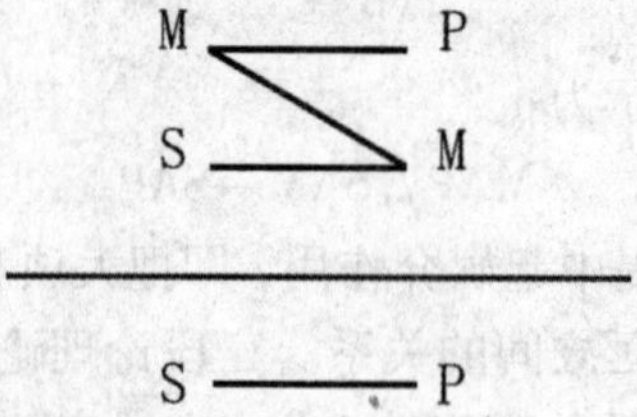

第二格：中项在大、小前提中都作谓项。其形式为：

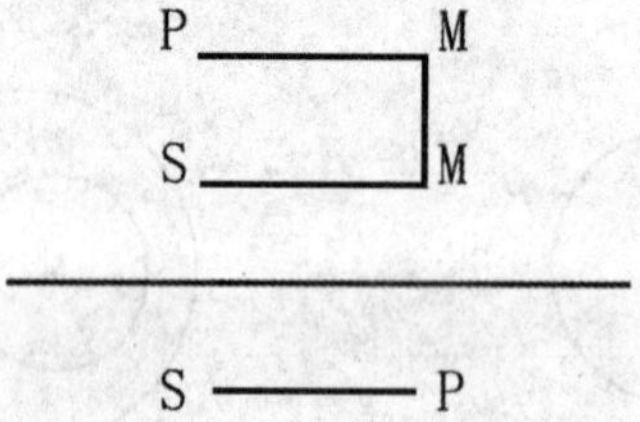

第三格：中项在大、小前提中都作主项。其形式为：

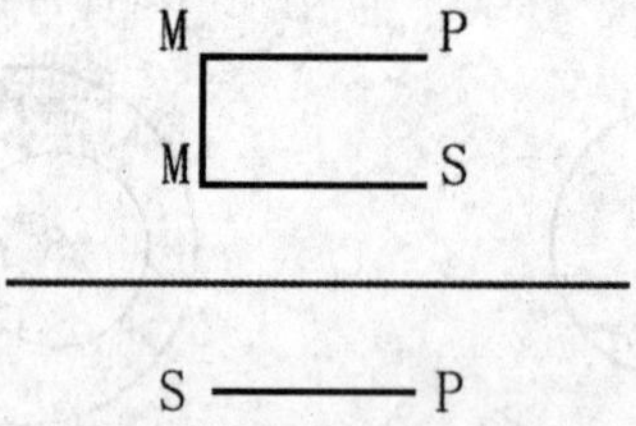

第四格：中项在大前提中作谓项，在小前提中作主项。其形式为：

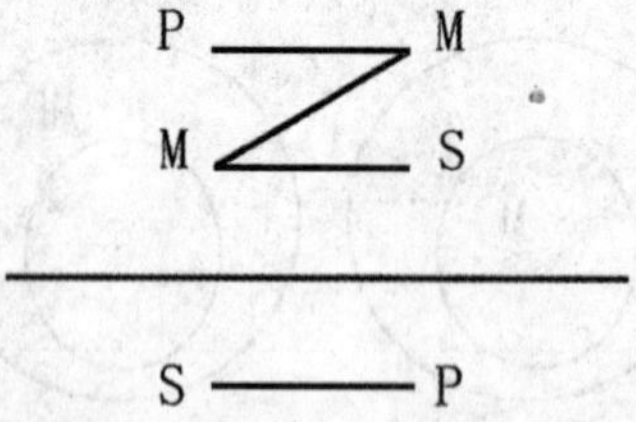

三段论的式是由组成三段论的直言命题的具体种类决定的。在各个格的三段论中，组成三段论的三个命题分别是 A、E、I、O 中的一种。由于组成三段论的三个命题类型不同，从而形成三段论不同的式。例如上述推理形式

MAP
SAM
———
SAP

由于其中的三个命题都是 A 命题，就称为 AAA 式。此式表明该三段论的大、小前提和结论都是 A 命题。

三段论的格和式共同决定了一个三段论的具体形式。如上例的AAA式是属于第一格的，所以称为第一格AAA式。三段论的格和式确定了，则三段论的形式也就确定了。

在三段论的每一格中，大前提、小前提和结论都有A、E、I、O四种可能的情况，其排列组合的数目是4×4×4=64。也就是说，每个格共有64个不同的式，四个格共有64×4=256个不同的式。但其中绝大部分是不能得出必然性结论的无效式，只有24个是有效的式。

我们研究三段论，最重要的是判定三段论形式是否有效。前面我们曾运用欧拉图解的方法判定三段论的有效性，这种方法虽然直观，但只能对某个给定的三段论作个例分析。下面所述的三段论的基本规则是对三段论有效性的概括。

三、三段论的基本规则

三段论的基本规则是判定三段论是否有效的根据。符合这些规则，就能保证三段论是有效的，否则，就是无效的。

三段论的基本规则概括为以下三条：

1. 中项至少要周延一次；
2. 前提中不周延的词项在结论中也不得周延；
3. 前提和结论中否定命题的个数相等。

三条规则中，第一条是针对中项的。这条规则要求中项的两次出现至少有一次是以全部外延和另一个词项(大项或小项)具有外延关系。只有这样，中项才能为确定小项和大项的某种外延关系起到媒介作用。如果中项在两个前提中都不周延，就可能出现这样的情况:小项与中项的一部分外延具有外延关系，大项与中项的另一部分外延具有外延关系，这样就不能通过中项来确定小项与大项之间的外延关系，即中项不能起到媒介作用。由此，也就不能建立有效的推理形式。

例如:犯罪行为是违法行为，
　　　张三的行为是违法行为，
　　　所以，张三的行为是犯罪行为。

这个三段论的结论不是必然的。原因是中项“违法行为”在两个前提中都是不周延的，因此大项“犯罪行为”和小项“张三的行为”无法通过中项“违法行为”确定它们之间的外延关系，所以得不出必然的结论。

如果中项在两个前提中都不周延，就犯了“中项不周延”的错误。

第二条规则是针对大项和小项的。如果大项或小项在前提中不周延，而在结论中周延了，即在前提中陈述了一个词项的部分外延，而在结论中陈述了该词项的全部外延，则结论的陈述就超出了前提所陈述的范围，因此，结论不被前提所蕴涵。

违反这条规则的错误称为“词项不当周延”。

如果大项在前提中不周延而在结论中周延，就犯了“大项不当周延”的错误。

例如:凡审判员都是司法工作者，
　　　张三不是审判员，
　　　所以，张三不是司法工作者。

这个推理犯了“大项不当周延”的错误。

如果小项在前提中不周延而在结论中周延，就犯了“小项不当周延”的错误。

例如：凡大学生都是在高校学习的，

凡大学生都是学生，

所以，凡学生都是在高校学习的。

这个推理犯了“小项不当周延”的错误。

第三条规则是针对三段论中的三个命题的质的。这条规则包括的要求分析如下：

第一，两个前提不能都是否定命题。

如果两个前提都是否定命题，则前提中所陈述的大项和小项的外延分别和中项的全部或部分外延具有排斥的关系。这样，中项就不能起到媒介作用，即无法通过中项来确定大项和小项之间的外延关系，也就不能得出任何确定的结论。

例如：从“凡审判员都不是律师”和“张三不是审判员”这两个前提，既不能得出“张三是律师”的结论，也不能得出“张三不是律师”的结论。

如果从两个否定命题得出结论，就犯了“两否定前提”的错误。

第二，前提中有一否定命题，则结论必为否定命题。

如果前提中有一个是否定命题，因为两个前提不能都是否定命题，则另一个前提必须是肯定命题。这样，就有两种可能：或者大项和中项是排斥关系，或者小项和中项是排斥关系。因而通过中项的媒介作用，大项和小项之间一定是排斥关系，所以结论是否定的。

如果前提中有一否定命题而得出肯定命题的结论，就犯了“结论不当肯定”的错误。

第三，两个前提都是肯定命题，则结论必为肯定命题。

如果两个前提都是肯定命题，则中项同大项和小项之间没有相互排斥的关系，这样，通过中项的媒介作用，大项和小项之间也不会有相互排斥的关系，从而结论是肯定的。

如果两个前提都是肯定的而得出否定命题的结论，就犯了“结论不当否定”的错误。

以上三段论的三条基本规则对于判定三段论有效是基本的，并且是充分的。任何一个三段论，如果遵守了这三条规则，这个三段论就是有效的；如果违反了其中任何一条规则，这个三段论就是无效的。

四、三段论的导出规则

为了应用的方便，根据三段论的三条基本规则，还可以推导出若干导出规则。导出规则是从基本规则推导出来的，因此可以用基本规则来证明。

（一）一般导出规则

1. 两个前提都是特称命题，则不能得出结论；

2. 前提中有一特称命题，则结论必为特称命题。

证明如下：

当两个前提都是特称命题时，有三种可能情况：

（1）两个前提都是特称肯定命题。这时，前提中所有的词项都不周延，从而中项在两个前提中都不周延，根据基本规则 1，不得结论。

（2）两个前提都是特称否定命题。根据基本规则 3，不得结论。

（3）两个前提一个是特称肯定命题，一个是特称否定命题。这时，前提中只有一个周延的项，根据基本规则 1，这个周延的项必须是中项，因而大项在前提中就不周延；但根据基本规则 3，结论必为否定命题，因而大项在结论中周延，这就违反了基本规则 2，不得结论。

总之，在任何情况下，两个特称命题前提都不能得出结论。

当前提中有一个特称命题时，有三种可能情况：

(1)两个前提都是肯定命题。这时，前提中只有一个周延的项，根据基本规则1，这个周延的项必须是中项，因而小项在前提中不能周延；根据基本规则2，小项在结论中也不得周延，因而结论必为特称命题。

(2)两个前提都是否定命题。根据基本规则3，不得结论。

(3)两个前提一个是肯定命题，一个是否定命题。这时，前提中有两个周延的项，根据基本规则1，其中一个周延的项必须是中项；根据基本规则3，结论必为否定命题，因而大项在结论中周延；又根据基本规则2，大项在前提中也必须周延，因而另一个周延的项必须是大项。因此，小项在前提中就不能周延，根据基本规则2，小项在结论中也不得周延，因而结论必为特称命题。

总之，如果前提中有一特称命题，则结论必为特称命题。

(二)各格的规则

根据三段论各格的特点，还可以从基本规则推导出各格的规则。

第一格规则：

1. 小前提必为肯定命题；

2. 大前提必为全称命题。

第二格规则：

1. 两个前提中必有一个否定命题；

2. 大前提必为全称命题。

第三格规则：

1. 小前提必为肯定命题；

2. 结论必为特称命题。

第四格规则：

1. 若前提中有一否定命题，则大前提必为全称命题；

2. 若大前提是肯定命题，则小前提必为全称命题；

3. 若小前提是肯定命题，则结论必为特称命题；

4. 大、小前提都不能是O命题；

5. 结论不能是A命题。

在第一格中，大前提常为陈述一般原理的命题，小前提常为陈述特殊事例的命题。在认识上当我们要把特殊事例归到一般原理之下、根据一般原理来解决特殊问题时，就要运用第一格。因此，第一格的大前提为全称命题，小前提为肯定命题。

第一格规则证明如下：

(1)假设小前提是否定的，根据基本规则3，大前提必为肯定命题，结论必为否定命题。这样，大项在前提中作为肯定命题的谓项是不周延的，而在结论中作为否定命题的谓项是周延的。根据基本规则2，这就犯了"大项不当周延"的错误。因此，小前提不能为否定命题，必为肯定命题。

(2)因为小前提必为肯定命题，中项在小前提中作为肯定命题的谓项是不周延的。根据基本规则1，中项至少要周延一次。中项作为大前提的主项，为保证中项在大前提中周延，则大前提必为全称命题。

其他各格规则的证明留给读者。

遵守三段论的导出规则，只是三段论形式有效的必要条件。仅仅遵守导出规则，不一定是有效的，但如果违反了导出规则，则必然会违反三段论的基本规则，该三段论的形式就是无效的。

五、三段论在审判中的应用

一般情况下，法院审理案件都要经过查明事实、适用法律这样两步，然后对案件做出判决。从逻辑的角度分析，这样的过程是三段论推理运用的过程。

在法庭判决中，引用的法律条文作为三段论的大前提，具体案件的事实作为三段论的小前提，得出的结论是法官对案件作出的判决。下面通过具体的案例来说明三段论在法庭审判中的应用。

2003 年 12 月 9 日，河南省“11 · 12”系列杀人案在河南省平舆县公开审判，驻马店市中级人民法院当庭作出一审判决，被告人黄勇犯故意杀人罪，被判处死刑。

被告人黄勇，29 岁，因涉嫌故意杀人罪于 2003 年 11 月 12 日被刑事拘留，同年 11 月 22 日被逮捕。驻马店市人民检察院于 2003 年 11 月 28 日将本案起诉至驻马店市中级人民法院，该院于 12 月 9 日开庭对本案进行公开审理。

法院经审理查明，黄勇自幼受暴力题材影视剧的影响，梦想成为一名职业杀手。2001 年夏，他将自己家中的轧面条机的机架改装成杀人器械，取名为“智能木马”。精心策划后，他决定向出入网吧、录像厅、游戏厅的男性青少年下手，实施自己的杀人计划。自 2001 年 9 月至 2003 年 11 月，黄勇先后从以上场所，以资助上学、帮助提高学习成绩、外出游玩和介绍工作为诱饵将被害人骗到自己家中，以被害人要想实现自己的愿望，必须经过“智能木马”测试为由，将其绑在木马上或先把被害人用酒灌醉，然后用布条将其勒死。至案发为止，黄勇共计杀死无辜青少年 17 人，轻伤 1 人。

法院审理后认为，黄勇在短短两年多的时间内，连续杀人，其犯罪性质恶劣，手段残忍，罪行极其严重，社会影响极坏。根据公开开庭查明的上述事实，依据《中华人民共和国刑法》第二百三十二条、第五十七条第一款的规定，以故意杀人罪判处黄勇死刑，剥夺政治权利终身。

《中华人民共和国刑法》第二百三十二条规定：故意杀人的，处死刑、无期徒刑或者十年以上有期徒刑，情节较轻的，处三年以上十年以下有期徒刑。

第五十七条第一款规定：对于被判处死刑、无期徒刑的犯罪分子，应当剥夺政治权利终身。

上述案件的审理过程是法院审理案件进行判决的一般形式。在上述法庭判决中，我国刑法的相关规定是推理的一般原则，构成三段论推理的大前提，查明的被告人的犯罪事实构成推理的小前提，然后得出此种罪行应如何判处的结论。上述判决可整理如下：

情节严重的故意杀人行为最高处以死刑且剥夺政治权利终身；

黄勇是故意杀人，且性质恶劣，手段残忍，罪行极其严重。

所以，判处黄勇死刑，剥夺政治权利终身。

这一推理的形式表示为：

凡 M 是 P，

凡 S 是 M，

所以，凡S是P。

这是三段论推理第一格的AAA式。审判中所用的三段论推理一般都表现为这一形式，所以，这一形式通常被人们称为审判格。当然，法院在审判中也有可能用到三段论的其他形式。如下述案件：

被告人孙某在某部队仓库任保管员期间，利用职务之便，多次盗窃电扇零件，价值2000多元，其中装配成电扇两台，其余藏在宿舍里。后再次窃取电扇机头时，被查获。检察院认为，被告人身为仓库保管员，利用职务之便，监守自盗，窃取公共财物，数额较大，以贪污罪提起公诉。

法院经审理认为，贪污罪的构成必须具备国家工作人员和利用职务之便两个要件，而被告人的行为与其职务无关。被告人在仓库的职务是保管电风扇半成品(毛坯)零件，成品零件是由他人保管的。被告人利用进出仓库的条件，偷盗由他人保管的电风扇成品零件。所以被告人的行为不是利用职务便利监守自盗，而是乘仓库制度不严，盗窃他人保管的财物。被告人的行为不构成贪污罪，而是构成盗窃罪。

上述法院的判决首先运用三段论推理得出孙某的行为不构成贪污罪：

贪污罪是国家工作人员利用职务上的便利非法占有公共财物的行为；

孙某的行为不是利用职务便利非法占有公共财物的行为。

所以，孙某的行为不构成贪污罪。

这一推理的形式是：

凡P是M，

凡S不是M，

所以，凡S不是P。

这是三段论推理第二格的AEE式。

接着法院运用三段论推理指出孙某的行为构成盗窃罪：

盗窃公私财物数额较大的或多次盗窃的行为构成盗窃罪；

孙某的行为是盗窃公私财物数额较大的或多次盗窃的行为。

所以，孙某的行为构成盗窃罪。

这一推理的形式是：

凡M是P，

凡S是M，

所以，凡S是P。

这是三段论第一格的AAA式。

可见，上述三段论第二格的AEE式在刑事审判中常用于确定某一行为不构成被指控的某一罪行，而第一格的AAA式常用于确定某一行为构成某一罪行。

六、省略三段论

在人们的日常思维和交往中，推理、论证是用来交流思想的，而交流总是在特定的语境中进行的，交际双方已经在某种程度上具备了共同的背景知识。如果在特定的场合中，某些信息是交流双方所共知的、共同接受的或不言自明的，至少当交流信息的一方认为是这样的时候，在交际过程中就会不明确说出。这就是推理在语言表达上的省略。在具体的交流中，既有可能省略前提，也有可能省略结论。省略前提的推理通常可以描述为：本来“A 并且 C 可以推出 B”，由于 C 属于（或被认为属于）共同的背景知识，所以在表达时被省略了。表达出来的推理就成为：因为 A 所以 B。

在日常思维中，我们表述三段论很少用一个大前提、小前提和结论齐备并且排列整齐的完整形式，一般都使用省略的形式。

例如：大气污染问题是非常重要的问题，因为它直接关系到我们的生存状况。

这两句话之间实际上有推理关系，而这种推理关系的建立需要补充另外一个命题作为大前提：

“凡是直接关系到我们的生存状况的都是非常重要的问题。”

又如：大学生的主要任务是学习，所以你的主要任务也是如此。

这里，省略了小前提“你是大学生”。

再如：以欺诈手段订立的合同是无效的，而该合同是以欺诈手段订立的。

显然，这里省略了结论：“该合同是无效的。”

下面通过一个具体的案例来说明省略三段论在审判中的应用。

2001 年 8 月 13 日，最高人民法院作出的一项司法解释引起人们的极大关注：“根据本案事实，陈晓琪等以侵犯姓名权的手段，侵犯了齐玉苓依据宪法规定所享有的受教育的基本权利，并造成了具体的损害后果，应承担相应的民事责任。”

这一司法解释是针对山东省高级人民法院（1999）鲁民经字第 528 号《关于齐玉苓与陈晓琪、陈克政、山东省济宁市商业学校、山东省滕州市教育委员会姓名权纠纷一案的请示》所进行的批复。

引发这一司法解释的案件发生在 8 年前。

齐玉苓和陈晓琪苑同为滕州市第八中学初中毕业生。1990 年，17 岁的齐玉苓被山东省济宁市商业学校录取，而陈晓琪在中专预选考试中落选。但齐玉苓的录取通知书却被陈晓琪领走，陈晓琪从此变成了“齐玉苓”，到商业学校报到就读。1993 年毕业后，陈晓琪继续以齐的名字分配到中国银行滕州市支行工作。而齐玉苓进了工厂，后又下岗，不得不靠卖早点维持生计。据查，陈晓琪是原村党支部书记陈克政之女，她预考落选之后，在有关人员参与下采取了一系列冒充齐玉苓上学、工作的行为，直到 1999 年，得知真相的齐玉苓以侵害其姓名权和受教育权为由，将陈晓琪、陈克政、山东省济宁市商业学校、山东省滕州市第八中学、山东省滕州市教育委员会告上法庭，要求被告停止侵害，并赔偿经济损失和精神损失。最高人民法院针对此案作出了上述批复。

最高人民法院针对此案所作的这一批复隐含着这样一个法律前提：冒用他人姓名上学、侵害他人受教育的权利，并造成了具体的损害后果，应当承担民事责任。结合本案事实，最高人民法院进行如下推理，得出陈晓琪等应承担相应的民事责任的结论：

冒用他人姓名上学、侵害他人受教育的权利，并造成了具体的损害后果的应当承担民事责任；陈晓琪等是冒用他人姓名上学、侵害他人受教育的权利，并造成了具体的损害后果的。所以，陈晓琪等是应承担相应的民事责任的。

上述推理是一个三段论推理，其中，认定的事实是小前提，隐含的前提是大前提，陈晓琪等应承担相应的民事责任是结论。

这是前面谈到的法庭审判中常用的审判格。这一推理不同于一般三段论的特殊之处在于它的大前提并没有在推理中表述出来，而是被省略了。像这样省略了三段论中某一部分的推理，称为省略三段论。省略三段论的特点是:它有两个直言命题，其中出现三个不同的词项。三段论推理在实际应用中，大量的是以省略的形式出现的。为了表述的简洁，在不影响理解的前提下，人们往往在陈述中把那些众所周知的、不言而喻的、重复的等内容省略。根据具体情况，既可以省略大前提，也可以省略小前提，甚至结论。如上例中，大前提陈述的是本案的法律依据，这一内容在已经包含在小前提即认定的事实中陈述了，所以没必要再重复表述。

省略三段论虽然表述比较简练，符合语言的表达习惯，但由于某个部分被省略，所以容易隐藏错误，而不易被察觉。因此，有必要将省略三段论还原为完整的三段论。这样，就能够根据三段论的规则检验出这一省略三段论是否是有效的推理。省略式所包含的错误不外乎两个方面:一是内容方面的，即前提虚假或结论不当;二是形式方面的，即违反三段论的规则，推理形式是无效的。在这两种情形下，结论都没有得到前提的支持。因此，需要把省略的三段论还原为典型的、完整的形式，以便于检查出可能存在的错误。例如这样一个案例:

李某做了变性手术，某晨报记者郝某经李某同意对其作了采访，并为李某拍了照片。后来郝某将采访后写的文章以李某的真实姓名发表在该晨报上，并配发了为李某拍摄的照片。文章见报后，郝某又将此文投到某杂志社发表。此文在李某工作所在地引起轰动。李某承受不了来自各方的舆论压力，被迫离开该地。此后，李某向法院起诉，称郝某文章的两次发表是对其个人隐私的大曝光，使其无法正常工作生活，侵害了他的名誉权。

郝某辩称:文章所涉及的情节和事实都是真实的，不构成侵犯名誉权。

郝某的答辩是否合理？他的答辩实际上构成一个省略三段论:

郝某的行为是宣扬他人真实情况的行为;所以，郝某的行为不构成侵犯他人名誉权。

这一省略三段论隐含着这样一个前提:凡宣扬他人真实情况的行为不构成侵犯他人名誉权。

这是一个形式正确的三段论，但是这一隐含的前提是不符合法律的相关规定的。《关于贯彻执行〈民法通则〉若干问题的意见(试行)》第140条规定:“以书面、口头等形式宣扬他人的隐私，或者捏造事实公然丑化他人人格，以及用侮辱、诽谤等形式损害他人名誉，造成一定影响的，应当认定为侵害公民名誉权的行为。”根据这一规定可以得知，以书面、口头等形式宣扬他人的隐私损害了他人名誉并造成一定影响，是侵害公民名誉权的一种方式。所谓隐私，是指他人所不愿公开的真实情况。因此，可以得出这样的结论:有些宣扬他人真实情况的行为构成名誉侵权。所以，郝某的答辩的隐含前提是与法律的相关规定相矛盾的，是一个前提错误的省略三段论。

如果不加以分析，省略三段论中的错误往往不易被发现。经过还原为完整形式，就会将其内容上或形式上的错误揭露出来。

三段论的省略式还原的步骤如下:

第一步，分析省略的是什么，是前提还是结论？通过分析两个命题之间是并列关系还是推出关系，可以弄清楚这一点。如果两个命题是并列关系，则被省略的是结论;如果两个命题之间具有推导关系，则被省略的是前提之一。也可以根据自然语言中的标志性语词来确认。在“因为”、“由于”等语词后面的命题是前提，在“因此”、“所以”、“因而”等语词后面的命题是结论。如果一个省略式中没有上述语词标志，且两个命题中含有一个共同的词项，则这两个命题都是前提，而被省略的是结论。

第二步，如果省略的是前提，确定省略的是大前提还是小前提:含有结论主项的命题是小前提，含有结论谓项的命题是大前提。

第三步，补充被省略的部分：如果被省略的是大前提，则将结论的谓项（大项）与中项相联结，构成大前提；如果被省略的是小前提，则将结论的主项（小项）与中项相联结，构成小前提；如果被省略的是结论，则把小项与大项相联结，构成结论。

如何确定所补充命题的主项、谓项、联词和量词，这需要根据人们所处的语境、语言和思维的习惯、三段论的结构及其规则等来考虑。

例如：他是法学专业的，所以，他是法学专家。

如果补上“凡法学专业的都是法学专家”作为大前提，则符合三段论的基本规则，是有效的，但补上的前提内容与实际不符；如果把大前提改换为“凡法学专家都是法学专业的”，内容是正确的，但这个三段论却犯了“中项不周延”的逻辑错误。由此可见，这个省略三段论或有内容错误或有逻辑错误。

需要强调的是，在写省略三段论的推理形式时，应当将被省略的命题的形式也写出来，也就是说，要写出完整的三段论的形式。

七、复合三段论

三段论在实际应用中，往往表现为复杂的形式。这实际上是几个三段论的联合运用。这样的推理称为复合三段论，或称为三段论的复合式。

三段论的复合式主要表现为以下两种形式：

（一）连锁式三段论

在三段论中，当从两个前提得出一个结论以后，又以这个结论为前提，再增加一个前提，得出一个新的结论，而且还可能如此继续下去。这样的三段论称为连锁式三段论。组成连锁三段论的这些三段论往往省略推理过程中的某些结论，甚至只保留最后的总结论。

例如：凡是上课迟到的学生都是不尊重他人劳动的，
凡是不尊重他人劳动的学生也是不珍惜他人时间的，
凡是不珍惜他人时间的学生也是不珍惜自己时间的，
凡是不珍惜自己时间的学生都不是优秀学生，
所以，凡是上课迟到的学生都不是优秀学生。

这个复合三段论是由三个三段论构成的，可分解如下：

第一个三段论：由第一个和第二个前提推出结论“凡是上课迟到的学生都是不珍惜他人时间的”（被省略）；

第二个三段论：由第一个三段论的结论和第三个前提推出结论“凡是上课迟到的学生都是不珍惜自己时间的”（被省略）；

第三个三段论：由第二个三段论的结论和第四个前提推出最后的总结论“凡是上课迟到的学生都不是优秀学生”。

（二）带证式三段论

在三段论中，其两个前提或其中之一本身是一个省略的三段论，该省略三段论的结论是此三段论的前提。这样的三段论称为带证式三段论。

例如：法学专业的学生都应该学习逻辑学，因为有助于思维严密、清晰的专业都是法学专

业的学生应该学习的;

张三是法学专业的学生,

所以,张三应该学习逻辑学。

这个三段论的大前提带有一个证明,即一个省略的三段论,大前提是这个省略三段论的结论,补充为完整的形式为:

有助于思维严密、清晰的专业都是法学专业的学生应该学习的,

逻辑学是有助于思维严密、清晰的专业,

所以,法学专业的学生都应该学习逻辑学。

要点小结

本章介绍了直言命题推理的主要类型:直言命题的直接推理和三段论。主要内容是:

一、直言命题的直接推理

- 直言对当推理
  - 矛盾关系推理
    - A—O
      - SAP→¬SOP
      - ¬SOP→SAP
      - SOP→¬SAP
      - ¬SAP→SOP
    - E—I
      - SEP→¬SIP
      - ¬SIP→SEP
      - SIP→¬SEP
      - ¬SEP→SIP
  - 差等关系推理
    - A—I
      - SAP→SIP
      - ¬SIP→¬SAP
    - E—O
      - SEP→SOP
      - ¬SOP→¬SEP
  - 反对关系推理　A—E
    - SAP→¬SEP
    - SEP→¬SAP
  - 下反对关系推理　I—O
    - ¬SIP→SOP
    - ¬SOP→SIP
  - 等值变形推理
    - 换质法
      - $SAP \to SE\bar{P}$
      - $SEP \to SA\bar{P}$
      - $SIP \to SO\bar{P}$
      - $SOP \to SI\bar{P}$
    - 换位法
      - SAP不能直接换位,但可限量换位为PIS
      - SEP→PES
      - SIP→PIS
      - SOP不能换位

二、三段论

(一)三段论的特征、形式

构成
- 大前提　由大项P和中项M构成主、谓项
- 小前提　由小项S和中项M构成主、谓项
- 结论　由小项S和大项P构成主、谓项

形式
- 三段论的格
  - 第一格　M — P
S — M
———
S — P
  - 第二格　P — M
S — M
———
S — P
  - 第三格　M — P
M — S
———
S — P
  - 第四格　P — M
M — S
———
S — P
- 三段论的式

(二)三段论的规则

基本规则
- 中项至少要周延一次
- 前提中不周延的词项在结论中也不得周延
- 前提和结论中否定命题的个数相等

- 导出规则
  - 一般导出规则
    - 两个前提都是特称命题，则不能得出结论
    - 前提中有一特称命题，则结论必为特称命题
  - 各格的规则
    - 第一格
      - 小前提必为肯定命题
      - 大前提必为全称命题
    - 第二格
      - 两个前提中必有一个否定命题
      - 大前提必为全称命题
    - 第三格
      - 小前提必为肯定命题
      - 结论必为特称命题
    - 第四格
      - 若前提中有一否定命题，则大前提必为全称命题
      - 若大前提是肯定命题，则小前提必为全称命题
      - 若小前提是肯定命题，则结论必为特称命题
      - 大、小前提都不能是O命题
      - 结论不能是A命题

(三)三段论在审判中的应用

(四)省略三段论

特征　由两个直言命题构成、其中包含三个词项的推理

还原步骤
- 确认被省略的是哪一个命题
- 根据三段论的结构补充被省略的命题

判定有效性

(五)复合三段论

连锁式三段论

带证式三段论

思考与练习

一、思考题

1. 什么是直言对当推理？它有哪些种类？

2. 什么是换质法？

3. 什么是换位法？特称否定命题为什么不能进行换位法推理？

4. 什么是直言三段论？它是由哪几部分构成的？

5. 中项在三段论中有何重要作用？

6. 三段论在形式上的特征称为什么？

7. 三段论有哪些基本规则？违反这些规则会犯什么逻辑错误？

8. 三段论有哪些导出规则？

9. 什么是省略三段论？如何还原三段论的省略式？

10. 直接推理和省略三段论都是由两个命题构成的，如何识别直接推理和省略三段论？

11. 什么是复合三段论？它有哪些主要形式？

二、练习题

1. 根据直言命题的对当关系，从下列已知为真的命题推出另一个必真的命题，并写出其推理形式。

(1)公民的民事权利能力一律平等。

(2)并非所有人都是完全民事行为能力人。

(3)任何物体都不是静止的。

(4)并非所有制定法都不是成文法。

(5)有的合同是口头形式。

(6)并非有的诈骗罪是过失犯罪。

(7)有的天鹅不是白色的。

(8)并非有盗窃罪不是故意犯罪。

2. 根据直言命题之间的真假关系，指出下列各组命题的真假情况。

(1)已知“所有成年人都是具有完全民事行为能力的”为假，则：

①“有些成年人不是具有完全民事行为能力的”为(　)。

②“所有成年人都是不具有完全民事行为能力的”为(　)。

③“所有成年人都不是具有完全民事行为能力的”为(　)。

④“有些成年人是不具有完全民事行为能力的”为(　)。

(2)已知“有些疾病是能够治愈的”为真，则：

①“有些疾病是不能够治愈的”为(　)。

②“所有疾病都不是不能够治愈的”为(　)。

③“所有疾病都不是能够治愈的”为(　)。

④“有些疾病不是能够治愈的”为(　)。

(3)已知“有些证人是没有作证能力的”为假，则：

①“所有证人都是没有作证能力的”为(　)。

②“有些证人是有作证能力的”为(　)。

③“有些证人不是没有作证能力的”为(　)。

④“所有证人都是有作证能力的”为(　)。

(4)已知“所有违反法律的民事行为都不是有效的”为真，则：

①“所有违反法律的民事行为都是有效的”为(　)。

②“所有违反法律的民事行为都是无效的”为(　)。

③“有些违反法律的民事行为不是有效的”为(　)。

④“有些违反法律的民事行为是无效的”为(　)。

3. 写出下列直接推理的形式，并指出它的种类。

(1)所有盗窃罪都是故意犯罪，所以，并非所有盗窃罪都不是故意犯罪。

(2)并非有盗窃罪不是故意犯罪，所以，所有盗窃罪都是故意犯罪。

(3)所有证据不都是真的，所以，有些证据不是真的。

(4)有些保管合同是无偿合同，所以，无偿合同中有些是保管合同。

(5)任何科学都是有益于社会发展的，所以，有些科学是有益于社会发展的。

(6)并非有些创造了巨大经济效益的产品不是高科技产品，所以，有些高科技产品能够创造巨大的经济效益。

(7)伤害罪是侵犯公民人身权利罪，所以，有些侵犯公民人身权利罪是伤害罪。

(8)证人都是精神上没有缺陷的人，所以，精神上有缺陷的人都不是证人。

(9)没有犯罪行为是合法行为，所以，没有合法行为是犯罪行为。

(10)有些无偿法律行为不是单方法律行为，所以，有些非单方法律行为是无偿法律行为。

4. 写出下列三段论的推理形式，并指出它的格和式。

(1)任何犯罪行为都是危害社会的行为，某甲的行为是犯罪行为，所以，某甲的行为是危害社会的行为。

(2)紧急避险不是犯罪行为，紧急避险具有社会危害性，所以，有些有社会危害性的行为不是犯罪行为。

(3)爱迪生是发明家，而爱迪生未受过高等教育，所以，有些发明家未受过高等教育。

(4)受贿罪是犯罪，而犯罪是危害社会的行为，所以，有些危害社会的行为是受贿罪。

5. 用三段论规则判定下列三段论形式是否有效。

(1)MAP	(2)MAP	(3)MAP	(4)PEM	(5)PAM	(6)PEM
SAM	SEM	SAM	SAM	SAM	SOM
SIP	SEP	SEP	SOP	SAP	SOP
(7)PAM	(8)PAM	(9)POM	(10)MIP	(11)MAP	(12)MIP
MAS	MES	MAS	MIS	MAS	MES
SAP	SOP	SOP	SIP	SIP	SOP

6. 分析下列问题：

(1)一个有效的三段论能否三个词项都周延两次?

(2)已知一个有效三段论的大项在前提中周延而在结论中不周延，它的推理形式应当是什么?

(3)一个有效的三段论，如果中项在两个前提中都是周延的，那么它的结论应当是什么命题?

(4)一个有效的三段论，如果大前提是特称命题，那么小前提是何种命题形式?

(5)某一有效三段论，其大前提为肯定命题，大项在前提和结论中都周延，小项在前提和结论中都不周延。写出其推理形式。

(6)已知一个有效的三段论是由"有 A 不是 B，有 C 不是 B，凡 A 是 C"这三个命题构成的，它的推理形式应当是什么?

7. 将下列省略三段论的省略部分补上，并写出它的推理形式。

(1)公园都是免费开放的。所以，公园都是公益设施。

(2)正当防卫不是犯罪行为，所以，他的行为不是犯罪行为。

(3)没有文化的军队是愚蠢的军队，而愚蠢的军队是不能战胜敌人的。

(4)某甲不是优秀的学生，因为优秀的学生是善于思考的学生。

(5)有些物种已经灭绝了，所以，有些物种是不适应环境的变化的。

8. 写出下列推理的推理形式，并判定其是否有效。

(1) 凡被告都有辩护权，所以，有些被告有辩护权。

(2) 遗嘱是单方法律行为，所以，遗嘱不是非单方法律行为。

(3) 并非所有产品都是合格品，所以，所有产品都不是合格品。

(4) 并非有些犯罪行为不是违法行为，所以，所有犯罪行为都是违法行为。

(5) 有些审判员是党员，所以，有些审判员不是党员。

(6) 凡偶数都是 2 的倍数，所以，凡 2 的倍数都是偶数。

(7) 有些青年人不是律师，所以，有些青年人是律师。

(8) 所有唯物论者都不是有神论者，所以，所有有神论者都不是唯物论者。

(9) 科学的东西是可信的，所以，非科学的东西是不可信的。

(10) 并非凡侵犯财产罪都是抢劫公私财物的犯罪行为，所以，有些侵犯财产罪是抢劫公私财物的行为。

(11) 并非未满 16 岁的人犯罪都不予刑事处罚，所以，有些未满 16 岁的人犯罪不予刑事处罚。

(12) 有的文学作品有艺术价值，有的文学作品没有可读性。所以，有的没有可读性的作品是有艺术价值的。

(13) 金属是导体，有的金属不是固体，所以，有的导体不是固体。

(14) 中子是基本粒子，而中子是不带电的，所以，有些基本粒子是不带电的。

(15) 盗窃罪是犯罪，而小偷小摸行为不是犯罪，所以，小偷小摸行为不是盗窃罪。

(16) 民法不是刑法，刑法是法律，所以，有些法律不是民法。

(17) 罪犯是了解案发现场情况的，某甲了解案发现场情况，所以，某甲是罪犯。

(18) 钻石是非金属，有的非金属是很珍贵的，所以，钻石是很珍贵的。

(19) 没有审判员是律师，他是律师，所以，他不是审判员。

(20) 凡是犯报复陷害罪并且情节严重的，应处三年以下有期徒刑；某甲犯报复陷害罪并且情节严重，所以，某甲应处三年以下有期徒刑。

(21) 有些熊猫是动物园中的动物，动物园中的动物是供人欣赏的动物，供人们欣赏的动物是应受到保护的动物，所以，有些熊猫是应受到保护的动物。

9. 运用直接推理和三段论的相关知识，分析下述言论存在哪些逻辑错误。

(1) 美国著名作家马克·吐温在一次非正式场合上说："美国国会中有些议员是狗娘养的。"

马克·吐温的话传到国会，议员们非常生气，纷纷要求马克·吐温澄清和道歉，否则就要诉诸法律。

几天之后，马克·吐温的声明在报纸上登载出来了。声明说："日前本人在酒会上说美国国会中有些议员是狗娘养的。事后有人向我兴师问罪。经过再三考虑，深悔此言不妥，故特登报声明，把我的话修正如下：'美国国会中有些议员不是狗娘养的。'"

请从逻辑的角度分析马克·吐温的言论存在的问题。

(2) 鲁迅在《论辩的魂灵》中，这样揭露了某种诡辩手法："你说甲生疮，甲是中国人，就是说中国人生疮了。既然中国人生疮，你是中国人，就是你生疮了。你既然也生疮，你就和甲一样。"

第六章　演绎推理:复合命题推理

◆**内容提要**:本章阐述了复合命题推理。首先分析了复合命题推理有效性的概念，然后讲解了复合命题推理的基本有效式，接着介绍了其他几个常用的复合命题推理的有效式，最后讲解了复合命题的综合推理。

复合命题推理就是根据复合命题的逻辑性质进行的演绎推理。复合命题的逻辑性质是由它所包含的逻辑联结词的性质所决定的，所以又称根据逻辑联结词的性质进行的推理。所谓演绎推理，就是前提与结论具有蕴涵关系的推理。所有的复合命题推理都是必然性的推理。逻辑有效性是指在一个演绎推理中，无论对其变项作怎样的代入，都不会出现前提真而结论假的情况。这样的推理称为逻辑有效的推理。首先，推理的有效性是针对演绎推理而言的。其次，有效性是指推理形式而言，与内容无关。现代逻辑证明，一个复合命题推理是有效的，当且仅当，其推理蕴涵式是重言式。因此，在复合命题推理有效性的判定中，只需判定推理蕴涵式是否重言式，即前提是否重言蕴涵结论。

基于五个基本的命题联结词的性质，可以得到复合命题推理的基本有效式。复合命题推理的基本有效式有五种:双重否定推理、联言推理、选言推理、假言推理和等值推理。这些基本有效式既是进行有效推理的规则，又是检验复合命题推理是否有效的规则。

双重否定推理就是根据否定词的逻辑性质进行的复合命题推理。双重否定推理有两种有效的推理形式:1. 双否消去推理。有效式为:非非 p，所以，p。用符号表示为:$\neg\neg p\rightarrow p$。2. 双否引入推理。有效式为:p，所以，非非 p。用符号表示为:$p\rightarrow\neg\neg p$。根据上述两个推理有效式，可以得到 $p\leftrightarrow\neg\neg p$。也就是说，一个命题和它的双重否定命题是等值的，这正是否定词的性质。

联言推理就是根据合取词的逻辑性质进行的复合命题推理。联言推理有两种有效的推理形式:1. 分解式。有效式为:p 并且 q，所以，p;p 并且 q，所以，q。用符号表示为:$p\wedge q\rightarrow p$，$p\wedge q\rightarrow q$。2. 合成式。有效式为:p，q，所以，p 并且 q。用符号表示为:$p\wedge q\rightarrow p\wedge q$。

选言推理就是根据析取词的逻辑性质进行的复合命题推理。选言推理有两种有效的推理形式:1. 否定肯定式。有效式为:p 或者 q，非 p，所以，q;p 或者 q，非 q，所以，p。用符号表示为:$(p\vee q)\wedge\neg p\rightarrow q$，$(p\vee q)\wedge\neg q\rightarrow p$。2. 附加式。有效式为:p，所以，$p\vee q$;q，所以，$p\vee q$。用符号表示为:$p\rightarrow p\vee q$，$q\rightarrow p\vee q$。

假言推理就是根据蕴涵词的逻辑性质进行的复合命题推理。假言推理有两种有效的推理形式:1. 肯定前件式。有效式为:如果 p 那么 q, p, 所以, q。用符号表示为:$(p\to q)\land p\to q$。2. 否定后件式。有效式为:如果 p 那么 q, 非 q, 所以, 非 p。用符号表示为:$(p\to q)\land\neg q\to\neg p$。

等值推理就是根据等值词的逻辑性质进行的复合命题推理。等值推理有两种有效的推理形式:1. 肯定式。有效式为:p 当且仅当 q, p, 所以, q;p 当且仅当 q, q, 所以, p。用符号表示为:$(p\leftrightarrow q)\land p\to q$, $(p\leftrightarrow q)\land q\to p$。2. 否定式。有效式为:p 当且仅当 q, 非 p, 所以, 非 q;p 当且仅当 q, 非 q, 所以, 非 p。用符号表示为:$(p\leftrightarrow q)\land\neg p\to\neg q$, $(p\leftrightarrow q)\land\neg q\to\neg p$。

运用复合命题推理的基本有效式,可以推导出复合命题推理的其他有效式。本章介绍了必要条件假言推理、假言连锁推理、二难推理、归谬法推理、根据重言等值式的推理等五种常用的推理有效式。

必要条件假言推理就是根据必要条件假言命题的逻辑性质进行的复合命题推理。它是假言推理的一种特殊形式。必要条件假言推理有两种有效的推理形式:1. 否定前件式。有效式为:只有 p 才 q, 非 p, 所以, 非 q。用符号表示为:$(\neg p\to\neg q)\land\neg p\to\neg q$。2. 肯定后件式。有效式为:只有 p 才 q, q, 所以, p。用符号表示为:$(\neg p\to\neg q)\land q\to p$。

假言联锁推理又称纯假言推理,是基于蕴涵词的传递性进行的复合命题推理。假言连锁推理的有效式为:如果 p 那么 q, 如果 q 那么 r, 所以, 如果 p 那么 r。用符号表示为:$(p\to q)\land(q\to r)\to(p\to r)$。命题的蕴涵关系是传递的。这一性质可以加以扩展,即:$(p_1\to p_2)\land(p_2\to p_3)\land\cdots\cdots\land(p_{n-1}\to p_n)\to(p_1\to p_n)$。

二难推理是根据假言命题和选言命题的逻辑性质进行的复合命题推理,所以又称为假言选言推理。二难推理有两种有效的推理形式:1. 构成式。有效式为:如果 p 那么 r, 如果 q 那么 r, p 或者 q, 所以, r。用符号表示为:$(p\to r)\land(q\to r)\land(p\lor q)\to r$。二难推理的构成式还可以构成更为复杂的形式:如果 p 那么 r, 如果 q 那么 s, p 或者 q, 所以, r 或者 s。用符号表示为:$(p\to r)\land(q\to s)\land(p\lor q)\to r\lor s$。2. 破坏式。二难推理破坏式的有效式为:如果 p 那么 r, 如果 p 那么 s, ¬ r 或者¬ s, 所以, ¬ p。用符号表示为:$(p\to r)\land(p\to s)\land(\neg r\lor\neg s)\to\neg p$。二难推理的破坏式还可以构成更为复杂的形式:如果 p 那么 r, 如果 q 那么 s, ¬ r 或者¬ s, 所以, ¬ p 或者¬ q。用符号表示为:$(p\to r)\land(q\to s)\land(\neg r\lor\neg s)\to\neg p\lor\neg q$。二难推理具有很强的逻辑力量,当面对二难诘问的时候可以运用以下三种方法进行破解:第一,指出假言命题前提虚假。第二,指出选言命题前提虚假。第三,归谬反驳法。

归谬法推理是根据假言命题的逻辑性质进行的复合命题推理。它是这样一种推理,如果一个命题蕴涵两个相互矛盾的命题,则得出这个命题为假的结论。归谬法推理有效式的形式为:如果 p 那么(q 并且非 q),所以,非 p。用符号表示为:$(p\to q\land\neg q)\to\neg p$。

基于重言等值式的推理是指:如果 $A\Leftrightarrow B$, 则 $A\Rightarrow B$ 且 $B\Rightarrow A$。所以,每一个重言等值式,都提供了两个推理有效式。由于重言等值式的数量式非常之多,所以,基于重言等值式的推理也是非常多的。本章介绍了以下六种常用的有效式:1. 假言异位推理。假言异位推理是基于重言等值式 $A\to B\Leftrightarrow\neg B\to\neg A$ 进行的推理。所以有两个推理有效式:$(p\to q)\to(\neg q\to\neg p)$, $(\neg q\to\neg p)\to(p\to q)$。2. 蕴涵析取互易推理。蕴涵析取互易推理是基于重言等值式 $A\lor B\Leftrightarrow\neg A\to B$ 进行的推理。所以有两个推理有效式:$p\lor q\to(\neg p\to q)$, $(\neg p\to q)\to p\lor q$。3. 等值蕴涵互易推理。等值蕴涵互易推理是基于重言等值式 $(A\leftrightarrow B)\Leftrightarrow(A\to B)\land(\neg A\to\neg B)$ 进行的推理。所以有两个推理有效式:$(p\leftrightarrow q)\to(p\to q)\land(\neg p\to\neg q)$, $(p\to q)\land(\neg p\to\neg q)\to(p\leftrightarrow q)$。4. 否定合取推理。否定合取推理是基于重言等值式 $\neg(A\land B)\Leftrightarrow\neg A\lor$

$\neg B$进行的推理。所以有两个推理有效式:$\neg(p\wedge q)\rightarrow\neg p\vee\neg q$, $\neg p\vee\neg q\rightarrow\neg(p\wedge q)$。5.否定析取推理。否定析取推理是基于重言等值式$\neg(A\vee B)\Leftrightarrow\neg A\wedge\neg B$进行的推理。所以有两个推理有效式:$\neg(p\vee q)\rightarrow\neg p\wedge\neg q$, $\neg p\wedge\neg q\rightarrow\neg(p\vee q)$。6.否定蕴涵推理。否定蕴涵推理是基于重言等值式$\neg(A\rightarrow B)\Leftrightarrow A\wedge\neg B$进行的推理。所以有两个推理有效式:$\neg(p\rightarrow q)\rightarrow p\wedge\neg q$, $p\wedge\neg q\rightarrow\neg(p\rightarrow q)$。在第四章所介绍的十个常用的重言等值式都是推理中经常用到的，应该熟练掌握。

复合命题的推理有效式和重言等值式是有效推理的规则。一个简单的推理，前提直接蕴涵结论，从前提可以直接推出结论;但有的推理前提比较复杂，结论也无法直接得出，这时，就需从给定的前提出发，一步一步地运用多个推理有效式及重言等值式即遵循有效推理的规则，进行推理，最后到达结论。这称为复合命题的综合推理。这个过程与人的实际思维的过程是一致的，所以又称为自然推理过程。本章通过四个例题讲解了如何进行复合命题的综合推理。

◆**学习目标**:通过本章学习，要求学生重点掌握:复合命题推理的基本有效式;掌握:复合命题推理的其他有效式，复合命题的综合推理。

◆**关键词**:复合命题推理、有效性、基本有效式、其他有效式、综合推理

第一节　复合命题推理的有效性

一、什么是复合命题推理

就是根据复合命题的逻辑性质进行的演绎推理。

复合命题的逻辑性质是由它所包含的逻辑联结词的性质所决定的，所以又称根据逻辑联结词的性质进行的推理。在第四章我们讲述了复合命题的逻辑性质，命题之间共有五种基本的逻辑关系或者真值关系，即共有五种不同的基本的逻辑联结词。命题所包含的联结词不同，那么性质就不同。相应地，推理形式也就不同。

所谓演绎推理，就是前提与结论具有蕴涵关系的推理。推理的前提真则结论必真，前提与结论之间具有必然联系。也就是说，所有的复合命题推理都是必然性的推理。

二、什么是逻辑有效性

有效性是指在一个演绎推理中，无论对其变项作怎样的代入，都不会出现前提真而结论假的情况。这样的推理称为逻辑有效的推理。

首先，推理的有效性是针对演绎推理而言的。因为只有演绎推理才要求前提为真时结论必真，才存在是否有效的问题。

其次，有效性是指推理形式而言，与内容无关。推理是有效的，不是指它的前提或结论是真的，而是指前提蕴涵结论。演绎推理是否有效即是否正确，并不取决于它的前提或结论是否为真，而是取决于它的推理形式是否为有效式。如果推理形式是有效式，那么，就能保证前提为真则结论必真，不会出现前提为真而结论为假的情形。

复合命题推理的形式由组成推理的各个命题的形式所构成。将推理中的简单命题分别用命题变项表示，相同的命题用相同的变项表示；命题联结词用相应的联结词符号表示。前提之间是同真的关系，因此将前提用合取词联结；前提与结论之间是蕴涵关系，因此将前提与结论用蕴涵词联结。这样，就得到了该复合命题推理的形式。

现代逻辑证明，一个复合命题推理是有效的，当且仅当，其推理蕴涵式是重言式。因为如果这个蕴涵式是重言式，则对于其中出现的命题变项不论作怎样的代入，都不会出现前件为真而后件为假的情形，即不会出现前提为真而结论为假的情形。因此，如果该蕴涵式是重言式，则该复合命题推理一定是有效式。反之，如果复合命题推理是有效式，则该推理蕴涵式一定是重言式。因此，在复合命题推理有效性的判定中，只需判定推理蕴涵式是否重言式，即前提是否重言蕴涵结论。

复合命题推理的有效式数量是非常多的。基于五个基本的命题联结词的性质，可以得到复合命题推理的基本有效式。复合命题推理的基本有效式有五种：双重否定推理、联言推理、选言推理、假言推理和等值推理。这些基本有效式既是进行有效推理的规则，又是检验复合命题推理是否有效的规则。

第二节　复合命题推理的基本有效式

一、双重否定推理

(一)定义

双重否定推理就是根据否定词的逻辑性质进行的复合命题推理。

(二)推理有效式

双重否定推理有两种有效的推理形式。

1. 双否消去推理

根据否定词的性质，一个命题和它的负命题的真值是相反的，如果以某一命题的负命题的否定作为前提，则可推出这一命题作为结论。双否引入推理的有效式为：

非非 p，所以，p。

用符号表示为：

$$\neg\neg p \rightarrow p$$

可以验证，上述蕴涵式是重言式，所以，这种推理形式是有效的推理形式。

例如：我不是没有做这件事，所以，我做了这件事了。

在日常表达中，为了表达的简洁，显然可以将陈述中的双重否定词消去。

2. 双否引入推理

根据否定词的性质，一个命题和它的负命题的真值是相反的，如果以某一命题作为前提，那么则可推出它的负命题的负命题作为结论。双否消去推理的有效式为：

p，所以，非非 p。

用符号表示为:

$$p \to \neg\neg p$$

可以验证，上述蕴涵式是重言式，所以，这种推理形式是有效的推理形式。

例如:有人出庭作证，所以，并非没有人出庭作证。

在日常表达中，为了强调所陈述的命题，往往在句中加上双重否定词。显然，这两句话的区别只是在语气上。

根据上述两个推理有效式，$\neg\neg p \to p$ 并且 $p \to \neg\neg p$，可以得到 $p \leftrightarrow \neg\neg p$。也就是说，一个命题和它的双重否定命题是等值的，这正是否定词的性质。

双重否定推理是日常表达中常用的推理，其推理有效性非常明显、直观，我们在使用的时候往往是没有察觉的，当运用否定词表达的时候似乎不是在进行推理。但否定词是基本的命题联结词，双重否定推理也是复合命题推理的基本推理形式，在进行复合命题推理时，经常要使用这种推理。

二、联言推理

(一)定义

联言推理就是根据合取词的逻辑性质进行的复合命题推理。

(二)推理有效式

联言推理有两种有效的推理形式。

1. 分解式

根据合取词的性质，如果一个联言命题为真，则它的支命题都为真。或者说，如果肯定了一个联言命题，就肯定了它的所有支命题。所以，如果以一个联言命题作为前提，则可推出它的任何一个支命题作为结论。联言推理分解式的有效式为:

p 并且 q，所以，p;

p 并且 q，所以，q。

用符号表示为:

$$p \wedge q \to p$$

$$p \wedge q \to q$$

可以验证，上述蕴涵式是重言式，所以，这种推理形式是有效的推理形式。

例如:(1)我们既要发扬成绩又要克服缺点，所以，我们要克服缺点。

(2)我国刑法规定，对累犯以及因杀人、爆炸、抢劫、强奸、绑架等暴力性犯罪被判处十年以上有期徒刑、无期徒刑的犯罪分子，不得假释。所以，对累犯不得假释。

在引用法律条文适用具体案件时，许多情况下都是在运用联言推理。因为法条的规定是概括的，有可能在一个法条中规定了多种情况，而适用的情况往往是具体的。所以，需要由综合的陈述推到具体的情况。

2. 合成式

根据合取词的性质，如果支命题都为真，那么联言命题为真。或者说，如果肯定了一个联言命题的所有支命题，就肯定了这个联言命题。所以，如果以若干命题为前提，可以推出以这几个命题为支命题的联言命题作为结论。联言推理合成式的有效式为:

p，q，所以，p 并且 q。

用符号表示为：

$$p \wedge q \to p \wedge q$$

可以验证，上述蕴涵式是重言式，所以，这种推理形式是有效的推理形式。

例如：(1) 鲁迅是文学家，鲁迅是思想家，所以，鲁迅既是文学家又是思想家。

(2) 中华人民共和国公民有言论的自由，中华人民共和国公民有出版的自由，中华人民共和国公民有集会的自由，中华人民共和国公民有结社的自由，中华人民共和国公民有游行的自由，中华人民共和国公民有示威的自由。所以，中华人民共和国公民有言论、出版、集会、结社、游行、示威的自由。

在法律条文中如果就同一情况规定了多项内容，在陈述中往往用联言命题的形式合并陈述，以便使表达简洁、清楚。

三、选言推理

(一) 定义

选言推理就是根据析取词的逻辑性质进行的复合命题推理。

(二) 推理有效式

选言推理有两种有效的推理形式。

1. 否定肯定式

从选言命题的真值表可以看出，当 $p \vee q$ 为真并且 p 为假时（真值表第 3 行），q 为真。因此，可以从 $p \vee q$ 和 $\neg p$ 推出 q；当 $p \vee q$ 为真并且 q 为假时（真值表第 2 行），p 为真。因此，可以从 $p \vee q$ 和 $\neg q$ 推出 p。选言推理否定肯定式的有效式为：

p 或者 q，非 p，所以，q；

p 或者 q，非 q，所以，p。

用符号表示为：

$$(p \vee q) \wedge \neg p \to q$$

$$(p \vee q) \wedge \neg q \to p$$

例如：(1) 该案件的作案人或者是甲或者是乙；现已查明不是甲。所以，该案件的作案人是乙。

上述蕴涵式表明，肯定某选言命题并且否定该选言命题中的若干选言支，可以得出肯定剩下的选言支的结论。

例如：(2) 该案件的作案人或者是甲或者是乙或者是丙；现已查明不是甲。所以，该案件的作案人或者是乙或者是丙。

其推理形式为：

$$(p \vee q \vee r) \wedge \neg p \to q \vee r$$

又如：(3) 该案件的作案人或者是甲或者是乙或者是丙；现已查明并非甲或者乙。所以，该案件的作案人是丙。

其推理形式为：

$$(p \vee q \vee r) \wedge \neg (p \vee q) \to r$$

可以验证，上述蕴涵式都是重言式，所以，这种推理形式是有效的推理形式。

在刑侦工作中常常要用到选言推理否定肯定式。在刑侦工作中，具体的案件情况往往是错综复杂的，而且都是已经发生的情况，侦查人员所能看到的只是案件发生后的一些结果。由结果到原因的可能性是多种多样的。因此，侦查人员不可能一开始就对整个案情或某些环节作出确定的判断，而是只能根据已掌握的情况，作出各种可能性的估计。侦查人员作出的这种判断就是一个由若干选言支构成的选言命题。一般来说，在侦查工作的初期，用足够的证据来确定某一选言支为真是比较困难的，但根据已有的证据排除一部分选言支可能比较容易。如果能够排除一些选言支，那就排除了一些可能性，从而缩小了侦查范围，突出了重点嫌疑对象或者重点侦查方向。

2. 附加式

从选言命题的真值表可以看出，当 p 为真时(第 1 行和第 2 行)，p∨q 为真。所以，可以从 p 推出 p∨q;当 q 为真时，(第 1 行和第 3 行)，p∨q 为真。所以，可以从 q 推出 p∨q。选言推理附加式的有效式为:

p，所以，p∨q;

q，所以，p∨q。

用符号表示为:

$$p \rightarrow p \vee q$$

$$q \rightarrow p \vee q$$

可以验证，上述蕴涵式是重言式，所以，这种推理形式是有效的推理形式。

上式表明，以任一命题为前提，可以得出以这个命题为选言支的任意选言命题为真的结论。

这种推理在日常生活中很少见，人们一般不会这样推理。因为既然已经确定了某一命题为真，就没必要再推出以这一命题为选言支的选言命题作结论。但这一推理形式是有效的，在现代逻辑中也是一种不可缺少的推理形式。

(三)选言推理常见的逻辑错误

选言推理常见的逻辑错误是“肯定否定式”。其推理形式为:

p 或者 q，p，所以，非 q。

例如:某案件的案犯或者是甲，或者是乙，现已确定是甲，所以，不是乙。

事实上，虽然已经确定了是甲，但并不能排除乙是案犯的嫌疑。从选言命题的真值表可以看出，当 p∨q 为真并且 p 为真时(第 1 行、第 2 行)，q 可真可假。因此，从 p∨q 和 p 不能必然推出非 q;当 p∨q 为真并且 q 为真时(第 1 行、第 3 行)，p 可真可假。因此，从 p∨q 和 q 不能必然推出¬ p。这表明由肯定一些选言支不能进而否定另一些选言支。上述推理形式是无效式。

四、假言推理

(一)定义

假言推理就是根据蕴涵词的逻辑性质进行的复合命题推理。

(二)推理有效式

假言推理有两种有效的推理形式。

1. 肯定前件式

从假言命题的真值表可以看出，当 p→q 为真并且 p 为真时(第 1 行)，q 为真。因此，可以从 p→q 和 p 推出 q。假言推理肯定前件式的有效式为：

如果 p 那么 q，p，所以，q。

用符号表示为：

$$(p\to q)\wedge p\to q$$

可以验证，上述蕴涵式是重言式，所以，这种推理形式是有效的推理形式。

例如：如果案发现场有某甲的脚印，则某甲到过案发现场；案发现场有某甲的脚印。所以，某甲到过案发现场。

上式表明，如果肯定了一个假言命题，并且肯定了该假言命题的前件，就可以得出肯定该假言命题后件的结论。

2. 否定后件式

从假言命题的真值表可以看出，当 p→q 为真并且 q 为假时(第 4 行)，p 为假。因此，可以从 p→q 和非 q 推出非 p。假言推理否定后件式的有效式为：

如果 p 那么 q，非 q，所以，非 p。

用符号表示为：

$$(p\to q)\wedge\neg q\to\neg p$$

可以验证，上述蕴涵式是重言式，所以，这种推理形式是有效的推理形式。

例如：如果某甲的行为构成犯罪，则某甲的行为具有社会危害性；然而某甲的行为不具有社会危害性。所以，某甲的行为不构成犯罪。

上式表明，如果肯定了一个假言命题，并且否定了该假言命题的后件，就可以得出否定该假言命题前件的结论。

假言推理是刑侦工作中常用的推理形式。侦查人员在分析案情时，经常要把规律性的知识或假设的前提和经侦查得到的事实相结合，运用假言推理肯定前件式得出某些结论，对案件的有关情况作出判断，确定侦查范围；侦查人员往往还要运用假言推理否定后件式排除错误的假设，以缩小侦查范围，明确侦查方向。

例如：如果蹬、踹动作抬脚的高度达到 90 厘米、鞋印长达 29 厘米，那么，案犯身高应在 1.75 米以上；该案现场留下的痕迹表明，踹门抬脚高度达到 90 厘米、鞋印长达 29 厘米。所以，该案案犯身高应在 1.75 米以上。

很多法律条文的形式是假言命题。因此，在适用这些法律条文处理具体案件时就要运用假言推理。在法庭辩论中，经常运用假言推理肯定前件式证明其诉讼主张，运用假言推理否定后件式反驳对方的诉讼主张。

例如：被告人李某 1995 年 11 月 12 日从某车站乘上开往长春的旅客列车，并随身携带钢珠手枪两支、钢珠手枪子弹两发准备到公主岭去卖，被乘警查获。

一审判决中，法院判决被告人李某犯非法携带枪支子弹进站上车罪，判处有期徒刑六个月。宣判后检察院提起抗诉，认为原审法院判决定性和适用法律错误，应按最高人民法院《关于执行〈中华人民共和国铁路法〉中刑事罚则若干问题的解释》第 2 条第 4 项规定，以非法运输枪支、弹药罪对被告人定罪处罚。二审法院经审理认为：根据最高人民法院《关于办理非法制造、买卖、运输非军用枪支、弹药刑事案件法律问题的解释》第 2 条第 1 项规定，“非法制造非军用枪支一支或买卖、运输两支以上的”,“处七年以下有期徒刑”,又根据最高人民法院《关于执行〈中华人民共和国铁路法〉中刑事罚则若干问题的解释》第 2 条第 4 项的规定,“行为人非法运输枪支、并携带枪支进站上车的,应以非法运输枪支罪定罪处罚”。被告李某非法运输钢珠手枪两支,其行为已构成非法运输枪支罪。原审法院认定李某犯非法携带枪支、子弹上车罪定性不准,应予改判。最后,二审法院作出判决:一、撤销一审法院对本案的判决;二、原审被告人李某构成非法运输枪支罪,判处有期徒刑一年六个月。

二审法院根据法律的相关规定及本案的事实进行的判决可整理如下:

(1)行为人非法运输枪支并携带枪支进站上车的,应以非法运输枪支罪定罪处罚;
本案被告人李某非法运输枪支并携带枪支进站上车。
所以,本案应以非法运输枪支罪定罪处罚。

这是一个假言推理肯定前件式。

(2)非法制造非军用枪支一支或买卖、运输两支以上的,处七年以下有期徒刑;
本案被告人李某非法运输两支非军用手枪。
所以,本案被告人李某应处七年以下有期徒刑。

这也是一个假言推理肯定前件式。需要说明的是,这个推理的前件不是一个简单命题,而是一个包含了三个选言支的选言命题;此推理的第二个前提肯定的是该选言命题中的一个选言支。根据选言推理附加式,肯定了一个命题,那么就肯定了以该命题为支命题的选言命题。

(三)假言推理常见的逻辑错误

假言推理常见的逻辑错误是“否定前件式”和“肯定后件式”。

1. 否定前件式

否定前件式是指肯定一个假言命题,并否定该假言命题的前件,得出否定该假言命题后件的结论。这一错误的推理形式为:

如果 p 那么 q,非 p,所以,非 q。

例如:如果某甲的行为构成贪污罪,则某甲是国家工作人员;但某甲的行为不构成贪污罪。所以,某甲不是国家工作人员。

事实上,并不能由某甲的行为不构成贪污罪推知某甲是否国家工作人员。从假言推理的真值表可以看出,当 $p \to q$ 为真并且 p 为假时(第 3 行、第 4 行),q 可真可假。因此,从 $p \to q$ 和 $\neg p$ 不能必然推出 $\neg q$。也就是说,在假言推理中,否定前件不能必然地否定后件。上述推理形式是无效式。

2. 肯定后件式

肯定后件式是指肯定一个假言命题,并肯定该假言命题的后件,得出肯定该假言命题前件的结论。这一错误的推理形式为:

如果 p 那么 q,q,所以,p。

例如:如果他是该案件的作案人,那么他有作案时间;经调查他有作案时间。所以,他是该案件的作案人。

事实上,当某人有作案时间时,未必就是这起案件的作案人。从假言推理的真值表可以看出,当 $p \to q$ 为真并且 q 为真时(第 1 行、第 3 行),p 可真可假。因此,从 $p \to q$ 和 q 不能必然推出 p。也就是说,在假言推理中,肯定后件不能必然地肯定前件。上述推理形式是无效式。

五、等值推理

(一)定义

等值推理就是根据等值词的逻辑性质进行的复合命题推理。

(二)推理有效式

等值推理有两种有效的推理形式。

1. 肯定式

等值的含义之一是同真。从等值命题的真值表可以看出，当 $p\leftrightarrow q$ 为真并且 p 为真时(第 1 行)，q 为真。因此，可以从 $p\leftrightarrow q$ 和 p 推出 q；当 $p\leftrightarrow q$ 为真并且 q 为真时(第 1 行)，p 为真。因此，可以从 $p\leftrightarrow q$ 和 q 推出 p。等值推理肯定式的有效式为：

p 当且仅当 q，p，所以，q；

p 当且仅当 q，q，所以，p。

用符号表示为：

$$(p\leftrightarrow q)\land p\rightarrow q$$

$$(p\leftrightarrow q)\land q\rightarrow p$$

可以验证，上述蕴涵式是重言式，所以，这种推理形式是有效的推理形式。

例如：三角形的三边相等当且仅当它的三内角相等；这个三角形的三边相等。所以，这个三角形的三内角相等。

2. 否定式

等值的另一个含义是同假。从等值命题的真值表可以看出，当 $p\leftrightarrow q$ 为真并且 p 为假时(第 4 行)，q 为假。因此，可以从 $p\leftrightarrow q$ 和非 p 推出非 q；当 $p\leftrightarrow q$ 为真并且 q 为假时(第 4 行)，p 为假。因此，可以从 $p\leftrightarrow q$ 和非 q 推出非 p。等值推理否定式的有效式为：

p 当且仅当 q，非 p，所以，非 q；

p 当且仅当 q，非 q，所以，非 p。

用符号表示为：

$$(p\leftrightarrow q)\land\neg p\rightarrow\neg q$$

$$(p\leftrightarrow q)\land\neg q\rightarrow\neg p$$

可以验证，上述蕴涵式是重言式，所以，这种推理形式是有效的推理形式。

例如：一个数是偶数当且仅当它能被 2 整除；这个数不能被 2 整除。所以，这个数不是偶数。

等值推理的有效式表明，如果肯定了一个等值式，那么肯定一项就肯定另一项，否定一项就否定另一项。

第三节　复合命题推理的其他有效式

运用复合命题推理的基本有效式，可以推导出复合命题推理的其他有效式。下面介绍几种常用的其他有效式。

一、必要条件假言推理

(一)定义

必要条件假言推理就是根据必要条件假言命题的逻辑性质进行的复合命题推理。它是假言推理的一种特殊形式。

(二)推理有效式

必要条件假言推理有两种有效的推理形式。

1. 否定前件式

必要条件假言推理否定前件式的有效式为：

只有 p 才 q，非 p，所以，非 q。

用符号表示为：

$$(\neg p \to \neg q) \wedge \neg p \to \neg q$$

可以验证，上述蕴涵式是重言式，所以，这种推理形式是有效的推理形式。

例如：只有该行为在主观上是故意的才是盗窃罪；该行为在主观上不是故意的。所以，该行为不是盗窃罪。

分析：以 p 代入¬ p，q 代入¬ q，上述公式就变成：

$$(p \to q) \wedge p \to q$$

可以看出，必要条件假言推理否定前件式和假言推理肯定前件式的形式是一样的，或者说是假言推理肯定前件式的一种特殊形式。

2. 肯定后件式

必要条件假言推理肯定后件式的有效式为：

只有 p 才 q，q，所以，p。

用符号表示为：

$$(\neg p \to \neg q) \wedge q \to p$$

可以验证，上述蕴涵式是重言式，所以，这种推理形式是有效的推理形式。

例如：只有通过了司法考试，才能从事律师职业；某甲从事律师职业。所以，某甲通过了司法考试。

分析：以¬ ¬ q 置换 q，以¬ ¬ p 置换 p，上述公式就变成：

$$(\neg p \to \neg q) \wedge \neg\neg q \to \neg\neg p$$

可以看出，必要条件假言推理肯定后件式和假言推理否定后件式的形式是一样的，或者说是假言推理否定后件式的一种特殊形式。

应当指出，在必要条件假言推理中，肯定必要条件假言命题的前件不能必然肯定其后件；否定必要条件假言命题的后件不能必然否定其前件。

二、假言连锁推理

(一)定义

假言连锁推理又称纯假言推理，它的前提和结论都是由假言命题构成的。假言连锁推理是基于蕴涵词的传递性进行的复合命题推理。

(二)推理有效式

假言连锁推理的有效式为：

如果 p 那么 q，如果 q 那么 r，所以，如果 p 那么 r。

用符号表示为：

$$(p\to q)\wedge(q\to r)\to(p\to r)$$

可以验证，上述蕴涵式是重言式，所以，这种推理形式是有效的推理形式。

例如：如果要想在法庭上胜诉，就要有充分、确实的证据；而要有充分、确实的证据，就要作周密、深入的调查研究。所以，如果要想在法庭上胜诉，就要作周密、深入的调查研究。

假言连锁推理的推理过程可以分析如下：

(1) $p\to q$　　前提
(2) $q\to r$　　前提
(3) p　　假设
(4) q　　由(1)(3)根据假言推理肯定前件式
(5) r　　由(2)(4)根据假言推理肯定前件式
(6) $p\to r$　　由(3)(5)销去假设

通过上述分析可以看出，命题的蕴涵关系是传递的。这一性质可以加以扩展，即：

$$(p_1\to p_2)\wedge(p_2\to p_3)\wedge\cdots\cdots\wedge(p_{n-1}\to p_n)\to(p_1\to p_n)$$

只要蕴涵关系是连续的，那么，就可以得出结论：第一个蕴涵式的前件，蕴涵最后一个蕴涵式的后件。

例如：在英国的某些地区，如果该地区猫的数量比较多，则红三叶草的数量就比较多，反之，红三叶草就比较少。这似乎完全是偶然的，因为猫和红三叶草这两种生物似乎没有什么关系。但是达尔文却通过仔细的观察发现了这两个物种之间的复杂联系。

原来，红三叶草的繁殖必须通过土蜂来授粉，因为别的蜂类无法触到红三叶草的蜜腺。所以如果一个地区的土蜂灭绝了，那么由于失去了传播花粉的媒介，红三叶草就会灭绝；而土蜂的数量是由该地区的田鼠决定的，因为田鼠会破坏土蜂的蜂房，全英格兰三分之二的土蜂都是被田鼠毁灭的；而猫是田鼠的天敌，田鼠的数量是由猫决定的。

因此，可以作出如下推理：

如果猫多的话，田鼠就会少；如果田鼠少的话，土蜂就会多；如果土蜂多的话，红三叶草就会多。所以，如果猫多的话，红三叶草就会多。

假言连锁推理表明，只要能够确定事物之间的蕴涵关系，就有可能通过连续的蕴涵关系，将两个看似毫无联系的事物之间的蕴涵关系确定下来。

根据假言异位律：$A\to B\Leftrightarrow\neg B\to\neg A$，对假言连锁推理的有效式作适当代入，可以得到假

言连锁推理的另外一种推理形式:

$$(\neg p\to\neg q)\land(\neg q\to\neg r)\to(\neg p\to\neg r)$$

也就是必要条件假言连锁推理:

只有 p 才 q，只有 q 才 r，所以，只有 p 才 r。

例如:只有年满 18 周岁的公民，才有选举权;只有有选举权，才能参与选举活动。所以，只有年满 18 周岁的公民，才能参与选举活动。

还可以得到其他一些推理形式:

$$(p\to q)\land(q\to r)\to(\neg r\to\neg p)$$

$$(\neg p\to\neg q)\land(\neg q\to\neg r)\to(r\to p)$$

可以验证，这些蕴涵式都是重言式，所以，这些推理形式都是有效的推理形式。

三、二难推理

(一)定义

二难推理是根据假言命题和选言命题的逻辑性质进行的复合命题推理。所以又称为假言选言推理。在实际使用中，运用这种推理时，对两种可能的情况，都推出对方难以接受的结论，使对方陷入进退两难的困境。因此，这种推理被称为二难推理。

(二)推理有效式

二难推理有两种有效的推理形式。

1. 构成式

二难推理构成式的有效式为:

如果 p 那么 r，如果 q 那么 r，p 或者 q，所以，r。

用符号表示为:

$$(p\to r)\land(q\to r)\land(p\lor q)\to r$$

可以验证，上述蕴涵式是重言式，所以，这种推理形式是有效的推理形式。

二难推理的构成式实际上是由两个假言推理肯定前件式合成的。当前提都真时，选言命题中的两个选言支至少有一个是真的;无论哪个选言支为真，都可以根据假言推理肯定前件式，得出肯定假言命题后件的结论。

在论辩中，人们运用二难推理时，常常提出两种相互对立的可能情况，构成两个假言命题的前件，使对方陷入无法摆脱的困境。

例如:美国总统林肯曾经是一个著名的律师，为他赢得全国性的声誉的是小阿姆斯特朗案。一天，林肯从报上得知已故朋友之子小阿姆斯特朗被控犯谋财害命罪。他决定出任被告律师。林肯向法庭查阅了全部有关案卷，进行仔细研究之后，要求法庭复审。全案的关键人物是原告方面的一位证人福尔逊，他发誓说他在月光之下清楚地目击小阿姆斯特朗开枪击毙了死者。在法庭上，林肯向福尔逊提问。

林肯:“你发誓说你认清了是小阿姆斯特朗?”

福尔逊:“是的。”

林肯问:“依你所说，你在草堆后面，小阿姆斯特朗在大树下面，你们相距二三十米，你能看清楚吗?”

福尔逊："看得很清楚，因为当时有月光，月光很明亮。"

林肯："你肯定不是从衣着等其他方面认清的吗？"

福尔逊："绝对不是，我肯定看清了他的脸，因为月光正照在他的脸上。"

林肯："你肯定时间在晚上11点吗？"

福尔逊："可以肯定。因为我回到屋里看了时钟，那时是11点1刻。"

林肯询问到这里，郑重地宣布："我不能不告诉大家，这个证人是一个彻头彻尾的骗子！"接着他说："这个证人一口咬定10月18日晚11点在月光下看清了被告的脸。这是常识，10月18日那天是上弦月，晚上11点月亮已经下山了，哪里还有月光？退一步说，也许他时间记得不准，假定时间稍前，月亮还没有下山。但是，那时月光应该是从西往东照，草堆在东，大树在西，如果被告的脸面对草堆，脸上是照不到月光的，证人怎么能从二三十米以外的草堆处看清被告的脸呢？如果被告的脸朝西，月光可以照到脸上，但证人在大树东边的草堆后面，那么，证人根本不可能看到被告的脸。"

人们沉默了一会儿，接着爆发出一片掌声和欢呼声。原告证人福尔逊承认是被人收买作了伪证。法庭宣布小阿姆斯特朗无罪。

林肯的质证包含以下二难推理：

如果被告的脸面向草堆，脸上照不到月光，那么证人看不清被告的脸；

如果被告的脸背向草堆，证人在大树东边的草堆后面，那么证人看不清被告的脸；

被告或者脸面向草堆，或者脸背向草堆。

所以，证人福尔逊看不清被告的脸。

上述推理的形式为：

$$(p \to r) \land (\neg p \to r) \land (p \lor \neg p) \to r$$

因为除了"面向草堆"和"背向草堆"外再没有其他可能性了，所以这样的推理形式具有无可辩驳的逻辑力量。

二难推理的构成式还可以构成更为复杂的形式：

如果p那么r，如果q那么s，p或者q，所以，r或者s。

用符号表示为：

$$(p \to r) \land (q \to s) \land (p \lor q) \to r \lor s$$

可以验证，上述蕴涵式是重言式，所以，这种推理形式是有效的推理形式。

如果构成两个蕴涵式的前件是相互矛盾的关系，那么具有更强的论辩的力量。

例如：《韩非子·难一》中的一个寓言故事："楚人有鬻矛与盾者，誉之曰：'吾盾之坚，物莫能陷也。'又誉其矛曰：'吾矛之利，于物无不陷也。'或曰：'以子之矛，陷子之盾，何如？'其人弗能应也。"

某人提出的问题"以子之矛，陷子之盾，何如？"实际上暗含了一个二难推理，这一推理的形式为：

如果你的矛能刺破你的盾，则你的盾不坚；
如果你的矛不能刺破你的盾，则你的矛不利；
你的矛或者能刺破你的盾，或者不能刺破你的盾。
所以，或者你的盾不坚，或者你的矛不利。

用符号表示为：

$$(p \to r) \land (\neg p \to s) \land (p \lor \neg p) \to r \lor s$$

“能刺破”和“不能刺破”这两种情况是相互矛盾的，所以，面对这样的问题，楚人陷入了“弗能应”的困境。

2. 破坏式

二难推理破坏式的有效式为：

如果 p 那么 r，如果 p 那么 s，¬ r 或者¬ s，所以，¬ p。

用符号表示为：

$$(p \to r) \land (p \to s) \land (\neg r \lor \neg s) \to \neg p$$

可以验证，上述蕴涵式是重言式，所以，这种推理形式是有效的推理形式。

例如：在莎士比亚名著《威尼斯商人》中，有这样一段情节：夏洛克和安东尼奥签订了一项契约，夏洛克借给安东尼奥 3000 元现金，借期 3 个月，免付利息，如果到期不还，债权人有权从债务人的胸部割下一磅肉作为惩罚。3 个月期满，安东尼奥还不出这笔钱，夏洛克状告安东尼奥，要求执行契约，割安东尼奥一磅肉。在法庭上，女扮男装的鲍细娅出庭为安东尼奥辩护。她对夏洛克说：“根据威尼斯法律，你的起诉可以成立，而且在威尼斯谁也无权变更法律。”她不动声色地又问：“称肉的天平准备好了吗?”夏洛克回答：“我已带来了!”鲍细娅又说：“夏洛克，去请一位医生来，免得他流血死去。”夏洛克叫道：“不，借约上没有这一条。”正当夏洛克得意地准备动手时，鲍细娅说道：“你准备割肉吧，但是借约上并未允许你取他的一滴血，也不准割得超过或不足一磅的重量，不许你差一丝一毫。否则，根据威尼斯的法律，你就要抵命，你的财产全部充公。”夏洛克问：“我收回本金都不成吗?”鲍细娅坚定地回答：“不成!”夏洛克坠入进退两难的困境。

在鲍细娅的法庭陈词中暗含以下二难推理：

如果夏洛克按契约的规定割肉，就不能取安东尼奥的血(安东尼奥不能出血)；

如果夏洛克按契约的规定割肉，就不能多也不能少(不许差一丝一毫)；

安东尼奥或者会出血，或者你做不到不差一丝一毫。

所以，夏洛克无法按契约的规定割肉。

二难推理的破坏式实际上是假言推理否定后件式的联合运用。当前提都真时，选言命题中的两个选言支至少有一个是真的；无论哪个选言支为真，都可以根据假言推理否定后件式，得出否定假言命题前件的结论。

二难推理的破坏式还可以构成更为复杂的形式：

如果 p 那么 r，如果 q 那么 s，¬ r 或者¬ s，所以，¬ p 或者¬ q。

用符号表示为：

$$(p \to r) \land (q \to s) \land (\neg r \lor \neg s) \to \neg p \lor \neg q$$

可以验证，上述蕴涵式是重言式，所以，这种推理形式是有效的推理形式。

例如：如果他对当事人负责，那么他应提出对当事人有利的代理意见；

如果他精通法律业务，那么他能充分证明其诉讼主张；

他或者没有提出对当事人有利的代理意见，或者没能充分证明其诉讼主张。

所以，他或者是不对当事人负责，或者是不精通法律业务。

(三)对二难推理的破解

二难推理具有很强的逻辑力量，当面对二难诘问的时候如何破解呢？下面给出三种破解的方法。

第一，指出假言命题前提虚假。

指出其中至少一个假言命题是假的，这意味着对方的论据有虚假的，那么结论当然是不能接受的。

例如：据说古希腊哲人苏格拉底曾劝男人们都要去结婚，他是这样规劝的：

如果你娶到一个好妻子，你会获得人生的幸福；

如果你娶到一个坏妻子，你会成为一位哲学家；

你或者娶到好妻子，或者娶到坏妻子。

所以，你或者获得人生的幸福，或者成为一位哲学家。

"娶到一个好妻子"和"获得人生的幸福"之间似乎可以说有关联，但"娶到一个坏妻子"和"成为一位哲学家"之间很难说有什么必然联系。对于这一推理，就可以指出它的第二个假言命题前提的前、后件之间缺乏必然联系，由此构造的二难推理也就不具有说服力了。

第二，指出选言命题前提虚假。

指出前提中的选言命题是不符合实际情况的。因为，二难推理中的"二难"，在于事物情况只有两种可能，这样才构成二难境地。如果事实上并非如前提中所说的二难，而是还有其他选择，那么二难推理中构造的二难境地就被破解了。

例如：如果某甲从事律师行业，因为他不善言辞，所以将无所作为；如果某甲从事会计师行业，因为他数学不好，所以将无所作为；某甲或者从事律师行业，或者从事会计师行业。总之，他将无所作为。

事实上，一个人可以从事的职业不止律师和会计师这两项，还有其他很多职业可以选择。这个前提所构造的二难境地是不存在的。

第三，归谬反驳法。

所谓归谬反驳法是这样一种方法，在辩论中不直接指出对方论证中的二难推理的错误，而是按照对方的二难推理的思路，构造一个与对方错误相同的二难推理，以其人之道还治其人之身，从而达到反驳的目的。

例如：古希腊历史上有一个著名的官司——"半费之讼"。据说有一个名叫欧提勒士(Enathlas)的人，向著名的智者普罗泰戈拉斯(Protagoras)学习论辩术。老师与学生订立协议：学生学成毕业后从事律师职业打赢第一场官司后，再付另一半学费。可是学生毕业后并没有从事律师职业，也迟迟不付另一半学费。老师等得不耐烦，就向法庭提起诉讼，请求法庭判决欧提勒士支付另一半学费。他提出了这样的理由：

如果我打赢了这场官司，那么按照法庭的判决，欧提勒士应该付我另一半学费；

如果我打输了这场官司，那么按照当初的约定，欧提勒士也应该付我另一半学费；

我或者打赢，或者打输，

欧提勒士都应该付我另一半学费。

学生竟然模仿老师的二难推理构造了另一个二难推理抗辩：

如果我打赢了这场官司，那么按照法庭的判决，我不应该付你另一半学费；

如果我打输了这场官司，那么按照当初的约定，我也不应该付你另一半学费；

我或者打赢，或者打输，

我都不应该付你另一半学费。

普罗泰戈拉斯的二难推理是存在错误的。错误在于:普罗泰戈拉斯的二难推理中的第二个假言命题“如果我打输了这场官司，那么按照当初的约定，欧提勒士也应该付我另一半学费”这一前提是错误的。因为，事实上，普罗泰戈拉斯如果打输了官司，欧提勒士就打赢了官司，就表明法庭判决欧提勒士不支付另一半学费。由于有一个假言命题的前提是不正确的，所以，普罗泰戈拉斯的整个二难推理就是不具有证明力的。普罗泰戈拉斯所构造的两个假言命题的前件“我打赢了这场官司”、“我打输了这场官司”和后件“欧提勒士应该付我另一半学费”构成蕴涵关系的依据是不同的，一个是法庭的判决，一个是当初的约定，这样才构造了一个二难推理，得出“欧提勒士都应该付我另一半学费”这一结论。如果按照同一个标准“法庭的判决”，就不能构造出得出这个结论的二难推理了。欧提勒士并没有直接指出老师的推理中的错误，而是模仿老师推理中的错误构造了一个类似的二难推理，结论却是相反的，揭露了论证中的谬误，从而达到反驳的目的。

总结以上三种反驳的方法，实际上都是从内容方面进行的反驳。在实际辩论中，一个内容正确、形式有效的二难推理具有非常强的论辩力量。

四、归谬法推理

(一)定义

归谬法推理是根据假言命题的逻辑性质进行的复合命题推理。它是这样一种推理，如果一个命题蕴涵两个相互矛盾的命题，则得出这个命题为假的结论。

(二)推理有效式

归谬法推理有效式的形式为:

如果 p 那么(q 并且非 q)，所以，非 p。

用符号表示为:

$$(p\to q\land\neg q)\to\neg p$$

可以验证，上述蕴涵式是重言式，所以，这种推理形式是有效的推理形式。

例如:如果所有证据材料都是真的，则某甲既有作案时间，又没有作案时间，所以，并非所有证据材料都是真的。

归谬法推理的推理过程可以分析如下:

(1) $p\to q\land\neg q$	前提
(2) $\neg(q\land\neg q)$	矛盾式
(3) $\neg p$	由(1)(2)根据假言推理否定后件式

从推理过程的分析可以看出，归谬法推理实际上是假言推理否定后件式的特殊形式。

在实际论辩中，归谬法推理也是非常具有论辩力量的。苏格拉底非常善于使用这种方法与他人辩论。

例如:在克塞诺封所写的《苏格拉底回忆录》中有一段对话，记载了苏格拉底与埃弗奇顿辩论关于什么是正义的问题。

埃弗奇顿自称他熟知什么行为是正义的，什么行为是非正义的。苏格拉底对此进行了反驳。

苏格拉底:欺骗属于哪一类？是正义的，还是非正义的？

埃弗奇顿:一切欺骗都是非正义的。

苏格拉底:好，照你说，一切欺骗是非正义的。但两军对战，兵不厌诈，战略家欺骗自己的敌人是正义的，还是非正义的?

埃弗奇顿:战略家欺骗自己的敌人是正义的。

埃弗奇顿此时陷入了矛盾。于是他修改自己的论点，重新断定:并非一切欺骗都是非正义的，欺骗敌人是正义的，欺骗朋友是非正义的。

苏格拉底此时又接受了埃的新论点。

苏格拉底:在战争中，当战略家看到自己的士兵士气低落，故意说谎，声称即将有大批援军到来，从而鼓舞了士气，获得了战斗的胜利。那么战略家这种欺骗自己的士兵的行为是正义的，还是非正义的?

埃弗奇顿:这种战略家欺骗自己的士兵的行为是正义的。

这又与原断定矛盾，于是，埃只好收回自己原来的断定，自认无知，从而苏格拉底在辩论中获胜。这就是“苏格拉底式讽刺”。

五、基于重言等值式的推理

如果 $A \Leftrightarrow B$，则 $A \Rightarrow B$ 且 $B \Rightarrow A$。所以，每一个重言等值式，都提供了两个推理有效式。

由于重言等值式的数量非常之多，所以，基于重言等值式的推理也是非常多的。下面介绍几种常用的有效式。

(一)假言异位推理

假言异位推理是基于重言等值式 $A \to B \Leftrightarrow \neg B \to \neg A$ 进行的推理。所以有两个推理有效式:

$$(p \to q) \to (\neg q \to \neg p)$$

$$(\neg q \to \neg p) \to (p \to q)$$

例如:如果他患了肺炎，那么他会发烧，所以，如果他没有发烧，那么他没有患肺炎。

(二)蕴涵析取互易推理

蕴涵析取互易推理是基于重言等值式 $A \vee B \Leftrightarrow \neg A \to B$ 进行的推理。所以有两个推理有效式:

$$p \vee q \to (\neg p \to q)$$

$$(\neg p \to q) \to p \vee q$$

例如:某甲是案犯或者某乙是案犯，所以，如果某甲不是案犯，那么某乙是案犯。

(三)等值蕴涵互易推理

等值蕴涵互易推理是基于重言等值式 $(A \leftrightarrow B) \Leftrightarrow (A \to B) \wedge (\neg A \to \neg B)$ 进行的推理。所以有两个推理有效式:

$$(p \leftrightarrow q) \to (p \to q) \wedge (\neg p \to \neg q)$$

$$(p \to q) \wedge (\neg p \to \neg q) \to (p \leftrightarrow q)$$

例如:一个人犯了罪当且仅当受到刑罚处罚，所以，如果一个人犯了罪，那么应当受到刑罚处罚，并且，如果一个人没有犯罪，那么不应当受到刑罚处罚。

(四)否定合取推理

否定合取推理是基于重言等值式 $\neg (A \wedge B) \Leftrightarrow \neg A \vee \neg B$ 进行的推理。所以有两个推理

有效式:

$$\neg(p\wedge q)\rightarrow\neg p\vee\neg q$$
$$\neg p\vee\neg q\rightarrow\neg(p\wedge q)$$

例如:并非他既有作案动机又有作案时间，所以，他没有作案动机或者没有作案时间。

(五)否定析取推理

否定析取推理是基于重言等值式$\neg(A\vee B)\Leftrightarrow\neg A\wedge\neg B$进行的推理。所以有两个推理有效式:

$$\neg(p\vee q)\rightarrow\neg p\wedge\neg q$$
$$\neg p\wedge\neg q\rightarrow\neg(p\vee q)$$

例如:并非他有作案动机或者作案时间，所以，他既没有作案动机又没有作案时间。

(六)否定蕴涵推理

否定蕴涵推理是基于重言等值式$\neg(A\rightarrow B)\Leftrightarrow A\wedge\neg B$进行的推理。所以有两个推理有效式:

$$\neg(p\rightarrow q)\rightarrow p\wedge\neg q$$
$$p\wedge\neg q\rightarrow\neg(p\rightarrow q)$$

例如:不是只要刮风就会下雨，所以，刮风但是不下雨。

在第五章所介绍的十个常用的重言等值式都是推理中经常用到的，应该熟练掌握，这里就不一一分析了。

第四节　复合命题的综合推理

复合命题的推理有效式和重言等值式是有效推理的规则。一个简单的推理，前提直接蕴涵结论，从前提可以直接推出结论;但有的推理前提比较复杂，结论也无法直接得出，这时，就需从给定的前提出发，一步一步地运用多个推理有效式及重言等值式即遵循有效推理的规则，进行推理，最后到达结论。这称为复合命题的综合推理。这个过程与人的实际思维的过程是一致的，所以又称为自然推理过程。

例1:根据以下已知命题:

(1)如果某甲客观上造成了他人损害并且主观上有过错，则某甲应承担民事责任;

(2)事实上某甲造成了他人损害;

(3)法院判决某甲不应承担民事责任。

得出结论:某甲主观上没有过错。

请通过有效的推理证明上述结论是正确的。

将简单命题用符号表示如下:

p:某甲客观上造成了他人损害

q:某甲主观上有过错

r:某甲应承担民事责任

证明过程如下：

首先，将前提表示为如下命题形式：

(1) $p \wedge q \to r$　　前提

(2) p　　前提

(3) $\neg r$　　前提

接着，根据已知前提进行推理：

(4) $\neg (p \wedge q)$　　根据(1)、(3)假言推理否定后件式

(5) $\neg p \vee \neg q$　　根据(4)否定合取推理

(6) $\neg \neg p$　　根据(2)双否引入推理

(7) $\neg q$　　根据(5)、(6)选言推理否定肯定式

上述推理过程中每一步都是有效式，所以，上述结论是正确的。

例2：某地发生一起入室盗窃案。侦查人员掌握了以下情况：

(1)如果甲在现场，那么乙和丙至少有一人在现场；

(2)如果戊不在现场，那么乙也不可能在现场；

(3)或者丙不在现场，或者戊在现场；

(4)只要丁在现场，甲就在现场；

(5)已确定丁在现场。

侦查人员根据上述情况还能确定谁在现场？

将简单命题用符号表示如下：

p：甲在现场

q：乙在现场

r：丙在现场

s：丁在现场

t：戊在现场

推理过程如下：

(1) $p \to q \vee r$　　前提

(2) $\neg t \to \neg q$　　前提

(3) $\neg r \vee t$　　前提

(4) $s \to p$　　前提

(5) s　　前提

(6) p　　根据(4)、(5)假言推理肯定前件式

(7) $q \vee r$　　根据(1)、(6)假言推理肯定前件式

(8) $q \to t$　　根据(2)假言异位推理

(9) $r \to t$　　根据(3)蕴涵析取互易推理

(10) t　　根据(7)、(8)、(9)二难推理构成式

(11) $p \wedge t$　　根据(6)、(10)联言推理合成式

结论：侦查人员还能够确定甲和戊在现场。

例3：在美国芝加哥的一条最繁华的大街上，一家百货商场在一天晚上被人盗窃了一批货物。事情发生后，芝加哥警察局经过侦察拘捕了三个重大嫌疑人。他们是：山姆、杰克与约

翰。后来，又经审讯，查明了以下事实:

(1)罪犯带着赃物是坐小汽车逃掉的;

(2)不伙同山姆，约翰决不会作案;

(3)杰克不会开车;

(4)罪犯就是这三个人中的一个或一伙。

请问:在这个案子里，山姆作案了吗?

将简单命题用符号表示如下:

p:山姆作案

q:杰克作案

r:约翰作案

根据已知(1)和(3)，可以得知，如果山姆和约翰都不作案，那么杰克不会是作案人。将这一命题用公式表示为:

$$\neg p \land \neg r \to \neg q$$

那么共有三个已知前提，用公式表示为:

(1)$\neg p \land \neg r \to \neg q$	前提
(2)$\neg p \to \neg r$	前提
(3)$p \lor q \lor r$	前提

根据以上已知条件，无法推出任何结论。在这种情况下，需要借助假设命题，再结合已知前提进行推理。

这里，可以假设山姆不是作案人。

推理过程如下:

(4)$\neg p$	假设
(5)$\neg r$	根据(2)、(4)假言推理肯定前件式
(6)$\neg p \land \neg r$	根据(4)、(5)联言推理合成式
(7)$\neg q$	根据(1)、(6)假言推理肯定前件式
(8)$\neg p \land \neg q \land \neg r$	根据(4)、(5)、(7)联言推理合成式

至此，(3)与(8)矛盾。由假设导致矛盾出现，假设不成立。所以，p，即山姆一定作案了。

当已知条件不够，推理无法进行下去的时候，就需要借助假设命题进行推理。最常用的方法是假设已知命题的矛盾命题为真，结合已知条件进行推理，如果导致矛盾出现，则说明假设不成立，那么，原命题为真。

例4:在某一案件的预审中，审讯人员与某证人的对话如下:

审讯人员:你刚才所述都是实话吗?

证人:是的。

审讯人员:你再重复一遍。

证人:是甲杀害了死者。因为如果甲杀害了死者，则甲会伪造现场;如果当时我在现场，我也会被甲杀死;除非我在现场，甲才会伪造现场。所以，甲是杀人者。

证人所述是否都是真话?

分析:将证人的上述言论中出现的简单命题用符号表示如下:

p:甲杀害了死者

q:甲会伪造现场

r:我在现场

s:我会被甲杀死

则证人的上述言论用公式表示如下：

(1) $p \to q$

(2) $r \to s$

(3) $\neg r \to \neg q$

(4) p

推理过程如下：

(5) q　　根据(1)、(4)假言推理肯定前件式

(6) r　　根据(3)、(5)必要条件假言推理肯定后件式

(7) s　　根据(2)、(6)假言推理肯定前件式

至此推出 s，即“我会被甲杀死”，这与事实是矛盾的，所以，证人所述并非都是真话。

逻辑学研究的是命题的形式规律，从逻辑上并不能确定一个命题事实上的真假。但是如果确定命题之间存在矛盾，则可确定这些命题不会都是真的，至少有命题为假。

要点小结

本章阐述了复合命题推理，包括复合命题推理的逻辑有效性、复合命题推理的基本有效式、其他有效式和综合推理。主要内容是：

一、复合命题推理的逻辑有效性

(一)什么是复合命题推理

(二)什么是逻辑有效性

二、复合命题推理的基本有效式

双重否定推理
- 双否消去推理 $\neg\neg p \to p$
- 双否引入推理 $p \to \neg\neg p$

联言推理
- 分解式
  - $p \wedge q \to p$
  - $p \wedge q \to q$
- 合成式 $p \wedge q \to p \wedge q$

选言推理
- 否定肯定式
  - $(p \vee q) \wedge \neg p \to q$
  - $(p \vee q) \wedge \neg q \to p$
- 附加式
  - $p \to p \vee q$
  - $q \to p \vee q$

假言推理
- 肯定前件式 $(p \to q) \wedge p \to q$
- 否定后件式 $(p \to q) \wedge \neg q \to \neg p$

等值推理
- 肯定式
  - $(p\leftrightarrow q)\land p\rightarrow q$
  - $(p\leftrightarrow q)\land q\rightarrow p$
- 否定式
  - $(p\leftrightarrow q)\land\neg p\rightarrow\neg q$
  - $(p\leftrightarrow q)\land\neg q\rightarrow\neg p$

三、复合命题推理的其他有效式

(一)必要条件假言推理

否定前件式 $(\neg p\rightarrow\neg q)\land\neg p\rightarrow\neg q$

肯定后件式 $(\neg p\rightarrow\neg q)\land q\rightarrow p$

(二)假言连锁推理

$(p\rightarrow q)\land(q\rightarrow r)\rightarrow(p\rightarrow r)$

(三)二难推理

构成式
- $(p\rightarrow r)\land(q\rightarrow r)\land(p\lor q)\rightarrow r$
- $(p\rightarrow r)\land(q\rightarrow s)\land(p\lor q)\rightarrow r\lor s$

破坏式
- $(p\rightarrow r)\land(p\rightarrow s)\land(\neg r\lor\neg s)\rightarrow\neg p$
- $(p\rightarrow r)\land(q\rightarrow s)\land(\neg r\lor\neg s)\rightarrow\neg p\lor\neg q$

(四)归谬法推理

$(p\rightarrow q\land\neg q)\rightarrow\neg p$

(五)基于重言等值式的推理

假言异位推理
- $(p\rightarrow q)\rightarrow(\neg q\rightarrow\neg p)$
- $(\neg q\rightarrow\neg p)\rightarrow(p\rightarrow q)$

蕴涵析取互易推理
- $p\lor q\rightarrow(\neg p\rightarrow q)$
- $(\neg p\rightarrow q)\rightarrow p\lor q$

等值蕴涵互易推理
- $(p\leftrightarrow q)\rightarrow(p\rightarrow q)\land(\neg p\rightarrow\neg q)$
- $(p\rightarrow q)\land(\neg p\rightarrow\neg q)\rightarrow(p\leftrightarrow q)$

否定合取推理
- $\neg(p\land q)\rightarrow\neg p\lor\neg q$
- $\neg p\lor\neg q\rightarrow\neg(p\land q)$

否定析取推理
- $\neg(p\lor q)\rightarrow\neg p\land\neg q$
- $\neg p\land\neg q\rightarrow\neg(p\lor q)$

否定蕴涵推理
- $\neg(p\rightarrow q)\rightarrow p\land\neg q$
- $p\land\neg q\rightarrow\neg(p\rightarrow q)$

四、综合推理

思考与练习

一、思考题

1. 什么是复合命题推理？什么是有效的复合命题推理？

2. 如何判定复合命题推理的有效性？

3. 复合命题推理有哪些基本的有效式？

4. 必要条件假言推理的有效式有哪些？其有效式如何转换为假言推理有效式？

5. 什么是复合命题的综合推理？

二、练习题

1. 写出下列推理的形式，并判定它们是否有效。

(1) 你确实完成了，所以，并不是说你没有完成。

(2) 公民、法人可以通过代理人实施民事法律行为，所以，法人可以通过代理人实施民事法律行为。

(3) 该杀人案的原因或者是因私仇杀人，或者是因谋财杀人；经初步调查，该案是因私仇杀人。可见，该案不是因谋财杀人。

(4) 如果一个人怕吃苦，就不能获得成功；小张不怕吃苦。所以小张能够获得成功。

(5) 只有具有社会危害性的行为才是犯罪行为；某甲的行为不具有社会危害性。所以，某甲的行为不是犯罪行为。

(6) 如果光没有质量，就不会对它射到的物质产生压力；而事实上能够测量到光对它射到的物质产生的压力。所以，光是有质量的。

(7) 某甲和某乙或者都是案犯，或者都不是案犯；经查某甲是案犯。所以，某乙是案犯。

(8) 如果某甲的证词是真实的，则证明该被告既是有罪的又是无罪的。所以，某甲的证词不是真实的。

(9) 当且仅当获得资格证书，则可以从事这种职业；你不可以从事这种职业。所以，你没有获得资格证书。

(10) 如果某甲是凶手，某甲一定有凶器；经查证，某甲有凶器。所以，某甲是凶手。

(11) 只有适用法律正确，才能正确判决；此案件适用法律正确。所以，一定能正确判决。

(12) 如果上帝能创造一块他自己举不起来的石头，那么他不是全能的；如果上帝不能创造一块他自己举不起来的石头，那么上帝也不是全能的；或者上帝能创造，或者上帝不能创造。总之，他不是全能的。

(13) 公孙仪说："如果我接受了别人送的鱼，到了紧要关头，就会迁就别人；如果迁就别人，就会歪曲法律；如果歪曲法律，宰相就会被罢免；如果宰相被罢免，即使再喜爱吃鱼，别人也不会送我了，而我自己也没有能力去买鱼了，因此我就吃不到鱼了。所以，如果我接受了别人送的鱼，我就吃不到鱼了。"

(14) 如果明知商品不合格而出售，那就是欺骗消费者；如果不知商品不合格而出售，那就是对消费者不负责任；某商家明知或不知商品不合格而出售。可见，商家或者是欺骗消费者，或者是对消费者不负责任。

(15)并非他既去看电影又去听音乐会，所以，他既不去看电影又不去听音乐会。

(16)并非他经济上不困难就不盗窃，所以，他经济上不困难也盗窃。

(17)并非他不愿意来或没有时间来，所以，他既愿意来也有时间来。

(18)如果某甲是案犯，则某乙不是案犯，所以，如果某甲不是案犯，则某乙是案犯。

2. 请选出正确的选项。

(1)近些年来，木匠也被人们称作艺术家。但是家具首先必须实用，木匠们在施展手艺时，必须注意到其产品的实用性。因此，家具制作不是艺术。

以下哪种假设能支持得出以上结论?

A、许多家具制成后放在博物馆内展出，在那儿不会被任何人使用。

B、一些木匠比其他木匠更注重自己产品的实用性。

C、木匠们应该比现在更注重自己产品的实用性。

D、如果制造者注重物品的实用性，这件物品就不再是一件艺术品。

E、艺术家对自己作品的货币价值并不关心。

(2)网络写手蔡智恒在其成名作《第一次亲密接触》的开头写道:

“如果我有一千万，我就能买一座房子。

我有一千万吗? 没有。

所以我仍然没有房子。

如果我有翅膀，我就能飞。

我有翅膀吗? 没有。

所以我也没办法飞。

如果把整个太平洋的水倒出，也浇不熄我对你爱情的火焰。

整个太平洋的水能够倒得出吗? 不行。

所以我并不爱你。”

下列哪一个选项，其手法与上面的语句类似?

A、假如你是天边的月，我就是月边的星。假如你是山上的树，我就是树上的藤。

B、假如只依靠我厂的力量，是不能攻克这个难关的。所以，我们必须加强外部协作，联合攻关。

C、正因为已经不是计划经济，而是市场经济。所以我们要靠自己去争取定单，而不是等待政府的定货。

D、有一个法国小孩，名叫梅莱娜·若罗，写下了这样的句子:“假如地球是方的，孩子们就有地方藏身。但地球却是圆的，我们不能不面对世界。”

E、如果2的倍数是5，则3的倍数就是8;3的倍数不是8。所以，2的倍数不是5。

(3)想从事商业生涯的人都想获得MBA学位;周峰想攻读MBA。因此，周峰一定想从事商业生涯。

下述哪项如果为真，则最能支持上述观点?

A、所有想获得MBA学位的人都想从事商业生涯。

B、有些生意人是MBA。

C、只有从事商业生涯的人才攻读MBA。

D、所有生意人都有 MBA 学位。

E、只有获得 MBA 的人才有资格从事商业生涯。

(4)我国已故著名逻辑学家金岳霖小时候听到“金钱如粪土”、“朋友值千金”这样两句话后，感到这两句话有问题，因为根据它们会推出“朋友如粪土”的荒唐结论。由此从逻辑上可以推出：

A、“金钱如粪土”、“朋友值千金”这两句话都对。

B、“金钱如粪土”、“朋友值千金”这两句话不对。

C、“朋友值千金”这一说法是假的。

D、“金钱如粪土”这一说法是假的。

E、如果朋友确实值千金，那么金钱并非如粪土。

3. 分析下面实例中包含的推理是否有效。

(1)有一天，有个酒鬼，裤子口袋里装着一瓶酒在街上走，不巧，被一辆自行车撞倒了。他一边爬起来一边摸口袋，感觉到有点湿，不由得大吃一惊：“天啊，但愿是血!”

请通过酒鬼的这句话分析他的思维过程，并说明是否合乎逻辑。

(2)明谢肇淛编的《五杂组》中有这样一个故事：宋叶衡罢相归，日与布衣饮甚欢，一日不怡，问诸客曰：“某且死，但未知死后佳否?”一姓金士人曰：“甚佳。”叶惊问曰：“何以知之?”士人曰：“使死而不佳，死者皆逃归矣。一死不返，是以知甚佳矣。”满座皆笑。

请分析姓金的士人的话中包含着什么推理？推理形式是否正确？

(3)《世说新语·言语》记载，孔融10岁时随父到洛阳，谈吐对语颇为聪明，太中大夫陈韪听后不以为然，说道：“小时了了，大未必佳。”孔融马上反驳说：“想君小时，必当了了。”陈韪遂“大踧踖”。

那么，孔融是如何进行反驳的？他的结论中隐含了什么前提？他的推理形式是否正确？

(4)据说，文成公主入藏与松赞干布成婚，有这样一段佳话：

文成公主既美丽又聪明，她选驸马时提出一个条件：求婚者谁提出的问题能难倒她，她就嫁给谁。许多求婚的公子提出许多稀奇古怪的问题，文成公主都对答如流，使他们乘兴而来，败兴而归。

松赞干布得知后，向文成公主说：“请问公主，为了使您成为我的妻子，我应该提什么问题才能难倒您?”文成公主听后，什么也没说，就答应了婚事。

请问：聪明的松赞干布用了什么推理，使文成公主不得不实践了自己的诺言?

4. 回答下述问题，并详细分析。

(1)史密斯、乔治和鲁宾逊三位经理住在赛菲鲁德村和利兹村一带。另外，还有三名与这三位经理同名的铁路工人也住在这一带。

经理鲁宾逊与列车员住在赛菲鲁德村，经理乔治与司炉住在利兹村，经理史密斯与火车司机住在这两个村子之间。

与列车员同名的经理年收入一万英镑整，司机的年收入是与他住的最近的经理年收入的三分之一。另外，铁路工人史密斯在打台球时曾经赢过司炉。

请问：火车司机叫什么名字?

(2)有甲、乙、丙三个学生，一个出生在北京，一个出生在上海，一个出生在广州。他们中一个是学法律的，一个是学数学的，一个是学外语的。其中：

①甲不是学法律的，乙不是学外语的。

②学法律的不出生在上海。

③学外语的出生在北京。

④乙不出生在广州。

请根据已知的条件，推知甲的专业。

(3)有五顶帽子，其中三顶黑色的，两顶白色的，给三个人戴上，剩下两顶藏起来。这三个人竖着站成一行，最后一个人能看见前面两个人头上戴的帽子，中间的人能看见第一个人的，第一个人谁的也看不见。问最后一个人是否知道自己头上戴的帽子的颜色，他想了想说不知道;问中间那个人，他考虑过后也说不知道;问第一个人，他略加思索后说知道。

他的头上戴的帽子是什么颜色的？他是如何知道的？

(4)一对夫妻带着他们的一个孩子在路上碰到一个朋友。朋友问孩子:“你是男孩还是女孩?”朋友没听清孩子的回答。孩子的父母中某一个说，我孩子回答的是“我是男孩”，另一个接着说:“这孩子撒谎。她是女孩。”这家人中男性从不说谎，而女性从来不连续说两句真话，但也不连续说两句假话。如果上述陈述为真，那么，孩子是男孩还是女孩？父母俩第一个说话的是母亲还是父亲?

5.根据已知条件进行推理，并写出详细推理过程。

(1)某次文艺演出，法学院有A、B、C、D、E五位同学都想参加，但要考虑到以下情况:

①A、B参加，则C不参加;

②只有B参加，D才参加;

③D和E至少有一人要参加;

④后来，事实上A和C都参加了。

基于上述条件和事实，则还可确定谁参加了，谁没参加?

(2)某盗窃案侦查机关掌握了以下情况:

①窃贼是甲或者乙，不会是其他人;

②如果甲是窃贼，那么作案现场不会留下指纹;

③如果案发时间不是晚上，那么案发地点有工作人员;

④除非作案现场留下了指纹，案发时间才是晚上;

⑤案发地点没有工作人员。

侦查人员据此能够确定谁是窃贼?

(3)已知下列命题只有一个是正确的:

①如果甲是凶手，则乙是凶手;

②如果乙是凶手，则甲是凶手;

③乙不是凶手。

请问:甲是否凶手？乙是否凶手?

第七章 模态、规范推理

◆**内容提要：**本章阐述了模态命题及其推理，规范命题及其推理。

模态命题及其推理讲述了模态命题、模态对当推理、模态与非模态命题推理、必然化推理、模态命题及其推理在法律工作中的应用。

模态命题就是陈述事物情况的必然性或可能性的命题。模态命题都含有“必然”或“可能”等模态词。模态命题可以分为必然命题和可能命题两种，必然命题又分为必然肯定命题和必然否定命题两种，可能命题又分为可能肯定命题和可能否定命题两种。非模态命题有真假，模态命题也是有真假的。模态命题的真假与它所包含的非模态命题的真假有关，但不能完全由它所包含的非模态命题的真假来决定。模态词不是真值联结词，因此不能用真值表刻画模态命题的真值情况。模态命题的真假用“可能世界”的概念来刻画：当 p 在所有可能世界中都真时，“必然 p”就是真的，否则就是假的；当 p 在所有可能世界中都假时，“必然非 p”就是真的，否则就是假的；当 p 至少在一个可能世界中为真时，“可能 p”就是真的，否则就是假的；当 p 至少在一个可能世界中为假时，“可能非 p”就是真的，否则就是假的。

同直言命题一样，同一素材的$\Box p$、$\Box \neg p$、$\Diamond p$、$\Diamond \neg p$四种模态命题之间也有真假关系，这种真假关系称为模态对当关系。模态对当推理就是根据模态对当关系进行的演绎推理。模态对当推理共有四种类型：矛盾关系对当推理（有效式：$\Box p \rightarrow \neg \Diamond \neg p$、$\neg \Box p \rightarrow \Diamond \neg p$、$\Diamond \neg p \rightarrow \neg \Box p$、$\neg \Diamond \neg p \rightarrow \Box p$；$\Box \neg p \rightarrow \neg \Diamond p$、$\neg \Box \neg p \rightarrow \Diamond p$、$\Diamond p \rightarrow \neg \Box \neg p$、$\neg \Diamond p \rightarrow \Box \neg p$），差等关系对当推理（有效式：$\Box p \rightarrow \Diamond p$、$\neg \Diamond p \rightarrow \neg \Box p$；$\Box \neg p \rightarrow \Diamond \neg p$、$\neg \Diamond \neg p \rightarrow \neg \Box \neg p$），反对关系对当推理（有效式：$\Box p \rightarrow \neg \Box \neg p$、$\Box \neg p \rightarrow \neg \Box p$）和下反对关系对当推理（有效式：$\neg \Diamond p \rightarrow \Diamond \neg p$、$\neg \Diamond \neg p \rightarrow \Diamond p$）。

模态与非模态命题推理就是根据模态命题与非模态命题之间的真值关系进行的演绎推理。我们所说的逻辑上的“必然”和“可能”，是指客观的必然性和可能性。凡具有客观必然性的东西，总是现实的东西，但现实的东西未必是具有客观必然性的东西。因此，从逻辑上说，“必然 p”蕴涵“p”，反之则不然。凡现实的东西，总是具有客观可能性的东西，但具有客观可能性的东西未必是现实的东西。因此，从逻辑上说，“p”蕴涵“可能 p”，反之则不然。模态命题与非模态命题之间的真值关系可表示为：$\Box p \rightarrow p$、$p \rightarrow \Diamond p$。

必然化推理就是根据模态逻辑中的必然化规则所进行的演绎推理。必然化规则：如果 $\vdash A$，则 $\vdash \Box A$。这就是说，如果 A 是可证的公式，则$\Box A$ 也是可证的公式。根据必然化规则，如果一个非模态命题是逻辑可证的，就可以由这个非模态命题的前提得出一个模态命题的结论。

在法律工作中，特别是在刑侦工作中，要经常应用模态命题表达事物情况的必然性或可能性。在法律工作中必须注意模态命题的逻辑性质，不能把可能当成现实，更不能把可能作为定案的依据。在法律工作中还要掌握模态命题之间的逻辑关系，正确地进行模态推理。

规范命题及其推理讲述了规范命题、规范对当推理、必须化推理、规范强弱推理、规范命题及其推理在法律工作中的应用。

规范命题就是陈述人们的行为规范的命题，又称道义命题。规范命题可分为必须命题、禁止命题和允许命题三种。必须命题又分为必须肯定命题和必须否定命题两种。禁止命题又分为禁止肯定命题和禁止否定命题两种。允许命题又分为允许肯定命题和允许否定命题两种。在模态命题的基础上，增加一个命题常项“S”，用以表示“受到惩罚”，可以将各种规范命题定义为模态命题：1. Op 定义为：$\Box(\neg p \to S)$；2. Fp 定义为：$\Box(p \to S)$；3. Pp 定义为：$\neg \Box(p \to S)$。作为陈述行为规范的规范命题来说，规范命题是有真假的。要判定一个规范命题的真假，就要看这个规范命题所陈述的规范是否有效力规范。如果这个规范命题所陈述的规范是有效力规范，它就是真的；如果这个规范命题所陈述的规范不是有效力规范，它就是假的。

同模态命题一样，同一素材的规范命题之间也有确定的真假关系，这种真假关系称为规范对当关系。规范对当推理就是根据规范对当关系进行的演绎推理。规范对当推理共有四种类型：矛盾关系对当推理（有效式：$Op \to \neg P\neg p$、$\neg Op \to P\neg p$、$P\neg p \to \neg Op$、$\neg P\neg p \to Op$；$Fp \to \neg Pp$、$\neg Fp \to Pp$、$Pp \to \neg Fp$、$\neg Pp \to Fp$），差等关系对当推理（有效式：$Op \to Pp$、$\neg Pp \to \neg Op$；$Fp \to P\neg p$、$\neg P\neg p \to \neg Fp$），反对关系对当推理（有效式：$Op \to \neg Fp$、$Fp \to \neg Op$）和下反对关系对当推理（有效式：$\neg Pp \to P\neg p$、$\neg P\neg p \to Pp$）。

必须化推理就是根据规范逻辑中的必须化规则进行的演绎推理。由于必须化规则又称 O－必然化规则，因而必须化推理又称 O－必然化推理。必须化规则：如果 $\vdash A$，则 $\vdash OA$。这就是说，如果 A 是可证的公式，则 OA 也是可证的公式。根据必须化规则，如果一个非规范命题是逻辑可证的，就可以由这个非规范命题的前提得出一个规范命题的结论。从上述必须化规则还可以导出以下三条规则：1. 如果 $\vdash A \to B$，则 $\vdash OA \to OB$。2. 如果 $\vdash A \to B$，则 $\vdash PA \to PB$。3. 如果 $\vdash A \to B$，则 $\vdash FB \to FA$。

规范强弱推理，就是从一个较强或较弱的规范推出一个较弱或较强的规范的推理。这种推理是从规范制定者的意图出发，既然有权制定这一规范的人制定了前一个较强或较弱的规范，就更有理由制定一个较弱或较强的规范，因而由前一个规范可以推出后一个规范。规范强弱推理有以下两种：1. 由强到弱的规范推理。由强到弱的规范推理就是由一个较强的规范推出一个较弱的规范的推理。2. 由弱到强的规范推理。由弱到强的规范推理就是由一个较弱的规范推出一个较强的规范的推理。规范强弱推理与前述规范推理不同，它不是演绎推理，而是非演绎推理，其结论有一定的或然性。

法律规定了公民以及其他主体的权利和义务。所以，这些法律规定都是规范命题。规范逻辑研究了各种规范词的逻辑性质，研究了各种规范命题的逻辑性质，研究了规范命题之间的各种逻辑关系，研究了规范命题之间的推理关系。因此，掌握规范命题及其推理的有关逻辑知识，对于正确制定法律、正确理解和解释法律、正确适用法律，都是有所帮助的。对这些问题以及法律领域中的其他逻辑问题进行研究，是法律逻辑的主要任务。法律逻辑的深入研究，将为完善立法、完善司法提供强有力的逻辑工具。

◆**学习目标**：通过本章学习，要求学生重点掌握：模态命题，模态对当推理，规范命题，规范对当推理；掌握：模态与非模态命题推理，必然化推理，必须化推理，规范强弱推理；一般了解：模态命题及其推理在法律工作中的应用，规范命题及其推理在法律工作中的应用。

◆**关键词**：模态、必然性、可能性、可能世界、规范、必须、禁止、允许

第一节　模态推理

一、模态命题

（一）模态命题的特征

模态命题就是陈述事物情况的必然性或可能性的命题。

直言命题只是关于事物情况存在或不存在的陈述。但有些事物情况的存在或不存在是必然的，有些事物情况的存在或不存在是可能的。陈述这种必然性或可能性的命题就是模态命题。

例如：（1）违反客观规律必然要受到惩罚。

（2）地球上可能来过外星人。

（3）该辩护人的意见不可能正确。

模态命题都含有“必然”或“可能”等模态词，不含有模态词的命题是非模态命题。模态命题是在非模态命题的基础上，加上模态词而构成的。模态词可以加在命题的中间，也可以加在命题的前面或后面。如例（2）也可表述为：“可能地球上来过外星人”。在分析模态命题的形式时，将模态词放在命题变项 p、q、……的前面。在模态逻辑中，用符号“□”表示“必然”，用符号“◇”表示“可能”。这样，上述三个模态命题的形式就可以表示为：

（1）$\Box p$

（2）$\Diamond p$

（3）$\neg \Diamond p$

（二）模态命题的种类

模态命题可以分为必然命题和可能命题两种。

1. 必然命题

必然命题就是陈述事物情况的必然性的命题。

在自然语言中，通常用“必然”、“必定”、“一定”等语词作为它的模态词。

必然命题又分为必然肯定命题和必然否定命题两种。

（1）必然肯定命题

必然肯定命题就是陈述事物情况必然存在的命题。

例如：地球必然围绕太阳运行。

必然肯定命题的形式是：必然 p。

可用符号表示为：$\Box p$。

(2)必然否定命题

必然否定命题就是陈述事物情况必然不存在的命题。

例如:客观规律必然不依人们的意志为转移。

必然否定命题的形式是:必然不 p。

可用符号表示为:□¬ p。

2. 可能命题

可能命题就是陈述事物情况的可能性的命题。

在自然语言中,通常用“可能”、“或许”、“也许”、“大概”等语词作为它的模态词。可能命题又分为可能肯定命题和可能否定命题两种。

(1)可能肯定命题

可能肯定命题就是陈述事物情况可能存在的命题。

例如:不久的将来获得成功是可能的。

可能肯定命题的形式是:可能 p。

可用符号表示为:◇p。

(2)可能否定命题

可能否定命题就是陈述事物情况可能不存在的命题。

例如:寒冷的天气可能不会到来。

可能否定命题的形式是:可能不 p。

可用符号表示为:◇¬ p。

(三)模态命题的真假

命题是有真假的。对于非模态命题来说,如果命题所陈述的情况符合客观实际,这个命题就是真的;如果命题所陈述的情况不符合客观实际情况,这个命题就是假的。也就是说,确定非模态命题的真假是以现实世界的情况作为判定根据的。而模态命题不仅仅陈述事物情况,还陈述事物情况的必然性或可能性,因而确定一个模态命题的真假就不能仅仅局限于现实世界这个参照系。模态命题的真假与它所包含的非模态命题的真假有关,但不能完全由它所包含的非模态命题的真假来决定。

例如,“事物发展变化”是真的,“事物必然发展变化”也是真的;如果某甲事实上买彩票中了奖,那么“某甲买彩票中奖”是真的,“某甲买彩票必然中奖”却未必是真的。由此可见,当 p 为真时,必然 p 并不一定为真,而是可真可假。

又如,“事物静止不变”是假的,“事物可能静止不变”也是假的;如果某乙事实上买彩票没有中奖,那么“某乙买彩票中奖”是假的,“某乙买彩票可能中奖”却是真的。由此可见,当 p 为假时,可能 p 并不一定为假,而是可真可假。

可见,必然 p 的真值并不是简单地依赖于 p 的真值,而取决于 p 真是否具有必然性;同样地,可能 p 的真值并不是简单地依赖于 p 的真值,而是取决于 p 真是否具有可能性。

模态命题是在一个非模态命题上增加一个模态词得到的,要确定模态命题的真假,关键在于对所增加的模态词作出解释。模态词不是真值联结词,因此不能用真值表刻画模态命题的真值情况。如何确定模态命题的真假呢? 这就需要引进“可能世界”这个概念。

“可能世界”这个概念是由莱布尼兹首先提出来的。所谓“可能世界”,从直观上理解,就是指能够为人们合乎逻辑地设想出来的各种情况或场合。凡是不违反逻辑即不包含逻辑矛盾的，能够为人们主观设想、想象出来的情况或场合，都是可能世界。如文学作品中虚构的故事或情节，虽然它们在现实世界中并不一定存在，但它们都能为人们所想象，而且在逻辑上是可能的，所以也是可能世界。现实世界只是许许多多可能世界中的一个可能世界。

根据命题 p 在每个可能世界中的真假，就可以确定模态命题“必然 p”和“可能 p”的真假。

当 p 在所有可能世界中都真时，“必然 p”就是真的，否则就是假的。

当 p 在所有可能世界中都假时，“必然非 p”就是真的，否则就是假的。

当 p 至少在一个可能世界中为真时，“可能 p”就是真的，否则就是假的。

当 p 至少在一个可能世界中为假时，“可能非 p”就是真的，否则就是假的。

各种模态命题的真假情况可列表如下：

模态命题的真假 / p 在可能世界中的真假 / 模态命题的种类	p 在所有可能世界中为真	p 在所有可能世界中有真有假	p 在所有可能世界中为假
必然 p	+	−	−
必然不 p	−	−	+
可能 p	+	+	−
可能不 p	−	+	+

二、模态对当推理

同直言命题一样，同一素材的□p、□¬ p、◇p、◇¬ p 四种模态命题之间也有真假关系，这种真假关系称为模态对当关系。模态对当推理就是根据模态对当关系进行的演绎推理。

模态对当关系也可以用对当方阵图表示如下：

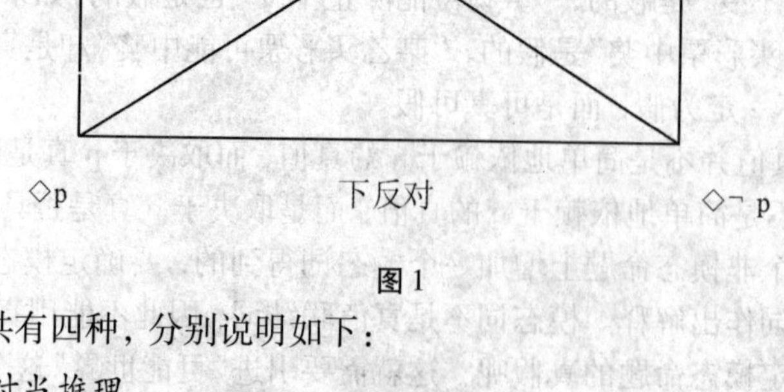

图1

模态对当推理共有四种，分别说明如下：

（一）矛盾关系对当推理

模态命题间的矛盾关系是指□p 与◇¬ p 之间、□¬ p 与◇p 之间的真值关系。

1. □p 与◇¬ p 之间

当□p 为真时，p 在所有可能世界中为真，这时，◇¬ p 为假；

当□p 为假时，p 在至少一个可能世界中为假，这时，◇¬ p 为真；

当◇¬ p 为真时，p 至少在一个可能世界中为假，这时，□p 为假；

当◇¬ p 为假时，p 在所有可能世界中为真，这时，□p 为真。

根据上述情况，□p 与◇¬ p 之间可以确定的真值关系是：

$$\Box p \rightarrow \neg \Diamond \neg p$$
$$\neg \Box p \rightarrow \Diamond \neg p$$
$$\Diamond \neg p \rightarrow \neg \Box p$$
$$\neg \Diamond \neg p \rightarrow \Box p$$

矛盾关系的模态命题之间既不同真也不同假，因而，一个命题和它的矛盾命题的负命题真值相同，即一个命题和它的矛盾命题的负命题是等值关系。即：

$$\Box p \leftrightarrow \neg \Diamond \neg p$$
$$\neg \Box p \leftrightarrow \Diamond \neg p$$

2. □¬ p 与◇p 之间

当□¬ p 为真时，p 在所有可能世界中为假，这时，◇p 为假；

当□¬ p 为假时，p 在至少一个可能世界中为真，这时，◇p 为真；

当◇p 为真时，p 在至少一个可能世界中为真，这时，□¬ p 为假；

当◇p 为假时，p 在所有可能世界中为假，这时，□¬ p 为真。

根据上述情况，□¬ p 与◇p 之间可以确定的真值关系是：

$$\Box \neg p \rightarrow \neg \Diamond p$$
$$\neg \Box \neg p \rightarrow \Diamond p$$
$$\Diamond p \rightarrow \neg \Box \neg p$$
$$\neg \Diamond p \rightarrow \Box \neg p$$

矛盾关系的模态命题之间既不同真也不同假，因而，一个命题和它的矛盾命题的负命题真值相同，即一个命题和它的矛盾命题的负命题是等值关系。即：

$$\Box \neg p \leftrightarrow \neg \Diamond p$$
$$\neg \Box \neg p \leftrightarrow \Diamond p$$

□p 与◇¬ p 之间、□¬ p 与◇p 之间具有矛盾关系，它们既不可同真也不可同假。因此，根据它们之间的矛盾关系，可以由其中一个命题为真推知另一命题为假，也可以由其中一个命题为假推知另一命题为真。

例如：客观事物必然发展变化，所以，客观事物不可能不发展变化。

其推理形式是：

$$\Box p \rightarrow \neg \Diamond \neg p$$

又如：某甲不可能是这个案件的作案人，所以，某甲必然不是这个案件的作案人。

其推理形式是：

$$\neg \Diamond p \rightarrow \Box \neg p$$

根据模态命题间的矛盾关系，可以用"必然"给"可能"下定义，或用"可能"给"必然"下定义如下：

$$\Diamond p =_{df} \neg \Box \neg p$$

$$\Box p =_{df} \neg \Diamond \neg p$$

(二)差等关系对当推理

模态命题间的差等关系是指□p 与◇p 之间、□¬ p 与◇¬ P 之间的真值关系。

(1)□p 与◇p 之间

当□p 为真时，p 在所有可能世界中为真，这时，◇p 为真；

当□p 为假时，p 至少在一个可能世界中为假，这时，◇p 可真可假；

当◇p 为真时，p 至少在一个可能世界中为真，这时，□p 可真可假；

当◇p 为假时，p 在所有可能世界中为假，这时，□p 为假。

根据上述情况，□p 与◇p 之间可以确定的真值关系是：

$$\Box p \rightarrow \Diamond p$$

$$\neg \Diamond p \rightarrow \neg \Box p$$

(2)□¬ p 与◇¬ p 之间

当□¬ p 为真时，p 在所有可能世界中为假，这时，◇¬ p 为真；

当□¬ p 为假时，p 至少在一个可能世界中为真，这时，◇¬ p 可真可假；

当◇¬ p 为真时，P 至少在一个可能世界中为假，这时，□¬ p 可真可假；

当◇¬ p 为假时，p 在所有可能世界中为真，这时，□¬ p 为假。

根据上述情况，□¬ p 与◇¬ p 之间可以确定的真值关系是：

$$\Box \neg p \rightarrow \Diamond \neg p$$

$$\neg \Diamond \neg p \rightarrow \neg \Box \neg p$$

因此，根据模态命题间的差等关系，可以由必然命题为真推知可能命题为真，也可以由可能命题为假推知必然命题为假。但是，不能由必然命题为假推知可能命题的真假，也不能由可能命题为真推知必然命题的真假。

例如：人类社会必然向前发展，所以，人类社会可能向前发展。

其推理形式是：

$$\Box p \rightarrow \Diamond p$$

又如：并非人可能不犯错误，所以，并非人必然不犯错误。

其推理形式是：

$$\neg \Diamond \neg p \rightarrow \neg \Box \neg p$$

(三)反对关系对当推理

模态命题间的反对关系是指□p 与□¬ p 之间的真值关系。

当□p 为真时，p 在所有可能世界中为真，这时，□¬ p 为假；

当□p 为假时，p 至少在一个可能世界中为假，这时，□¬ p 可真可假；

当□¬ p 为真时，p 在所有可能世界中为假，这时，□p 为假；

当□¬ p 为假时，p 至少在一个可能世界中为真，这时，□p 可真可假。

根据上述情况，□p 与□¬ p 之间可以确定的真值关系是：

$$\Box p \rightarrow \neg \Box \neg p$$

$$\Box \neg p \rightarrow \neg \Box p$$

因此，$\Box p$与$\Box\neg p$之间是不可同真但可同假的关系。根据它们之间的反对关系，可以由某一命题为真推知另一命题为假。但是，不能由某一命题为假推知另一命题的真假。

例如：水往低处流是必然的，所以，水不必然不往低处流。

其推理形式是：

$$\Box p\rightarrow\neg\Box\neg p$$

（四）下反对关系对当推理

模态命题间的下反对关系是指$\Diamond p$与$\Diamond\neg p$之间的真值关系。

当$\Diamond p$为假时，p在所有可能世界中为假，这时，$\Diamond\neg p$为真。

当$\Diamond\neg p$为假时，p在所有可能世界中为真，这时，$\Diamond p$为真。

当$\Diamond p$为真时，p至少在一个可能世界中为真，这时，$\Diamond\neg p$可真可假。

当$\Diamond\neg p$为真时，p至少在一个可能世界中为假，这时，$\Diamond p$可真可假。

根据上述情况，$\Diamond p$与$\Diamond\neg p$之间可以确定的真值关系是：

$$\neg\Diamond p\rightarrow\Diamond\neg p$$

$$\neg\Diamond\neg p\rightarrow\Diamond p$$

$\Diamond p$与$\Diamond\neg p$之间具有下反对关系，它们不可同假，但可同真。因此，根据它们之间的下反对关系，可以由某一命题为假推知另一命题为真。但是，不能由某一命题为真推知另一命题的真假。

例如：今天完成任务是不可能的，所以，今天可能完不成任务。

其推理形式是：

$$\neg\Diamond p\rightarrow\Diamond\neg p$$

三、模态与非模态命题推理

模态与非模态命题推理就是根据模态命题与非模态命题之间的真值关系进行的演绎推理。

我们所说的逻辑上的“必然”和“可能”，是指客观的必然性和可能性。凡具有客观必然性的东西，总是现实的东西，但现实的东西未必是具有客观必然性的东西。例如，“事物必然发展变化”为真，则“事物发展变化”也真；但“某甲买彩票中奖”为真，则“某甲必然买彩票中奖”未必为真。因此，从逻辑上说，“必然p”蕴涵“p”，反之则不然。

凡现实的东西，总是具有客观可能性的东西，但具有客观可能性的东西未必是现实的东西。例如，“某甲买彩票中奖”为真，则“某甲买彩票可能中奖”也真；但“某甲买彩票可能中奖”为真，“某甲买彩票中奖”却未必为真。因此，从逻辑上说，“p”蕴涵“可能p”，反之则不然。

模态命题与非模态命题之间的真值关系可表示如下：

$$\Box p\rightarrow p$$

$$p\rightarrow\Diamond p$$

从非模态命题的真假来说，p真是指p在现实世界中为真，而现实世界是许多可能世界之一。因此，当$\Box p$为真，即p在所有可能世界中为真时，则p在现实世界中为真，即p为真。而当p为真，即p在现实世界中为真，则p至少在一个可能世界中为真，即$\Diamond p$为真。

根据上述关系就可以进行模态与非模态命题推理。

例如：地球上发生地壳运动是必然的，所以，地球上发生了地壳运动。

其推理形式是：

$$\Box p \rightarrow p$$

又如：火星上没有生命存在，所以，火星上可能没有生命存在。

其推理形式是：

$$p \rightarrow \Diamond p$$

四、必然化推理

必然化推理就是根据模态逻辑中的必然化规则所进行的演绎推理。

必然化规则：如果 $\vdash A$，则 $\vdash \Box A$。

这就是说，如果 A 是可证的公式，则□A 也是可证的公式。

根据必然化规则，如果一个非模态命题是逻辑可证的，就可以由这个非模态命题的前提得出一个模态命题的结论。

例如：明天或者下雨或者不下雨，所以，明天必然或者下雨或者不下雨。

其推理形式为：

$$\vdash (p \vee \neg p)$$
$$\vdash \Box (p \vee \neg p)$$

必然化推理是模态推理中很重要的一种推理，运用必然化规则，可以把非模态推理中的许多推理形式引进到模态推理中来。

五、模态命题及其推理在法律工作中的应用

在法律工作中，特别是在刑侦工作中，要经常应用模态命题表达事物情况的必然性或可能性。案情是已经发生的事实，要了解全部情况不是容易的事情。以现场勘察为例，往往由于案情复杂，现场遗留线索不多，或者一些细节尚未发现，因而对案件性质、作案时间、作案手段、作案人的特征等有关情况，很难作出确切的判断，只能用某些猜测性的可能命题来表述。例如，由于掌握的事实材料的不足，对某死亡案件只能作出“死者可能死于他杀”或“死者可能死于自杀”这一类的命题。有了确凿的证据，才能作出关于死者死因的判断。

在法律工作中必须注意模态命题的逻辑性质，不能把可能当成现实，更不能把可能作为定案的依据。在对犯罪行为定性时，也必须注意命题的模态性质。例如，对于未遂犯罪，就有必要确定是能犯的未遂，还是不能犯的未遂。这是以犯罪行为本身能否既遂为标准所作的区分。能犯未遂，是指犯罪人所实施的行为本身可能达到既遂，但由于意志以外的原因而未能完成犯罪；不能犯未遂，是指犯罪人所实施的行为本身就不可能既遂因而未能完成犯罪。从逻辑上看，“不可能”即是“必然不”，所以，两种未遂所具有的社会危害性的程度是不同的，在量刑上应加以区别。

在法律工作中还要掌握模态命题之间的逻辑关系，正确地进行模态推理。从必然命题可以推出可能命题，但从可能命题不能推出必然命题。对必然命题的否定只能得到可能否定命题，对可能命题的否定才能得到必然否定命题。例如，在刑侦工作中，否定了“某甲必然是凶手”，根据模态对当推理只能得出“某甲可能不是凶手”的结论，不能得出“某甲必然不是凶手”的结论，这意味着对某甲的侦查工作还要继续。如果否定了“某甲可能是凶手”，根据模态对当推理，就能得出“某甲必然不是凶手”的结论。

第二节　规范推理

一、规范命题

(一)规范命题的特征

规范命题就是陈述人们的行为规范的命题，又称道义命题。所谓行为规范就是指令人们在一定的情况或条件下必须如此或可以如此，禁止如此或不可以如此行为的规定，简称规范。例如，法律上、道德上、技术上的规定、义务、指令、禁令等都是行为规范。把这些规范陈述出来，就是规范命题。

例如:(1)已满十六周岁的人犯罪，应当负刑事责任。

(2)非经法定程序不得减刑。

(3)公民可以通过代理人实施民事法律行为。

任何规范都有制定者和承受者。任何规范都应当明确具有某种特征的人在某种情况或条件下必须或可以履行或不履行某种行为。规范命题是由两部分组成的，一个部分是陈述某种行为的命题，另一个部分是"必须"、"禁止"、"允许"等规范词。规范词可以放在命题中间，也可以放在命题的前面或后面。在分析规范命题的形式时，将规范词放在命题变项 p、q、……的前面。在规范逻辑中，用符号"O"表示"必须"，用符号"F"表示"禁止"，用符号"P"表示"允许"。这样，上述三个规范命题的形式就可以表示为:

(1)Op

(2)Fp

(3)Pp

(二)规范命题的种类

规范命题可分为必须命题、禁止命题和允许命题三种。

1. 必须命题

必须命题就是陈述人们必须履行某种行为的命题。在自然语言中，通常用"必须"、"应当"、"有义务"等语词作为必须命题的规范词。

例如:(1)累犯应当从重处罚。

(2)成年子女有赡养扶助父母的义务。

(3)公安机关逮捕犯罪嫌疑人的时候，必须出示逮捕证。

必须命题又分为必须肯定命题和必须否定命题两种。

(1)必须肯定命题

必须肯定命题的形式是:必须 p。

可表示为:Op。

(2)必须否定命题

必须否定命题的形式是:必须不 p。

可表示为:O¬ p。

显然，“必须不 p”和“禁止 p”具有等值的含义。

2. 禁止命题

禁止命题就是陈述人们必须不履行某种行为的命题。在自然语言中，通常用“禁止”、“不得”、“不准”、“不许”、“不可”等语词作为禁止命题的规范词。

例如：(1)禁止买卖、包办婚姻和其他干涉婚姻自由的行为。

(2)对被告人的上诉权，不得以任何借口加以剥夺。

(3)未满十二周岁的儿童不准在道路上骑自行车。

禁止命题又分为禁止肯定命题和禁止否定命题两种。

(1)禁止肯定命题

禁止肯定命题的形式是：禁止 p。

可表示为：Fp。

(2)禁止否定命题

禁止否定命题的形式是：禁止不 p。

可表示为：F¬ p。

显然，“禁止不 p”和“必须 p”具有等值的含义。

3. 允许命题

允许命题就是陈述人们可以履行某种行为的命题。在自然语言中，通常用“允许”、“可以”、“准予”、“有权利”等语词作为允许命题的规范词。

例如：(1)允许当事人在法庭上提出新的证据。

(2)民事法律行为可以采用口头形式。

(3)公民有权对自己的发明申请领取荣誉证书、奖金或者其他奖励。

允许命题又分为允许肯定命题和允许否定命题两种。

(1)允许肯定命题

允许肯定命题的形式是：允许 p。

可表示为：Pp。

(2)允许否定命题

允许否定命题的形式是：允许不 p。

可表示为：P¬ p。

(三)规范命题与模态命题之间的联系

“模态”一词是英语词 modal 的音译，modal 一词源于拉丁词 modalis，意指形态、模式等。“模态”一词有广义和狭义之分。狭义的模态仅指“必然”、“可能”这类模态词；广义的模态并不限于此，还包括规范模态、时间模态、认识模态等。狭义的模态命题仅指真势模态命题或真值模态命题，简称模态命题。

规范逻辑与模态逻辑的命题形式、推理形式和逻辑规律等非常相似，甚至有些规范逻辑系统就是以模态逻辑系统为基础而建立起来的。在这些规范逻辑系统中，规范命题是用模态命题来定义的。在模态命题的基础上，增加一个命题常项“S”，用以表示“受到惩罚”，就可以将各种规范命题定义如下：

1. Op 定义为：□(¬ p→S)

这就是说，“必须 p”等值于“如果不履行 p 则受到惩罚，这是必然的”。

2. Fp 定义为：□(p→S)

这就是说，“禁止 p”等值于“如果履行 p 则受到惩罚，这是必然的”。

3. Pp 定义为：¬ □(p→S)

这就是说，“允许 p”等值于“如果履行 p 则受到惩罚，这不是必然的”。

由以上等值式可以看出，规范命题与模态命题之间存在某种密切的联系。

(四)规范命题的真假

就行为规范本身来说，它是指令人们如何行为的规定，这些规定只有合理不合理、妥当不妥当、有效力与无效力的问题，而没有真假问题。但是，作为陈述行为规范的规范命题来说，规范命题是有真假的。判定规范命题真假的标准是什么呢？要判定一个规范命题的真假，就要看这个规范命题所陈述的规范是否有效力规范。如果这个规范命题所陈述的规范是有效力规范，它就是真的；如果这个规范命题所陈述的规范不是有效力规范，它就是假的。

所谓一个规范是有效力规范，就是指这个规范对其承受者是有约束力的，它能使规范承受者自觉或被迫地遵守它，如果违反了这个规范，就会受到某种惩罚或制裁。

例如：法律明文规定为犯罪行为的，依照法律定罪处刑；法律没有明文规定为犯罪行为的，不得定罪处刑。

这是《中华人民共和国刑法》第三条的规定，当然是一个有效力的规范，因为有国家强制力保障实施，对我国全体公民都有效力。此法律条文的规定体现了我国刑法的“罪行法定”原则，对任何人不得有罪推定。这是一个有效力的规范，也就是说，这个规范命题是真的。

如果某个规范命题所陈述的行为规范事实上是无效力规范，它就是假的。例如，“没有过错的行为不应当承担民事责任。”这个规范命题就是一个假命题。因为我国民法规定：“没有过错，但法律规定应当承担民事责任的，应当承担民事责任。”所以，上述规范命题所陈述的规范不符合我国民法的实际规定，它是无效力规范，陈述这个无效力规范的规范命题就是假的。

二、规范对当推理

同模态命题一样，同一素材的规范命题之间也有确定的真假关系，这种真假关系称为规范对当关系。规范对当推理就是根据规范对当关系进行的演绎推理。

对同一行为 p 而言，有作为和不作为两种，因此，每种规范命题都可以分为肯定和否定两种。即规范命题共有 Op、O¬ p、Fp、F¬ p、Pp、P¬ p 六种。显然，“必须不 p”与“禁止 p”含义相同，“禁止不 p”与“必须 p”含义相同，它们之间是等值的，所以可以相互替换使用。即：

$$O\neg p \leftrightarrow Fp$$

$$F\neg p \leftrightarrow Op$$

因此，规范命题可以归结为：Op、Fp、Pp、P¬ p 四种，这四种规范命题之间的对当关系也可以用对当方阵图表示如下：

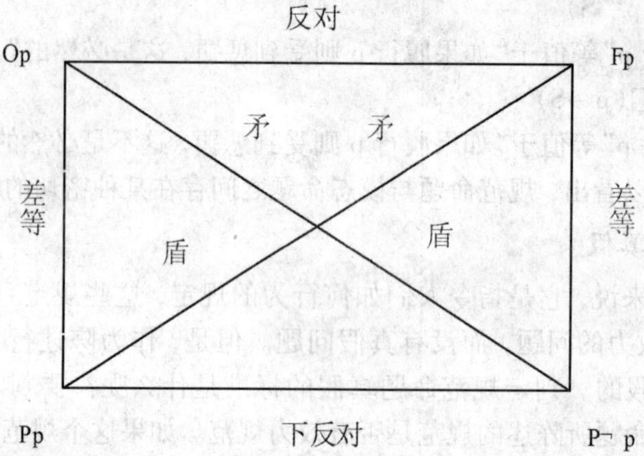

图 2

同样，规范对当推理也有四种，分别说明如下：

(一)矛盾关系对当推理

规范命题之间的矛盾关系是指 Op、P¬ p 之间、Fp、Pp 之间的真值关系。

1. Op 与 P¬ p 之间

当 Op 为真时，必须 p 是有效的，就不允许不履行 p，因而 P¬ p 为假；
当 Op 为假时，必须 p 是无效的，就得允许不履行 p，因而 P¬ p 为真；
当 P¬ p 为真时，允许不履行 p，则必须 p 就是无效的，因而 Op 为假；
当 P¬ p 为假时，不允许不履行 p，则必须 p 就是有效的，因而 Op 为真。

根据上述情况，Op 与 P¬ p 之间可以确定的真值关系是：

$$Op \to \neg P\neg p$$
$$\neg Op \to P\neg p$$
$$P\neg p \to \neg Op$$
$$\neg P\neg p \to Op$$

2. Fp 与 Pp 之间

当 Fp 为真时，禁止 p 是有效的，就不允许履行 p，因而 Pp 为假；
当 Fp 为假时，禁止 p 是无效的，就得允许履行 p，因而 Pp 为真；
当 Pp 为真时，允许履行 p，则禁止 p 就是无效的，因而 Fp 为假；
当 Pp 为假时，不允许履行 p，则禁止 p 就是有效的，因而 Fp 为真。

根据上述情况，Fp 与 Pp 之间可以确定的真值关系是：

$$Fp \to \neg Pp$$
$$\neg Fp \to Pp$$
$$Pp \to \neg Fp$$
$$\neg Pp \to Fp$$

矛盾关系的规范命题之间既不同真也不同假，因而，一个规范命题和它的矛盾命题的负命题真值相同，即一个规范命题和它的矛盾命题的负命题是等值关系。根据以上有效式，可以得到：

$$Op \leftrightarrow \neg P\neg p$$

$$P\neg p \leftrightarrow \neg Op$$

$$Fp \leftrightarrow \neg Pp$$

$$Pp \leftrightarrow \neg Fp$$

因为规范命题之间的矛盾关系是不可同真并且不可同假的关系，所以，可以由某一命题为真推知另一命题为假，也可以由某一命题为假推知另一命题为真。

例如：不允许任何人有超越法律的特权，所以，禁止任何人有超越法律的特权。

这一推理的形式是：

$$\neg Pp \rightarrow Fp$$

又如：并非子女必须随父姓，所以，允许子女不随父姓。

这一推理的形式是：

$$\neg Op \rightarrow P\neg p$$

（二）差等关系对当推理

规范命题之间的差等关系是指 Op 与 Pp 之间、Fp 与 P¬ p 之间的真值关系。

1. Op 与 Pp 之间

当 Op 为真时，必须 p 是有效的，就得允许履行 p，因而 Pp 为真；

当 Op 为假时，必须 p 是无效的，可以允许履行 p，也可以不允许履行 p，因而 Pp 可真可假；

当 Pp 为真时，允许履行 p，而必须 p 可以有效也可以无效，因而 Op 可真可假；

当 Pp 为假时，不允许履行 p，则必须 p 就是无效的，因而 Op 为假。

根据上述情况，Op 与 Pp 之间可以确定的真值关系是：

$$Op \rightarrow Pp$$

$$\neg Pp \rightarrow \neg Op$$

2. Fp 与 P¬ p 之间

当 Fp 为真时，禁止 p 是有效的，就得允许不履行 p，因而 P¬ p 为真；

当 Fp 为假时，禁止 p 是无效的，可以允许不履行 p，也可以不允许不履行 p，因而 P¬ p 可真可假；

当 P¬ p 为真时，允许不履行 p，则禁止 p 可以有效也可以无效，因而 Fp 可真可假；

当 P¬ p 为假时，不允许不履行 p，则禁止 p 就是无效的，因而 Fp 为假。

根据上述情况，Fp 与 P¬ p 之间可以确定的真值关系是：

$$Fp \rightarrow P\neg p$$

$$\neg P\neg p \rightarrow \neg Fp$$

因此，根据规范命题之间的差等关系，可以由必须命题或禁止命题为真推知允许命题为真，也可以由允许命题为假推知必须命题或禁止命题为假；但是，不能由必须命题或禁止命题为假推知允许命题的真假，也不能由允许命题为真推知必须命题或禁止命题的真假。

例如：知道案情的人都有作证的义务，所以，允许知道案情的人作证。

这一推理的形式是：

$$Op \rightarrow Pp$$

又如：公共场所禁止吸烟，所以，公共场所允许不吸烟。

这一推理的形式是：

$$Fp \to P\neg p$$

（三）反对关系对当推理

规范命题之间的反对关系是指 Op 与 Fp 之间的真值关系。

当 Op 为真时，必须 p 是有效的，就得允许履行 p，则禁止 p 就是无效的，因而 Fp 为假；

当 Op 为假时，必须 p 是无效的，而禁止 p 可以有效也可以无效，因而 Fp 可真可假；

当 Fp 为真时，禁止 p 是有效的，就得允许不履行 p，则必须 p 就是无效的，因而 Op 为假；

当 Fp 为假时，禁止 p 是无效的，而必须 p 可以有效也可以无效，因而 Op 可真可假。

根据上述情况，Op 与 Fp 之间可以确定的真值关系是：

$$Op \to \neg Fp$$

$$Fp \to \neg Op$$

因此，根据规范命题之间的反对关系，可以由某一命题为真推知另一命题为假；但是，不能由某一命题为假推知另一命题的真假。

例如：禁止溺婴和其他残害婴幼儿的行为，所以，不应当溺婴和其他残害婴幼儿的行为。

这一推理的形式是：

$$Fp \to \neg Op$$

（四）下反对关系对当推理

规范命题之间的下反对关系是指 Pp 与 P¬ p 之间的真值关系。

当 Pp 为假时，不允许履行 p，就得允许不履行 p，因而 P¬ p 为真；

当 Pp 为真时，允许履行 p，同时，可以允许不履行 p，也可以不允许不履行 p，因而，P¬ p可真可假；

当 P¬ p 为假时，不允许不履行 p，就得允许履行 p，因而 Pp 为真；

当 P¬ p 为真时，允许不履行 p，同时，可以允许履行 p，也可以不允许履行 p，因而，Pp 可真可假。

根据上述情况，Pp 与 P¬ p 之间可以确定的真值关系是：

$$\neg Pp \to P\neg p$$

$$\neg P\neg p \to Pp$$

因此，根据规范命题之间的下反对关系，可以由某一命题为假推知另一命题为真；但是，不能由某一命题为真推知另一命题的真假。

例如：未经人民法院依法判决，对任何人都不允许确定为有罪；所以，未经人民法院依法判决，允许对任何人不确定为有罪。

这一推理的形式是：

$$\neg Pp \to P\neg p$$

三、必须化推理

必须化推理就是根据规范逻辑中的必须化规则进行的演绎推理。由于必须化规则又称 O－必然化规则，因而必须化推理又称 O－必然化推理。

必须化规则：如果 ⊢A，则 ⊢OA。

这就是说，如果 A 是可证的公式，则 OA 也是可证的公式。但由于规范命题是陈述人们的行为规范的命题，因而只有当 A 是陈述人们的行为的命题时，才能应用必须化规则进行推理。

根据必须化规则，如果一个非规范命题是逻辑可证的，就可以由这个非规范命题的前提得出一个规范命题的结论。

从上述必须化规则还可以导出以下三条规则：

(1)如果 $\vdash A \to B$，则 $\vdash OA \to OB$。

(2)如果 $\vdash A \to B$，则 $\vdash PA \to PB$。

(3)如果 $\vdash A \to B$，则 $\vdash FB \to FA$。

根据这三条导出规则，也可以进行必须化推理。

例如：如果所有证人都出庭作证，则有证人出庭作证；所以，如果必须所有证人都出庭作证，则必须有证人出庭作证。

其推理形式是：

$$\vdash SAP \to SIP$$
$$\vdash O(SAP) \to O(SIP)$$

又如：如果既判处某甲徒刑又没收某甲财产，则判处某甲徒刑；所以，如果允许既判处某甲徒刑又没收某甲财产，则允许判处某甲徒刑。

其推理形式是：

$$\vdash p \wedge q \to p$$
$$\vdash P(p \wedge q) \to Pp$$

再如：如果非法侵入公民的住宅并且非法搜查公民的住宅，则非法侵入公民的住宅；所以，如果禁止非法侵入公民的住宅，则禁止非法侵入公民的住宅并且非法搜查公民的住宅。

其推理形式是：

$$\vdash p \wedge q \to r$$
$$\vdash Fr \to F(p \wedge q)$$

同模态推理中的必然化推理一样，必须化推理也可以把非规范推理中的某些推理形式引进到规范推理中来。

四、规范强弱推理

规范强弱推理，就是从一个较强或较弱的规范推出一个较弱或较强的规范的推理。这种推理是从规范制定者的意图出发，既然有权制定这一规范的人制定了前一个较强或较弱的规范，就更有理由制定一个较弱或较强的规范，因而由前一个规范可以推出后一个规范。规范强弱推理有以下两种：

(一)由强到弱的规范推理

由强到弱的规范推理就是由一个较强的规范推出一个较弱的规范的推理。由强到弱的规范推理适用于必须规范和允许规范。它的根据是：从规范制定者的意图看，如果必须履行或允许履行一个较强的行为，就更有理由必须履行或允许履行比这个行为较弱的行为。

例如：为了满足工农业生产的需要和城市居民生活的需要，明文规定某市供电局必须负责全市的电力供应。那么，根据同一个意图，该市供电局，就更有理由必须负责该市某个区的电力供应，从而推出：该市供电局必须负责该市某个区的电力供应。这就是由前一个较强的必须规范推出后一个较弱的必须规范。

又如:为了充分开发和利用土地资源，法律明文规定，公民和集体可以承包经营集体所有的或者国家所有由集体使用的土地。那么，根据同一个意图，就更有理由允许公民和集体承包经营集体所有或者国家所有的荒山、荒地，从而推出:允许公民和集体承包经营集体所有或者国家所有的荒山、荒地。这就是由前一个较强的允许规范推出后一个较弱的允许规范。

(二)由弱到强的规范推理

由弱到强的规范推理就是由一个较弱的规范推出一个较强的规范的推理。由弱到强的规范推理适用于禁止规范。它的根据是:从规范制定者的意图看，如果禁止履行一个较弱的行为，就更有理由禁止履行一个比这个行为较强的行为。

例如:某公园的管理者，为了保护草坪不受损坏，明令禁止游园人践踏草坪。那么，根据同一个意图，就更有理由禁止游园人挖掘草坪，因为挖掘草坪，会给草坪造成更大的损坏，从而推出:禁止游园人挖掘草坪。这就是由前一个较弱的禁止规范推出后一个较强的禁止规范。

由于规范强弱推理要从规范制定者的意图出发，如果规范制定者曾经公开明确地表示过制定这个规范的意图，这还比较好办。如果规范制定者没有公开明确地表示过制定这个规范的意图，这就要依靠推论者的分析和推测，由于推论者的价值观念同规范制定者的价值观念并不一定完全相同，因而推论者推测的意图并不一定就是规范制定者的真正意图。即使推测的意图同制定者的意图完全一致，但对于什么行为是强的，什么行为是弱的，其评定的标准，有时却是非常含混、难以确定的。因此，推论出来的规范，并不一定就被有权制定该规范的人所认可。

由于上述原因，规范强弱推理与前述规范推理不同，它不是演绎推理，而是非演绎推理，其结论有一定的或然性。

五、规范命题及其推理在法律工作中的应用

法律规定了公民以及其他主体的权利和义务。所以，这些法律规定都是规范命题。一般来说，法律条文中规定的义务都是必须履行的，表述这些义务要应用必须命题;法律条文中规定的犯罪行为和其他违法行为都是被禁止的，表述这些禁令要应用禁止命题;法律条文中规定的权利或自由都是被允许的，表述这些权利或自由要应用允许命题。

规范逻辑研究了各种规范词的逻辑性质，研究了各种规范命题的逻辑性质，研究了规范命题之间的各种逻辑关系，研究了规范命题之间的推理关系。因此，掌握规范命题及其推理的有关逻辑知识，对于正确制定法律、正确理解和解释法律、正确适用法律，都是有所帮助的。例如，由于“允许 p”和“允许不 p”是下反对关系，它们是可以同真的。因而，对于法律所赋予的权利和自由，既允许履行又允许不履行，这是符合推理规则的，也都是合乎法律规定的;由于“必须 p”和“允许不 p”是矛盾关系，它们是不可同真的。因而，对于法律所规定的义务，不允许不履行。如果不履行这些行为，就是不合法的，就要受到法律的制裁;由于“禁止 p”和“允许 p”是矛盾关系，它们是不能同真的。因而，对于法律所禁止的犯罪行为和违法行为是不允许履行的。如果履行了这些行为，就是不合法的，就要受到法律的制裁。

为了正确地制定法律、解释法律和适用法律，深入地研究法律规范词的逻辑性质、法律规范命题的逻辑性质、法律规范命题之间的逻辑关系以及法律规范推理的逻辑理论十分重要。对这些问题以及法律领域中的其他逻辑问题进行研究，是法律逻辑的主要任务。法律逻辑的深入研究，将为完善立法、完善司法提供强有力的逻辑工具。

要点小结

本章阐述了模态命题及其推理、规范命题及其推理的基本内容。包括模态命题，模态对当推理，模态与非模态命题推理，必然化推理，模态命题及其推理在法律工作中的应用；规范命题，规范对当推理，必须化推理，规范强弱推理，规范命题及其推理在法律工作中的应用。主要内容是：

一、模态命题

必然命题
- 必然肯定命题 $\Box p$
- 必然否定命题 $\Box \neg p$

可能命题
- 可能肯定命题 $\Diamond p$
- 可能否定命题 $\Diamond \neg p$

二、模态对当推理

矛盾关系
- $\Box p$—$\Diamond \neg p$
  - $\Box p \rightarrow \neg \Diamond \neg p$
  - $\neg \Box p \rightarrow \Diamond \neg p$
  - $\Diamond \neg p \rightarrow \neg \Box p$
  - $\neg \Diamond \neg p \rightarrow \Box p$
- $\Box \neg p$—$\Diamond p$
  - $\Box \neg p \rightarrow \neg \Diamond p$
  - $\neg \Box \neg p \rightarrow \Diamond p$
  - $\Diamond p \rightarrow \neg \Box \neg p$
  - $\neg \Diamond p \rightarrow \Box \neg p$

差等关系
- $\Box p$—$\Diamond p$
  - $\Box p \rightarrow \Diamond p$
  - $\neg \Diamond p \rightarrow \neg \Box p$
- $\Box \neg p$—$\Diamond \neg p$
  - $\Box \neg p \rightarrow \Diamond \neg p$
  - $\neg \Diamond \neg p \rightarrow \neg \Box \neg p$

反对关系
- $\Box p \rightarrow \neg \Box \neg p$
- $\Box \neg p \rightarrow \neg \Box p$

下反对关系
- $\neg \Diamond p \rightarrow \Diamond \neg p$
- $\neg \Diamond \neg p \rightarrow \Diamond p$

三、模态与非模态命题推理

模态与非模态命题推理
- $\Box p \rightarrow p$
- $p \rightarrow \Diamond p$

四、必然化推理

必然化规则：如果 $\vdash A$，则 $\vdash \Box A$。

五、模态命题及其推理在法律工作中的应用

六、规范命题

必须命题
- 必须肯定命题 Op
- 必须否定命题 $O \neg p$

禁止命题
- 禁止肯定命题 Fp
- 禁止否定命题 $F\neg p$

允许命题
- 允许肯定命题 Pp
- 允许否定命题 $P\neg p$

七、规范对当推理

矛盾关系
- Op—$P\neg p$
  - $Op\to\neg P\neg p$
  - $\neg Op\to P\neg p$
  - $P\neg p\to\neg Op$
  - $\neg P\neg p\to Op$
- Fp—Pp
  - $Fp\to\neg Pp$
  - $\neg Fp\to Pp$
  - $Pp\to\neg Fp$
  - $\neg Pp\to Fp$

差等关系
- Op—Pp
  - $Op\to Pp$
  - $\neg Pp\to\neg Op$
- Fp—$P\neg p$
  - $Fp\to P\neg p$
  - $\neg P\neg p\to\neg Fp$

反对关系
- $Op\to\neg Fp$
- $Fp\to\neg Op$

下反对关系
- $\neg Pp\to P\neg p$
- $\neg P\neg p\to Pp$

八、必须化推理

必须化规则:如果 $\vdash A$, 则 $\vdash OA$

导出规则
- 如果 $\vdash A\to B$, 则 $\vdash OA\to OB$
- 如果 $\vdash A\to B$, 则 $\vdash PA\to PB$
- 如果 $\vdash A\to B$, 则 $\vdash FB\to FA$

九、规范强弱推理

由强到弱的规范推理

由弱到强的规范推理

十、规范命题及其推理在法律工作中的应用

思考与练习

一、思考题

1. 什么是模态命题？模态命题有哪些种类？

2. 什么是可能世界？如何借助可能世界的概念来确定模态命题的真假？
3. 模态对当关系有哪几种？各种模态对当关系具有怎样的真假关系？
4. 模态与非模态命题推理有哪些有效式？
5. 必然化规则是什么？
6. 什么是规范命题？规范命题有哪些种类？
7. 规范命题与模态命题之间有何联系？
8. 如何确定规范命题的真假？
9. 规范对当关系有哪几种？各种规范对当关系具有怎样的真假关系？
10. 必须化规则有哪些？
11. 规范强弱推理有哪几类？

二、练习题

1. 根据命题之间的真假关系，指出下列各组命题的真假情况：

(1) 已知："某甲必然是案犯"为假，则：

①"某甲不必然不是案犯"为(　)。

②"某甲不可能不是案犯"为(　)。

③"某甲不可能是案犯"为(　)。

④"某甲不是案犯"为(　)。

(2) 已知："某甲可能是案犯"为真，则：

①"某甲必然不是案犯"为(　)。

②"某甲可能不是案犯"为(　)。

③"某甲必然是案犯"为(　)。

④"某甲是案犯"为(　)。

(3) 已知："禁止损害公民的名誉"为真，则：

①"不允许损害公民的名誉"为(　)。

②"允许不损害公民的名誉"为(　)。

③"禁止不损害公民的名誉"为(　)。

④"必须不损害公民的名誉"为(　)。

(4) 已知："允许上诉"为真，则：

①"不禁止上诉"为(　)。

②"必须不上诉"为(　)。

③"允许不上诉"为(　)。

④"必须上诉"为(　)。

2. 写出下列推理的形式，并判定它是否有效。

(1) 被告人不必然上诉，所以，被告人可能不上诉。

(2) 科学技术的进步不可能不带来社会的进步，所以，科学技术的进步可能带来社会的进步。

(3) 罪犯不必然不说谎，所以，罪犯不可能不说谎。

(4) 某甲不必然完成任务，所以，某甲必然完不成任务。

(5)某甲生了病，所以，某甲可能生病。

(6)必须遵守课堂纪律，所以，允许遵守课堂纪律。

(7)允许遵守公共秩序，所以，不允许不遵守公共秩序。

(8)不禁止爱护公共财产，所以，必须爱护公共财产。

(9)必须尊重社会公德，所以，禁止不尊重社会公德。

(10)禁止工商企业假冒其他企业已经注册的商标，所以，不允许工商企业假冒其他企业已经注册的商标。

(11)被告或者有罪或者无罪，所以，被告必然或者有罪或者无罪。

(12)子女或者随父姓或者不随父姓，所以，子女必须或者随父姓或者不随父姓。

(13)考生必须于1月2日上午8时参加考试，所以，考生必须于1月2日上午8时以前携带准考证进入考场。

(14)禁止在阅览室内大声说话，所以，禁止在阅览室内发表演讲。

第八章　归纳推理

◆**内容提要**:本章阐述了归纳推理，即非演绎推理。首先概述了归纳推理的逻辑特征。归纳推理是一种或然性的推理，其前提和结论的联系是或然的，前提真不能保证结论真。研究归纳推理是必要的，因为它是人们认识外界必须依靠的一种推理方法。归纳推理评价的标准是结论对前提的支持程度。我们需要努力的是提高结论的可靠性程度。

本章讲述了四种主要的非演绎推理类型:回溯推理、归纳推理、求因果联系五法和类比推理，主要从推理的形式特征、如何提高结论的可靠性程度、以及推理的应用这几个方面进行了讲解。

回溯推理是一种从结果推测导致其发生的原因或条件的非演绎推理。从形式上看，回溯推理的逻辑形式与假言推理的肯定后件式具有同一逻辑形式，即从肯定蕴涵命题的后件到肯定蕴涵命题的前件，所以，这种形式不具有逻辑必然性，回溯推理的结论是或然的。回溯推理的应用是广泛的。在生活、工作、科研中我们所能看到的往往是结果，常常需要由结果推测其产生的原因或条件。在刑侦工作中，大量运用回溯推理。

归纳推理是这样一种非演绎推理:由于发现某类对象中的许多个别对象都具有某种属性，而且没有发现相反的事例，从而得出结论:该类对象中的每一个都具有这种属性。归纳推理的前提真并不能保证结论必然真。因为人们所观察到的事例是为数有限的，而且单凭观察所获得的经验是不能证明事件的必然性的。以往没有遇到相反的事例并不意味着相反的事例不存在。通常，归纳推理结论的可靠性程度与观察事例的数量、范围以及对观察对象的分析深度有直接关系，还与推理结论断定的普遍性程度有关。人们的日常生活离不开归纳推理;归纳推理是科学研究中常用的推理形式。因为科学规律往往是以全称命题来表述的，而全称命题又往往是从各个个别命题中归纳而来的。可以说，科学离不开归纳。

探求因果联系的方法，是指通过两类现象的个别事例来探求两类现象之间的因果联系的方法。因果联系是世界万物间普遍联系的一个方面，也许是其中最重要的方面。因果联系的主要特征是普遍性、确定性。求因果联系五法是五种比较简单的、但具有普遍意义的探求因果联系的方法。其基本思路是:考察被研究现象出现的一些场合，在它的先行情况或恒常伴随的现象中去寻找它的可能的原因，然后有选择地安排某些事例或实验，排除一些不相干的现象或假设，最后得到比较可靠的结论。求因果联系五法包括求同法、求异法、求同求异并用法、共变法和剩余法这五种方法。

类比推理是根据两个或两类事物在某些属性上相同，从而推出它们在其他属性上也相同的推理。类比推理的客观依据是事物之间的同一性和相似性。但事物之间还存在差异性，所以类比推理的结论是或然的。类比推理的应用是广泛的。日常生活和工作中人们大量运用类比推理;科研工作中也广泛应用类比推理，模拟方法是应用类比推理的一种重要理论;类比推理也是人们进行论证的有用的方法;司法实践中常常运用类比推理。类比推理非常有价值的应用领域是刑事侦查中的“模拟犯罪法”;司法审判中的类推适用也是类比推理的应用。

◆**学习目标**:通过本章学习，要求学生重点掌握:回溯推理、归纳推理、求因果联系五法、类比推理的形式特征;理解:非演绎推理的结论是或然的这一逻辑性质:一般了解:因果联系的特征、非演绎推理的应用。

◆**关键词**:或然性、可靠性、回溯推理、归纳推理、求因果联系五法、类比推理

第一节 概述

根据前提与结论逻辑联系的不同，将推理分为两类:演绎推理和归纳推理。演绎推理的特征是前提蕴涵结论，能保证从真前提得到真结论。也就是说，如果前提真并且推理形式符合推理规则，那么所得到的结论一定为真。因此演绎推理可称为必然性推理。归纳推理即非演绎推理的特征是前提不蕴涵结论，前提真不能保证结论必然真。由于归纳推理的前提和结论在真假方面的联系不是必然的，而是或然的，所以归纳推理可称为或然性推理。

既然人们不能通过归纳推理从前提为真必然得到结论为真，那么，我们为何还要研究它们、学习它们呢? 简单的回答是:归纳推理是人们生活的向导和科学发现的工具，在许多场合，它甚至是唯一能依靠和使用的工具。因为在社会生活和科学探索活动中有许多不确定的因素和未知的领域。无论是个人、群体还是整个社会都不能对未来、不知道的过去和不能触及的现在中的许多事情进行精确的预测和推断。但是为了生存和进步，又必须对这样的事情进行预测和推断，以便指导下一步的认识和实践。在这些情形中演绎推理往往无用武之地，因为它需要已知前提与结论的必然联系。而人们往往得不到这样的前提，所以别无选择，只能依赖归纳推理。例如，气象台每天发布天气预报，总是对次日的降水情况赋予某个概率，以指导人们第二天的活动，这对从事与天气有关的工作和活动的人们尤为重要。要求天气预报精确预测第二天是否有雨是不现实的苛求。在科学研究中，归纳推理也起着相当重要的作用。科学家在自然科学和社会科学，尤其是医学、生物学、气象学、天文学、法学和经济学等学科中经常和大量地使用归纳推理。

演绎推理和归纳推理是性质不同的推理，因而评价的标准也是不同的。

在各种类型的演绎推理中，我们都总结了一系列推理规则，从而把有效的推理和其他无效的推理区别开来。归纳推理的目的也要提供一系列规则，从而把为人接受的归纳推理与其他归纳推理区别开来。这里“为人接受”指的是我们能提供一些形式化的规则，遵循这些规则进行归纳推理能够恰当地从已知前提推出某种结论。由于归纳推理的前提与结论的联系是或然的，所以不能用“有效”或“无效”的标准来评价。由于归纳推理的前提在一定程度上为其结论的可靠性提供支持，所以关于归纳推理讨论的是在什么情况下，其结论的可靠性程度更

高(强式)，从而区别于那些结论的可靠性程度较低的推理(弱式)。即归纳推理评价的标准是可靠性。例如，有这样两个推理：

(1)从一个袋子里取出一枚硬币是一角的，推出取出的下一枚硬币还是一角的。

(2)从一个袋子里取出的硬币到目前为止都是一角的，推出取出的下一枚硬币还是一角的。

尽管有可能第一个推理的结论是真的而第二个推理的结论是假的，但第二个推理是强式的而第一个推理是弱式的，因为第二个推理中前提给予结论的支持度要高。我们要寻求的是可靠性程度高的推理，谨慎对待可靠性程度低的推理。

第二节 回溯推理

一、什么是回溯推理

回溯推理是一种从结果推测导致其发生的原因或条件的非演绎推理。

例如:某三岁幼儿突然发烧了，医生初步诊断为急性肺炎。

这样由“幼儿发烧”现象而得出“得了急性肺炎”的结论的思维过程就是回溯推理。

依照现象发生的本来情形，总是先有原因或条件，然后有现象或结果。而上述思维过程是从观察到的现象出发去推测导致该现象的原因。“回溯”一词的含义，正是就它是和事物发生的过程是相反的，是由结果到其原因或条件“倒着推”这个角度而言的。回溯推理在逻辑结构上包括以下要素:(1)观察到的待解释的现象;(2)导致待解释的现象的可能的原因或条件作为结论;(3)结论蕴涵待解释的现象，这是相对于推理者的已知的一般规律或常识(在表述中通常被省略)。如果用P表示观察到的待解释的现象，用C表示回溯推理中推测的导致现象的原因或条件，那么，回溯推理可以用下列公式表示：

P　　　　待解释的现象

$C \rightarrow P$　　推理者已知的一般性知识

——————————————————

C　　　　待解释的现象的原因或条件

从形式上看，回溯推理的逻辑形式与假言推理的肯定后件式具有同一逻辑形式，即从肯定蕴涵命题的后件到肯定蕴涵命题的前件，所以，这种形式不具有逻辑必然性，回溯推理的结论是或然的。

回溯推理的结论是可错的，原因在于因果联系及条件关系的复杂性。一个现象的出现总是有其原因或条件的，但原因或条件可能是多种多样的。如上例中的“幼儿发烧”现象，可能由急性肺炎引起，也可能由支气管炎、注射疫苗等原因引起。由于一果多因现象的存在，任何一个原因存在，都会有相应的结果存在;但有特定的结果，却未必每个原因都出现。基于每一个相关的因果联系或条件的一般知识，都可以推测出一个可能的原因或条件。到底哪一个可能的原因或条件是真实的呢？这就依赖于相关知识的佐证和检验。拥有与观察到的现象(结果)的因果联系或条件联系的知识越多，对相关结论检验越严格，回溯推理结论的可靠性程度越高。

运用回溯推理去猜测现象的原因或条件，所受到的逻辑规则的制约程度小，因而灵活性较大。它是一种颇具创造性的思维方法。

由于运用回溯推理所作的关于现象间因果联系或条件联系的探讨不具有必然性，在运用回溯推理时要注意两点：(1)猜测的结论和待解释的现象之间要有逻辑相关性，即从前者可以推出后者；(2)猜测的结论应是可经检验的。否则，从猜测结论中不能导出可经检验的命题，该结论就不能为解释现象提供任何说明。

二、回溯推理的应用

不能因为回溯推理是一种推测而把它与胡乱猜测混为一谈，因为它有科学依据。也不能因为回溯推理是可错的而否认其价值，这种推理具有实践意义。因为在生活、工作、科研中我们所能看到的往往是结果，常常需要由结果推测其产生的原因或条件。事实上，回溯推理在科学研究、天文观测、考古发掘、医疗诊断、刑事侦查等领域都有广泛的应用。

例如：美国生物学家沃森和克里克在解释 DNA 物质是怎样在结构上同生物学功能相适应时，运用回溯推理先得出了多个可能的结论，进而通过检验、筛选得出了正确的结论。1952 年，沃森和克里克狂热地展开了对 DNA 分子的基本形式的研究。可供选择的方案本身已缩减到两链或三链分子。他们对 DNA 物质结构方式提出了以下四种猜测：

H_1 碱基朝外而糖－磷酸骨架朝内的二链式；

H_2 碱基朝内而糖－磷酸骨架朝外的二链式；

H_3 碱基朝外而糖－磷酸骨架朝内的三链式；

H_4 碱基朝内而糖－磷酸骨架朝外的三链式。

在随后的研究中，沃森和克里克排除了 H_1、H_3 和 H_4 三种猜测，保留了 H_2，找到了双链螺旋式 DNA 结构模型，即两个彼此缠绕的螺旋体，好像一种螺旋楼梯，楼梯由配对的碱基构成，糖－磷酸骨架在外侧，两条链彼此互补。这个模型完美地说明了遗传物质的遗传、生化和结构的主要特征。

在刑侦工作中，大量运用回溯推理。侦查人员总是利用对作案现场的勘察和已有的知识，通过回溯推理先对案情作出某些判断，然后再通过进一步的调查研究，逐步去验证已作出的判断。

例如：华裔犯罪鉴识专家李昌钰曾经侦破了一起碎木机杀人案。该案是从海莉·克拉夫兹失踪开始的。海莉·克拉夫兹是一家航空公司的空中小姐，他的丈夫理查德·克拉夫兹是另一家航空公司的飞行员。警局在接到海莉失踪的报案后立即着手调查，随着调查的展开，警方怀疑海莉被杀害，并把嫌疑对象锁定为其丈夫理查德。但理查德却矢口否认，并且通过了测谎实验。案件侦破工作陷入僵局，李昌钰受邀协助警方破案。他在听了简单的案情介绍并观看了克拉夫兹家的住房后，认为现场勘察的重点是克拉夫兹夫妇的卧室。经过他细致的观察，发现在双人床的弹簧床垫侧面表面有一小块长条状的痕迹(仅是色泽与周围略有些不同)，经过一系列的实验证明这在很大程度上是被害人海莉受伤出血而留下的。据此，李昌钰判定卧室很可能是凶案现场。推断出卧室很可能是凶案现场的推导根据在于：

如果卧室是凶案现场，那么在卧室一定有作案的痕迹。

那么，发现和证明该痕迹在很大程度上是受害者受伤出血所留时，就可以回溯推得卧室有可能是凶案现场。同时，李昌钰又根据他多年的血痕鉴定经验，推断出这条血痕很可能是受害者在床边受伤后倒地的过程中形成的。这其中又包含着一个推导根据，即：

如果受害者在床边受伤后倒地，那么就会在床的边缘形成擦蹭血痕，并且形成此痕迹时与床垫外端的擦蹭角度大概为 10 度。

事实上，通过鉴定获得了这样的血痕形态，也就可以回溯推得血痕很可能是受害者在床边受伤后倒地的过程中形成的。李昌钰在此过程中始终没有把自己的推断绝对化，而是在科学检验的过程中逐渐提高推断的合理性。该案件以血痕这一线索为突破口，通过回溯推理和进一步调查取证获得侦破：失踪者海莉是被其丈夫理查德在卧室用棒球棒敲击头部致死，然后被理查德租用碎木机毁尸灭迹。

第三节　归纳推理

一、什么是归纳推理

归纳推理这一概念被人们在不同意义上使用。广义的归纳推理是非演绎推理的代名词，狭义的归纳推理指本节所述的这种推理类型。

归纳推理是这样一种非演绎推理：由于发现某类对象中的许多个别对象都具有某种属性，而且没有发现相反的事例，从而得出结论：该类对象中的每一个都具有这种属性。

例如：人们早已知道，某些生物的活动是按时间的变化（昼夜交错或四季变更）来进行的，具有时间上的周期性节律，如鸡叫三遍天亮，青蛙冬眠春晓，大雁春来秋往，牵牛花破晓开放，等等。人们由此作出概括：凡生物的活动都受生物钟的支配，具有时间上的周期性节律。这就是一个归纳推理。

如果用 S_1、S_1、S_2、……S_n 分别表示某类对象中不同的个体，用 P 表示对象所具有的属性，则归纳推理的形式表示为：

S_1 是 P，

S_2 是 P，

……

S_n 是 P，

……

凡 S 是 P

归纳推理的前提真并不能保证结论必然真。因为人们所观察到的事例是为数有限的，而且单凭观察所获得的经验是不能证明事件的必然性的。因为以往没有遇到相反的事例并不意味着相反的事例不存在，不能保证将来不会出现相反的事例；而一旦出现相反的事例，归纳推理的结论就会被推翻。事实上，人们根据归纳推理得出的许多结论后来都因遇到相反的事例，而被证明是错误的。例如，在未发现澳洲有黑天鹅之前，我们一直认为“所有天鹅都是白色的”；在未发现印度有白乌鸦之前，我们一直认为“天下乌鸦一般黑”。数学家华罗庚在《数学归纳法》一书中，对归纳推理的或然性作了很好的说明：

“从一个袋子里摸出来的第一个是红玻璃球，第二个是红玻璃球，甚至第三个，第四个，第五个都是红玻璃球时，我们立刻就会猜想：‘是不是袋子里所有的球都是红玻璃球。’但是，当我们有一次摸出一个白玻璃球时，这个猜想失败了。这时，我们会出现另一个猜想：‘是不是袋里的东西全都是玻璃球。’当有一次摸出一个木球时，这个猜想又失败了。那时，我们又会出现第三个猜想：‘是不是袋里的东西都是球。’这个猜想对不对，还必须继续加以检验，要把袋里的东西全部摸出来，才能见个分晓。”①

归纳推理的客观依据问题，即人们为何能从个别经验事实得出普遍结论的问题是长久以来困惑人们的一个问题，这是认识论要解决的问题。归纳逻辑关心的是归纳推理是实际思维的有力工具，关心怎样才能正确地运用这种工具，得到可靠性程度较高的结论。

通常，归纳推理结论的可靠性程度与观察事例的数量、范围以及对观察对象的分析深度有直接关系。一般来说，观察的对象越多，考察的范围越广，归纳推理结论的可靠性程度越高。对观察对象的分析对于提高归纳推理结论的可靠性程度具有重要作用。例如，当观察到铜受热之后体积膨胀，铝受热之后体积膨胀，铁受热之后体积膨胀，便可运用归纳推理得出结论：所有金属受热之后都体积膨胀。在这个归纳推理得出结论的基础上，如果分析出上述物体受热之后，分子之间的凝聚力减弱，相应的分子之间的距离就会增加，从而导致体积膨胀。经过这样的分析，我们就有理由在更大的置信度上接受上述归纳推理的结论。这样的分析比起增加观察事例的数量更能提高归纳推理结论的可靠性程度。因为仅靠经验事实的累积是不能证明普遍结论的。

归纳推理的结论的可靠性程度不仅与对前提的考察范围及数量有关，还与推理结论断定的普遍性程度有关。结论断定的普遍性程度越低，其可靠性就越高；结论断定的普遍性程度越高，其可靠性就越低。如上例得出的“生物活动都具有时间上的周期性节律”这一结论，是一个普遍性程度非常高的结论，范围涵盖了所有生物，这样的结论出错的可能性是非常大的。如果得出的结论是“动物活动都具有时间上的周期性节律”，后者涵盖的范围小于前者，得到前提的支持程度就要高于前者，即后者结论的可靠性程度要高于前者。再如，在关于“铜、铝、铁”的例子中，我们既可以将观察对象归入“金属”一类，也可以将观察对象归入“固体”一类。我们可以得出“所有金属受热之后都体积膨胀”的结论，也可以得出“所有固体受热之后都体积膨胀”的结论。后一结论比前一结论断定的普遍性程度更高，但得到前提的支持要弱于前一结论。

运用归纳推理，要正确对待相反事例。所谓“相反事例”，即不具有归纳推理结论所断言的性质的事例，与结论相矛盾的事例。一旦出现反例，结论就会被推翻，反例的出现与否决定归纳推理的命运。科学地运用归纳推理需要积极寻找与猜想相矛盾的事例。科学家们总是寻求一种决定性的判断，寻找机会推翻猜想，而且这样的机会越多他们越欢迎。假如威胁猜想、甚至会推翻猜想的情形，最后经检验又和猜想相一致，那么，这个猜想的可靠性就会大大提高；如果反例真实而且数量很多，还可以由此归纳出与最初的猜想相反的结论。因而反例可以帮助我们修改或变更结论。积极寻找反例并引用它们来检验、修正结论是科学地运用归纳推理所应有的智识。

在运用归纳推理时，如果不注意扩大考察对象的范围，不注意结论断定的内容的多少，

① 【美】格里格·津巴多，【美】菲利普·津巴多：《心理学与生活》（第9版），人民邮电出版社，第248页。

又不注意可能出现的相反事例，就作出一般性结论，其结论的可靠性就低，这样运用归纳推理就容易犯“轻率概括”、“以偏概全”的错误。

例如:1936年，美国《文艺文摘》对罗斯福和兰顿竞选总统进行民意调查。调查者打电话给10000个美国选民，问他们在即将来临的总统选举中打算怎样投票，调查的样本包括各种回答者，他们来自各个州，有农村的和城镇的，有男人和女人。民意调查预示阿尔弗雷德·兰顿将彻底击败富兰克林·罗斯福。然而，事实上罗斯福却取得了压倒性的胜利。其原因是调查者通过打电话进行的调查，调查样本只代表了那时能够安电话的人，而当时电话的普及率远没有现在这样高。

这样的归纳就是“以偏概全”。该调查的对象从数量上看似乎很多，调查的范围似乎也很广，但在当时拥有电话的人群并不具有代表性，由拥有电话的选民的观点推广到所有选民，显然是有失偏颇的，其结论的可靠性程度很低。

归纳推理还有一种特殊情形，称为完全归纳推理，其推理形式表示为：

S_1 是 P，

S_2 是 P，

……

S_n 是 P，

S_1、S_2、……S_n 是 S 类的全部分子，

凡 S 是 P

例如:氦是惰性气体，

氖是惰性气体，

氩是惰性气体，

氪是惰性气体，

氙是惰性气体，

氡是惰性气体，

氦、氖、氩、氪、氙、氡 是元素周期表中零族的所有元素，

所以，零族所有元素都是惰性气体。

由于完全归纳推理考察了某类对象中的每个对象而无例外，只要前提真则结论必真。所以，就前提和结论之间联系的性质而言，它属于演绎推理。由于完全归纳推理只有在研究对象确定而且数目有限时才可以采用，所以适用的范围是有限的，实践意义不大。实际思维中大量运用的是前面所述的不完全的归纳推理。本节所述的归纳推理指的是不完全归纳推理。

二、归纳推理的应用

进行归纳是人们日常生活的一种思维习惯，人们的日常生活离不开归纳推理。例如，人们在长期的生活实践中总结积累了很多生活常识，表达为关于生活各个方面的谚语。如“瑞雪兆丰年”、“础润而雨，月晕而风”、“鸟低飞，披蓑衣”等都是关于气象方面的。这些谚语都是人们根据生活中多次重复的事例，归纳概括出来，以便指导今后的生活。

归纳推理是科学研究中常用的推理形式。因为科学规律往往是以全称命题来表述的，而全称命题又往往是从各个个别命题中归纳而来的。可以说，科学离不开归纳。归纳推理反映

了科学研究最一般的过程：我们观察到某类事物中一部分具有某种属性，同时又没有观察到反例，从而推断该类事物的全体都具有这一属性，由此形成全称形式的科学定理或定律。

例如：1827 年，英国的植物学家布朗在用显微镜研究植物的花粉粒子浸在水中的形状时，发现这些粒子都在做不规则的运动。后来，他又发现植物叶子的微粒在水中也会运动，甚至如玻璃、烟灰、泥土等无生命的物体的微粒也会在水上做不规则的运动。经过三个月的反复和细微的观察后，布朗作出结论：凡是能漂在水上的微粒都会做不规则的运动。

上述实例就是科学研究中常见的一个研究过程，首先观察个别事实，然后逐步积累相关知识，概括出一般性的结论，最后上升到理论形态。但是，上升到理论形态的结论是否正确，还需要在实践中不断检验、修正。

第四节　探求因果联系的方法

一、概述

探求因果联系的方法，是指通过两类现象的个别事例来探求两类现象之间的因果联系的方法。为了学习探求因果联系的方法，首先要弄清楚什么是因果联系。

因果联系是世界万物间普遍联系的一个方面，也许是其中最重要的方面。如果某个现象的存在必然引起另一个现象发生，那么，这两个现象之间就具有因果联系。其中，引起某一现象产生的现象叫做原因，被某一现象引起的现象叫做结果。例如，物体摩擦就会产生热量。“摩擦”和“生热”之间存在因果关系。其中，“摩擦”是“生热”的原因，“生热”是“摩擦”引起的结果。科学的一个重要任务就是要把握事物之间的因果联系，以便掌握事物发生、发展的规律。

因果联系具有以下主要特征：

第一，普遍性。指任何现象都有它产生的原因，也有它所产生的结果，原因和结果总是如影随形，恒常伴随的。没有无因之果，也没有无果之因。但是，因果联系又是具体的、特定的；不是任何两个现象之间都存在因果联系。例如，认为某一自然灾害的发生和社会动荡之间有什么因果联系，这是没有根据的。即使是先后相继的现象之间，也并不一定存在因果关系。例如，电闪和雷鸣先后相继，但电闪并不是雷鸣的原因，两者有一个共同的原因：带电的云块之间的相互碰撞。

第二，确定性。这种确定性在质的方面表现为：在一定条件下，特定的原因会产生特定的结果。例如，在标准的大气压下，水的温度上升到 100℃以上就会变成蒸气。因果联系的确定性在量的方面表现为：当原因发生一定量的变化时，结果也随之发生相应量的变化。例如，在标准大气压下，当水温上升到 100℃之后，随着温度的升高，水变成蒸气的量也随之增大。

因果联系的知识在应用上十分重要。人们为了使追求的特定的结果产生，总是先促成导致它的特定原因发生。如农民为了获得丰收而追求充足的阳光、适量的水分等。为了排除有害的结果，人们总是努力消除产生它的原因。如医生为了治病救人而遏制或消除某种病菌。司法实践中也大量运用因果联系的知识。如要使被告承担法律责任，就必须证明其违法事实与特定的危害结果之间存在因果关系。

正因为因果联系的普遍存在和大量应用，关于因果联系的认识就非常重要。因果关系的上述特点为我们寻找因果关系提供了向导和依据。基于因果联系往往是先后相继的，人们在探寻因果联系时，就应该在被研究现象出现之前存在的各个情况中去寻求它的原因。这种在某个现象之前存在的情况叫做“先行情况”。人们也必须在被研究现象出现之后才出现的各个情况中去寻求它的结果。这种在某个现象之后出现的情况叫做“后行情况”。在以后的论述中我们将“先行情况”和“后行情况”统称为“有关情况”。基于因果联系不仅表现在质的方面，而且表现在量的方面，人们还从被研究现象量的变化和有关情况相应量的变化之间去寻求因果联系。由于因果联系是复杂多样的，在各个不同的领域，都有各自不同的探求因果联系的方法。

求因果联系五法是五种比较简单的、但具有普遍意义的方法。其基本思路是：考察被研究现象出现的一些场合，在它的先行情况或恒常伴随的现象中去寻找它的可能的原因，然后有选择地安排某些事例或实验，排除一些不相干的现象或假设，最后得到比较可靠的结论。求因果联系五法包括求同法、求异法、求同求异并用法、共变法和剩余法这五种方法。这些方法是英国逻辑学家、法学家斯图加特·密尔所总结出来的，所以又称“密尔五法”。这五种方法，从逻辑的角度看，每一种都是探求因果联系的非演绎推理。

二、求因果联系五法

（一）求同法

求同法是这样探因果联系的：考察被研究现象出现的若干场合，如果其他有关情况都不相同，只有一个情况是共同的，那就得出结论：这个唯一相同的情况与被研究现象之间有因果联系。

求同法可以用公式表示如下：

场合	有关情况	被研究现象
（1）	A、B、C、……	a
（2）	A、B、D、……	a
（3）	A、C、E、……	a
……		

A 与 a 之间有因果联系

上述公式中，以场合（1）为例，它表示某个具体的场合，在这个场合中，情况 A、B、C、……出现，现象 a 也出现。

如前所述，因果联系是先后相继的。如果情况 A 是现象 a 的原因，那么，情况 A 在先，现象 a 随后出现。据此，在现象 a 出现的场合中如果没有情况 A 出现，那么，可以断定：A 和 a 之间没有因果联系。在上述公式中，场合（1）说明情况 A、B、C、……引起现象 a；场合（2）说明情况 C 不是现象 a 的原因，因为这个场合 C 不出现但是现象 a 却出现了；场合（3）说明情况 B 不是现象 a 的原因，因为在这个场合中，情况 B 不出现但是现象 a 却出现了。比较三个场合，我们便得出结论：情况 A 与现象 a 之间有因果联系。

例如：20 世纪初，科学家为了了解甲状腺肿大的原因，对这种疾病流行的地区进行了调查研究，结果发现这些地区的人口、气候、地理位置等各不相同，但有一个共同情况，就是这些地区饮水中、土壤和水流中都缺碘。由此，科学家得出结论：缺碘是引起甲状腺肿大的原因。

科学家在寻求甲状腺肿大的原因时运用的就是求同法。

通过几个被研究现象出现的场合中都缺少某种情况，我们也可以运用求同法，得出该情况与被研究现象之间有因果联系。

例如：有犯罪学家为了研究造成青少年犯罪的原因，调查研究了100个犯罪青少年，发现这些犯罪青少年的情况各不相同，但都有一个共同之处，就是都缺少家庭温暖。于是，犯罪学家得出结论：缺少家庭温暖是青少年犯罪的一个原因。

求同法的特点是异中求同。在被研究的现象出现的几个场合中，其他有关情况都不相同，只有一个是相同的，从而得出结论：该情况与被研究现象之间有因果联系。

运用求同法得出的结论不必然为真。因为在观察到的几个场合中的那个共同情况，可能和所研究的现象毫无关系。还有，在观察到的几个场合中，可能包含着被忽视了的共同的有关情况，而这个被忽视了的共同情况可能恰恰与被研究的现象之间有因果联系。

例如：许多年以前，一些英国的细菌学家将乙基间苯二酚溶于丙烯乙二醇溶液中，制成混合液，用来进行消毒空气的实验。他们在广泛的实验中发现，在取得最好消毒效果的各种不同场合中，使用了乙基间苯二酚杀菌剂这一情况是共同的。因此，他们认为乙基间苯二酚是当时效果最好的空气灭菌剂。由于这次研究提出了运用这种方法防止空气传播疾病的可能，引起了人们很大的兴趣。可是，当其他人继续这项实验时，却发现上述用来进行空气消毒的混合液之所以特别有效，是由于丙烯乙二醇而不是乙基间苯二酚。

在实际生活和科学研究中，背景知识的缺乏以及科研条件的不足，有可能使我们不能恰当地选择相关情况或者把真正的原因当做不相关情况而忽略。为了提高求同法得出结论的可靠性程度，要注意对各个场合中的共同情况加以分析，不仅要注意到各场合中是否还有其他共同情况，也要注意各场合中唯一的共同情况是否的确与被研究的现象有因果联系。另外，要尽量增加可以比较的场合，观察的场合越多，结论的可靠性越大。如果比较的场合少，就可能出现与被研究现象之间并无因果联系的不相关情况是各场合的共同情况，随着观察场合的增多，不相关情况有可能就不是各场合中的共同情况了。

（二）求异法

求异法是这样探求因果联系的：如果被研究的现象出现和不出现的两个场合中，其他有关情况都相同，只有一个情况不同，该情况在被研究现象出现的场合出现，在被研究现象不出现的场合也不出现，那就得出结论：该情况与被研究现象之间有因果联系。

求异法可以用公式表示如下：

场合	有关情况	被研究现象
(1)	A、B、C	a
(2)	–、B、C	–

A 与 a 之间有因果联系

上述公式中的“–”表示某情况或某现象不出现。场合(1)说明 A、B、C 是 a 的原因，场合(2)说明 B、C 不是 a 的原因，因为情况 B、C 出现而现象 a 在这个场合不出现。比较场合(1)和场合(2)便可得出结论：情况 A 是现象 a 的原因。

例如:上海交通大学教授赵立平领导的实验室在临床研究中发现，有一种可以产生内毒素的条件致病菌，在一个体重达175千克的肥胖患者肠道里过度生长，占到总菌量的三分之一之多。经过一种特殊设计的营养配方干预以后，这种病菌数量很快下降到检测不出来的水平，患者的体重在将近半年里下降了51.4千克，高血糖、高血压和高血脂等症状也恢复正常。该实验室得出结论:肠道内条件致病菌的过度生长导致人体肥胖，并进一步提出了肠道菌群参与人体肥胖、糖尿病发生、发展的“慢性病的肠源性学说”。

赵立平领导的实验室比较了一个肥胖病人前后肠道内条件致病菌数量的变化情况，得出条件致病菌与人体肥胖有因果联系的结论，运用的就是求异法。

求异法的特点是同中求异。在被研究现象出现和不出现的两个场合中，其他有关情况都相同，只有一个先行情况不同，从而断定这种情况和被研究的现象之间有因果联系。由于求异法考察了被研究现象出现和不出现的正、反两个场合，而且要求除了正面场合中有某一情况而反面场合没有这一情况外，其他情况都相同。求异法对考察的场合的要求是非常严格的，因而求异法得出结论的可靠性较高。这样严格的条件在实际生活中很难碰到，但在科学实验中却可以做到。求异法在科学研究中被广泛运用，科学实验中的对比试验的理论根据就是求异法。

例如:为了探寻黄热病是不是由带病毒的蚊子传播的，科研人员设计了这样一个实验:在两间蚊子没法进入的房屋中，分别放置了黄热病人睡过的床单、用过的脸盆等器具，这些东西都染有黄热病人的呕吐物。这两个房间唯一不同的是其中一个房间里放置了叮咬过黄热病人的蚊子，另一个房间则没有。然后让两个身体状况相同的志愿者分别进入这两个房间起居生活，而且这两个志愿者被证明对黄热病没有免疫力。结果，几天以后，有蚊子的房间里的志愿者染上了黄热病，而没有蚊子的房间里的志愿者没有染上黄热病。由此得出结论:黄热病是由带病毒的蚊子传播的。

求异法的结论也是或然的，是有可能出错的。主要原因是“唯一不同的情况”找不准。在实验或考察中，很可能所确定的这个唯一不同的情况与被研究的现象之间并无实质联系。在这种情形下，即使在正、反两个场合中只找到一种情况不同，该情况和被研究的现象之间也没有因果联系。

例如:在对离体的青蛙心脏进行实验时，生理学家通常使用生理盐水作为灌注液。用这种方法可使青蛙的心脏继续保持约半小时的跳动。一次，在伦敦大学医院，生理学家格林发现他做实验用的青蛙心脏连续跳动了好几个小时，他非常惊讶。为了找到青蛙心脏跳动时间延长的原因，他分析了这次实验和以前的实验，他能想到的唯一可能的原因是季节的影响，因为似乎只有这一点才是前后实验之间的区别。于是他把这一结论写进实验报告。但后来他又发现，他的实验助手在后面这次实验中制作盐水溶液时，用的不是蒸馏水而是自来水。根据这条线索，他又断定是自来水中含有的某些微量元素引起青蛙的心脏跳动时间延长。后来的多次试验证明，格林的第二个结论是正确的。

格林的第一个结论之所以错误，就是由于在考察前后实验的场合时，没有找准确各个场合中“唯一不同的情况”。所以，在运用求异法时，为了提高结论的可靠性程度，要注意分析两个场合中有无其他差异情况，以便在确定其他情况都相同的基础上，真正确定“唯一不同的情况”。

（三）求同求异并用法

求同求异并用法是这样探求因果联系的：如果在被研究现象出现的几个场合中有某一情况出现，而在被研究现象不出现的几个场合中都没有这个情况出现，那就得出结论：该情况与被研究的现象之间有因果联系。

求同求异并用法可以用公式表示如下：

	场合	有关情况	被研究现象
第一组	(1)	A、B、C、……	a
	(2)	A、B、D、……	a
	(3)	A、C、E、……	a
……			
第二组	(1)	B、C、E、……	–
	(2)	C、D、F、……	–
	(3)	E、G、H、……	–
	……		

A 与 a 之间有因果联系

例如：长期生活在海水中的鱼，尽管置身于咸水之中，而鱼肉却不是咸的，这是为什么呢？科学家们考察了海水中的鱼，发现它们在种类、体型、大小等方面都各不相同，但它们的鳃片上都有一个能排盐的特殊构造——氯化物分泌细胞组织。科学家们又考察了生活在淡水中的鱼，发现无论种类、体型、大小，各种不同的淡水鱼都没有这种氯化物分泌细胞组织。由此可见，氯化物分泌细胞组织能够排出海水中的盐分，具有氯化物分泌细胞组织是海水鱼长期生活于咸水之中而肉质不咸的原因。

科学家得出这一结论运用的就是求同求异并用法。

求同求异并用法的特点是考察了两组场合，一组是被研究现象出现的正面场合，一组是被研究现象不出现的反面场合，而求异法考察的是正反两个场合。通过对两组对象的考察，分析相同的情况，区别不同的情况，从而确定因果联系。具体来说，这一思维过程可以分为三步：第一步，考察被研究现象出现的一组场合，都有一个共同情况出现，这是一次求同。如上例中各种不同的海水鱼的鳃片上都有氯化物分泌细胞组织；第二步，考察被研究现象不出现的一组场合，都没有这种情况，这又是一次求同。如上例中各种不同的淡水鱼都没有这种氯化物分泌细胞组织。第三步，将上面考察的两组情况进行对比分析，发现被研究现象出现的场合都有某种情况出现，被研究现象不出现的场合都没有该情况出现，这里运用的是一次求异。从而得出结论：该情况与被研究的现象之间有因果联系。如上例中的结论：“氯化物分泌细胞组织能够排出海水中的盐分”。所以，求同求异并用法是运用了两次求同和一次求异得出结论的。

求同求异并用法不同于求同法和求异法的相继运用。这里的“求同求异”和求同法、求异法中的“求同”、“求异”不是在完全相同的意义上使用的。这里的“求同”是一次正面场合的求同，一次反面场合的求同；这里的“求异”也不像求异法中那样要求严格控制两个场合的情况，使得除了一个不同以外，其他都必须相同。所以，求同求异并用法运用起来往往比求异法更简单。在社会实践中，求同求异并用法比求异法得到更广泛的应用。在刑侦工作中，侦查人员常常运用这一方法寻找案情发生的因果联系。

例如:2012 年某县某乡村小学发生一起小学生集体中毒事件。该小学共 50 余名小学生在食用了学校免费提供的“营养餐”之后出现了恶心、呕吐、昏迷等中毒反应。经查证,该小学为孩子们提供两种类型的营养餐,一种是牛奶配面包,一种是豆浆配面包,由孩子们自选。凡是出现恶心、呕吐、昏迷反应的小学生均食用了“牛奶配面包”的营养餐,凡是食用了“豆浆配面包”的小学生均没有不良反应。警方据此推测:问题出在牛奶中。警方对剩下的牛奶进行检验,发现其中含有有毒物质呋喃丹。

求同求异并用法结论也是或然的。与求异法一样，人们在考察相关情况时，可能忽视本是相关的情形。

例如:曾经有一个学生，每当上课时就头痛，而不上课就没有该症状。他就断定:上课是自己头痛的原因。但经医生检查，他有一副对自己不合适的近视眼镜，而且只有在上课时他才戴眼镜。实际上，不合适的眼镜才是他头痛的原因。

这个学生给自己的头痛寻找原因时用的是求同求异并用法，但他并没有准确地找到原因。

在运用求同求异并用法时应尽量在每组中考察更多的场合。因为所考察的场合越多，偶然、凑巧的情形就越容易被排除。另外，被研究现象不出现的那一组应尽量选择与被研究现象出现的场合相类似，以便两组场合进行比较。否则，被研究现象不出现的场合是大量的，但它们对于寻求因果联系的工作往往没有意义。

(四)共变法

共变法是这样探求因果联系的:如果在被研究现象发生变化的几个场合中，其他有关情况都不变化，唯有一种情况相应地发生变化，那就得出结论:这种相应变化的情况与被研究现象之间有因果联系。

共变法可以用公式表示如下:

场合	有关情况	被研究现象
(1)	A_1、B、C、……	a_1
(2)	A_2、B、C、……	a_2
(3)	A_3、B、C、……	a_3
……		

A 与 a 之间有因果联系

在上述公式中，“a_1、a_2、a_3”和“A_1、A_2、A_3”分别表示被研究现象和某有关情况在不同场合中量上有变化。

前面介绍的三种求因果联系的方法要求考察被研究现象“出现”或“不出现”的情形。但很多时候被研究现象并不能处于纯粹的“出现”或“不出现”状态，如海洋的潮汐、黄金的价格、人的血压、犯罪率等等。在寻求诸如这类事物的因果联系时，往往需要使用共变法。密尔自己举的应用这个方法的例子是关于海洋潮汐与月亮引力之间关系的推理。密尔提出:我们既不能把月亮移开以便确定这样做是否把潮汐也一起消除了;我们也不能证明月亮的出现是否是伴随潮汐的唯一现象，因为与此同时总有星星出现，我们也不能把星星移走。但我们却能证明，潮汐随月亮的变化而变化。即月亮的位置的变化总是引起潮汐的时间、地点的变化。每次潮汐都有下述两件事之一出现:或者月亮在离潮汐出现的地方最近的位置上，或者月亮在离潮汐出现的地方最远的位置上。因而，我们得出结论：月亮是（或部分是）引起海洋潮汐现象的原因。

共变关系有同向共变和异向共变两种。所谓同向共变是指，如果原因作用的量一直递增，那么结果即被研究现象的量也随之递增。

例如：在英国伦敦举行过一次关于船舶遇难后，落水的人在水中最多能坚持多长时间的学术讨论会。讨论的结果是，人在水中坚持的时间与水的温度有关。讨论会提供的数据是：当水温为0℃时，人可以在水中坚持15分钟；当水温为2.5℃时，人可以坚持30分钟；当水温为5℃时，人可以在水中坚持1个小时；当水温为10℃时，人可以在水中坚持3个小时；当水温为25℃时，人可以在水中活一昼夜以上。由此得出的结论是：水的温度越高，人在水中坚持的时间越长。

异向共变是指，如果原因作用的量一直递增，那么结果的量随之递减。

例如：英国一个医学研究会，根据英国12个城市在30年间水的硬度发生变化的情况，作了关于心脏病死亡率的研究报告。报告中谈到：在饮用水变硬的地方，心血管病的死亡率逐渐下降；而在饮用水变软的地方，心血管病的死亡率逐渐上升。由此，他们得出结论：饮用软水可能是患心脏病死亡的一个原因。

共变法的共变关系有时始终是同向的，有时始终是异向的，有时共变有一定的界限，到了临界点，共变关系就会消失，或者会发生反变。例如，科学家在研究低温下某些导体的性质时发现，在其它条件都不变的情况下，导体的电阻随导体温度的下降而减小，当温度下降到某一值时，导体的电阻突然消失，这就是超导现象。再如前述实例中得出的“水的温度”和“人在水中坚持的时间”之间的共变关系，并不是持续同向共变的，而是有临界点的，当到了临界点就会发生反变，随着水温的升高，人在水中能够停留的时间会逐渐变短。

共变法有其他求因果联系方法不可替代的作用。在社会生活或科学实验中，有些被研究现象不易或无法控制到“不出现”的状态，这时就不能使用求异法或求同求异并用法，因为这两种方法要求至少有一个场合被研究现象不出现；当不易或无法控制到“不出现”状态的有关情况较多时，就不能用求同法。在上述情况下，我们却可以使用共变法，使那些不易消除或无法消除的现象的属性发生数量或程度上的变化，从而确定它们之间的因果联系。

在日常生活和生产实践中，共变法被人们广泛地使用着。许多仪表如体温表、气压表、水表以及电表等都是根据共变法的原理制成的。人们运用共变法也作出了许多事物之间的因果联系的发现。如抽烟与肺癌之间的因果联系、饮酒与肝硬化之间的因果联系。

运用共变法得出的结论是可错的。因为并不是任何有共变关系的现象间都有因果联系。在运用共变法时，我们要注意与被研究现象发生共变的情况是不是唯一的。如果除了我们注意到的情况外，还有其他与被研究现象共变的情况，而我们没有加以考察，那么，我们所得出的结论的可靠性程度就降低了。

（五）剩余法

剩余法是这样探求因果联系的：如果已知某一复合现象与另一复合现象之间有因果联系，又知前一现象中某一部分和后一现象中某一部分之间有因果联系，那就得出结论：前一现象的剩余部分和后一现象的剩余部分之间有因果联系。

剩余法可以用公式表示如下：

A、B、C、……与a、b、c、……之间有因果联系；

B 与 b 之间有因果联系；

C 与 c 之间有因果联系；

……

A 与 a 之间有因果关系

剩余法在某些科学领域，如天文学、物理学、化学等领域非常有用，历史上有很多应用剩余法成功的著名实例。

例如：根据牛顿万有引力定律，人们能预测任何行星在任何时候的准确位置。19 世纪 40 年代，天文学家计算出当时已知的各个天体对天王星的影响，从而计算出天王星的运行轨道。但是，根据观察，天王星实际运行轨道与计算出的运行轨道不符，而这一偏差不能归为计算误差。法国天文学家勒费里埃提出：天王星轨道的偏差是由某个尚未发现的天体的万有引力的影响所致。他还依据这种假设计算出了这个尚未发现的天体的位置。后来，果然在他预测的这个位置上发现了这颗新的行星——海王星(后来又用同样的方法发现了冥王星)。

又如：科学家早已知道，每种化学元素都有自己特定的光谱。1868 年，简孙和罗克耶尔在研究太阳光谱时发现，太阳光谱中有一条红线，一条青绿线，一条蓝线和一条黄线。红线，青绿线，蓝线是氢的光谱，而黄线表明什么呢？当时已知的元素中，没有一种元素的光谱里有这样的黄线。于是他们推测，这条黄线是某种未知的天体物质的光谱。后来，果然发现了这种新的物质。他们把这种新发现的物质叫作氦。

尽管剩余法在科学领域的应用有许多成功的实例，但剩余法的结论不是必然的，是可错的。因为在复合情况 A、B、C、……和复合现象 a、b、c、……之间，必须能确定 B、C、……和 b、c、……之间有因果联系，而且剩余部分的结果 a 不可能由 B、C、……引起。若剩余部分也是由 B、C、……之一或共同作用而引起的，则关于 A 与 a 之间有因果联系的结论就是错误的。

剩余法一般被用来判明事物的复杂的因果关系，而且必须在判明了被研究对象的全部原因中的一部分原因的基础上才能使用。因此，要在运用其他几种求因果联系方法的基础上使用。

在运用剩余法时还应注意，剩余部分的结果可能不是由单一原因引起的，而有可能是由复合原因引起的。

例如：法国科学家贝克勒尔发现铀具有放射性后，居里夫妇根据某些沥青铀矿样品的放射性比纯铀的放射性要大的事实，提出这些样品中一定还存在未知的放射性元素。但是，实际上样品中的未知的放射性元素不止一种。1898 年 7 月，他们从沥青矿中发现一种新的放射性元素，命名为钋。但是，经过多次实验，他们发现沥青中的放射性比铀和钋要强得多，他们推测沥青矿中还有一种未知的放射性元素。经过四年的艰辛实验，他们终于从 7 吨沥青铀矿中提炼出了 0.12 克的新的放射性元素——镭。

探求因果联系的五种方法是人类认识和发现过程中的有效工具。求同法，可以根据若干不同场合中仅有的一种共同情况来推论该情况与被研究现象之间有因果联系；求异法，可以运用于人工控制的实验过程，人工实验可以选择、控制正、反两个场合，还可以重复进行，因而求异法的结论比求同法的结论可靠性程度高；求同求异并用法，既吸取了求同法与求异法的优点，也在正、反事例组中扩大了考察场合，这些都有助于提高结论的可靠性程度；共变法，可以依据现象之间一定量的共变关系进行定量分析，是其他方法所不可替代的一种方法；剩余法，渗透着选言推理否定肯定式的要求，所以这一结论的可靠性程度是较高的。

第五节 类比推理

一、什么是类比推理

类比推理是根据两个或两类事物在某些属性上相同，从而推出它们在其他属性上也相同的推理。

如果用 A、B 分别表示两个或两类不同的事物，用 a_1、a_2、……、a_n 分别表示几个不同的属性，类比推理的形式可以表示为：

A 有属性 a_1、a_2、……、a_n，b

B 有属性 a_1、a_2、……、a_n

B 也有属性 b

例如：罗马体育馆的设计师分析研究了人的头盖骨的结构和功能。他发现，人的头盖骨由 8 块骨片组成，形薄、体轻，但却比较坚固，有很强的抗冲击的能力。他在体育馆的设计中，用 1620 块形薄、体轻的构件组成颅形，作为体育馆的屋顶。按照这种设计施工，结果证明其结构是坚固的，达到了预期的效果。

罗马体育馆的设计师在从事这项设计工作时，就是在体育馆的屋顶的结构和人的头盖骨的结构和功能之间进行类比，既然体育馆的屋顶设计成类似于人的头盖骨的结构，人的头盖骨比较坚固，那么就可得出"体育馆的屋顶也应是坚固的"这一结论。

类比推理的结论是或然的。类比推理的客观依据是事物之间的同一性和相似性。正是由于事物的同一性、相似性，人们才能对事物进行概括，形成类概念，才能对事物作出比较，进行类推。然而，事物之间除了同一性、相似性，还存在差异性。虽然事物在某些属性上相同或相似，但无法保证它们在另一属性上也相同或相似。如果上述公式中的属性 b 恰好是事物 A 和事物 B 之间的差异，那么类比推理的结论就是错误的。

类比结论的可靠性程度取决于许多因素，例如两个或两类事物之间相同或相似属性的数量，它们之间相似方面的相关性，它们之间不相似方面的相关性。前提中两类事物间的相同或相似属性越多，结论的可靠性越高；类比对象间的相同属性（a_1、a_2、……、a_n）与类推属性（b）之间关系越密切，结论的可靠性越高；它们之间不相似方面是本质的还是非本质的，如果是本质的不相似，那就不能由此得出结论。其中最重要的是它们之间的已知相同或相似属性与推出属性之间的相关程度。只有推出属性与前提中的相同或相似属性之间有本质上的联系时，结论才会是正确的。否则，仅依据两种事物外在的相似而推出其他属性也相似便容易得出错误的结论。

例如：上世纪中期，有些科学家将火星和地球作类比，发现二者有许多相似的特征，如二者都是太阳系的行星、都有大气层、在一年中都有季节的变化，而且火星上大部分时间的温度适宜地球上某些已知生物的生存。而地球上有生物，从而推测火星上也有生物。但是，当科学家作出这一类比推理的时候却忽视了火星和地球的本质差异，如至今并没有找到火星上有水存在的直接证据，而这一点是生物能够生存的必要条件。所以，这一类比推理的结论是不能得出的。

类比推理是通过对事物间的类比而得出结论，但类比不是类比推理。类比只是借助于事物间的某种相似性进行比较，以提出某种观点，或说明某种道理，但并没有以此为前提逻辑地得出新结论，因而不是类比推理。

例如："金无足赤，人无完人"、"铁不用会生锈，水不流会发臭，人的智慧不用就会枯萎"。这一类言论将两个或多个对象进行某种比较，这样的表述在修辞上比较形象、生动，但很难说这些对象之间在逻辑上有什么联系，这一类言辞也没有由此推出任何结论。

类比推理也不同于语言表达中的比喻。比喻只是用具体的、为人熟知的知识去说明抽象的、深奥的道理，使人们容易理解和接受。比喻也没有推出新的结论，因而不是推理。

例如：一次，有人问笛卡尔："你学问那样广博，为什么还感叹自己的无知呢？"

笛卡尔说："哲学家芝诺不是解释过吗？他曾画了一个圆圈，圆圈内是已掌握的知识，圆圈外是浩瀚无边的未知数。知识越多，圆圈越大，圆周也自然越长，这样它的边沿与外界空白的接触面也越大，因此未知部分当然显得更多了。"

笛卡尔在这里借用芝诺的比喻，用圆圈的大小比作拥有知识的多少，形象地解释了自己的谦虚。

二、类比推理的应用

类比推理在人们的认识中具有重要的意义。类比推理是人们在原有知识基础上扩展新知识的一种有用的方法，它能够使人们的认识从一个领域跳跃到另一个不同的领域，它可以启迪思维、开阔视野、提供线索，起到举一反三、触类旁通的作用。因此，类比推理是一种富有创造性的推理。历史上很多学者都对类比推理作出了很高的评价。如天文学家开普勒说："我珍视类比胜于任何别的东西，它是我最可信赖的老师，它能揭示自然界的秘密。"①康德说："每当理智缺乏可靠的思路时，类比这个方法往往能指引我们前进。"②黑格尔把类比推理誉为人类"理性的本能"，评价类比推理"在经验科学史上占有很高的地位"。③

在人们的日常生活和工作中大量运用类比推理。例如，当你所买的一双鞋穿起来很舒适，你下次买鞋很可能还会买同一品牌、同一号码的鞋，而且预测新买的鞋穿起来也会很舒适；根据同样的思维活动，人们会去购买同一作者的新书，因为该作者的其他作品让你受益；又如，某家电企业通过抽样调研测算出某中等城市的彩电年销售率为4%，因此预测其他中等城市的销售率也为4%，从而作出下一年的生产销售计划。

在科学研究中，科学家在探索未知领域的事物及其性质的时候，往往借助类比推理获得创造性的启发和灵感，找到解决难题之道。不但在经验科学中如此，在理论科学中，甚至形式科学中也是如此。例如，在理论物理学中，卢瑟福的原子模型就是根据太阳系行星模型推出来的；惠更斯的光的波动说是根据水波、声波的理论推出来的；数学家由三维空间有某些性质，推出 n 维空间也有这些性质。所以在某种程度上我们可以说，类比推理是新思想和新发

---

① 弗格拉希：《逻辑学》，三联书店，1979年版，第317页。

② 康德：《宇宙发展史概论》，上海人民出版社，1978年版，第147页。

③ 张铁声：《相似、同构、认知》，江苏科技出版社，1995年版，第181页。

现永不枯竭的源泉。

在现代科学中，模拟方法是一种重要的理论，即在实验室中模拟在自然界中出现的某些现象或过程，构造出相应的模型，从模型中探讨其规律。模拟方法的理论原理就是类比推理。而仿生学的出现则是应用模拟方法的结果。仿生学是研究如何通过模仿生物的构造和功能原理来研制机械或各种新技术的科学技术。通过模拟生物的某些器官的构造，以期达到对其功能的模拟的目的。

例如：响尾蛇的鼻孔和眼睛之间有一个奇妙的感官——颊窝，颊窝被一片薄膜分成里外两部分，外面有一小孔通空气。这片薄膜上密密麻麻地布满了敏感的神经末梢，周围物体发生千分之一度的温差变化，响尾蛇都能觉察到。武器设计家以响尾蛇颊窝为原型，成功地设计和构造了响尾蛇颊窝的模型——热定位器。因为航空器的发动机在飞行中总要散发大量的热量，所以如果在导弹上安装上这种热定位器装置，导弹即能自动跟踪敌机，直至击毁敌机。

热定位器的发明，就是武器设计家对响尾蛇的颊窝的结构的模拟，设计出类似结构的机器，以达到对其功能的模拟。自从仿生学出现后，各个领域的发明家发明出了很多非常有用的机器或装置，如根据鹤的体态设计出了掘土机的悬臂；从毒气战幸存的野猪身上中获得启示，模仿野猪的鼻子设计出了防毒面具；从蜘蛛、蚕等昆虫具有吐丝的能力受到启发发明了人造丝，等等。其中，对人类生活影响最广泛、最深远的可能就是计算机的发明了。维纳说："把生命机体和机器作类比工作，可能是当代最伟大的贡献。"①

类比推理还有一个作用是其他推理无法替代的。有时人们不便或不可能对某个领域的对象进行研究，就研究相关相似领域的对象，然后进行类比推理。例如，医学家要对某种有毒性的新药进行药理实验，以考察它对人类某种疾病的治疗作用。由于医疗道德等因素，医学家不能一开始就对病人进行实验，所以，通常就用白鼠、猴子、大猩猩等做实验，然后通过类比推理来推断对人类疾病的疗效。

类比推理不仅是一种认识的方法、发现的方法，也是人们进行论证的有用的方法。例如，伽利略曾运用类比推理向反对"地动说"的人释疑。反对哥白尼"地动说"的主要理由之一是所谓"塔的证据"。反对者认为，依据"地动说"，地球表面上任何地点都将在短暂时间内运动很大的距离，如果有一块石头从塔顶落下来，那么在下落的过程中，由于地球的运动，塔已经离开了原来的位置，因此石头应该下落在离塔基很远的位置，而实际看到的情形并非如此。伽利略指出，"塔的证据"不能成为反对"地动说"的理由。正如一条匀速航行的船，从桅杆顶上落下一件重物，总是落在桅杆脚下而不是落在船尾一样。伽利略这里就是用匀速航行的船上的落体实例类比塔顶的重物落体，从而解释了塔顶的重物落体问题，为"地动说"提供了很好的辩护。

在法律工作中，类比推理非常有价值的应用领域是刑事侦查中的"模拟犯罪法"。在侦查活动中为了确定对案件侦破有重要意义的某一事实或现象是否存在，或者在某种条件下能否发生，而参照案件发生时的条件，将该事实或现象模拟再现。还原犯罪现场，以便与案情进行比对，这一思维过程的逻辑依据是类比推理。

例如：法医学史上第一起利用尼古丁进行谋杀的案件于 1850 年 11 月 20 日发生在比利时。死者的口、舌、喉和胃都有化学品灼伤的痕迹。最初推测死者为某种如硫酸这样的烈性液

① 维纳：《维纳著作选》，上海译文出版社，1978 年版，第 35 页。

体从口中灌入致死，但经法医学家斯塔斯检验的结果表明，死者的胃、肠、膀胱的提取物内没有检出硫酸却检出了大量醋酸，但醋酸不能致人死命。斯塔斯猜测，大量的醋酸会把其他某种未知的毒物的作用掩盖起来。经过大量的实验，又从这些提取物中检出了尼古丁。但尼古丁不会引起死者口腔、食道发生烧灼伤。死者是否是尼古丁致死的？为何会发生口腔和食道的烧灼伤？斯塔斯猜测，死者很可能是因灌入尼古丁致死的，作案人为了掩盖尼古丁强烈的刺激气味，又往死者口中灌入了大量醋酸以致引起了口腔、食道的烧灼伤。为了检验这一推测，斯塔斯做了一组动物实验：他往一只狗的嘴里灌入尼古丁，把狗毒死，同时用完全相同的方法把另一只狗毒死，然后往它的嘴里灌醋酸。前一个实验表明，尼古丁不会将活体灼伤；在后一个实验里则见到了和死者嘴里一样的焦黑烧灼伤。后来的法庭审理中，被告人的供述与斯塔斯通过“模拟犯罪法”所得到的结论完全一致。

另外，在刑事侦查的过程中，刑侦人员对未侦破案件的调查，往往会通过已经掌握的材料，比对不同的案件。如果发现几起案件在作案时间、作案方式、使用的工具等方面具有相似性，根据类比推理，推出作案人是同一人，进行并案侦查，从而提高侦破工作的效率。

司法审判中常常使用类比推理。尤其是在判例法国家，遵循先例的原则要求对相同的案件作相同的判决，因而案件双方主体往往为了追求符合自己利益的结果援引不同的先例，或者针对特定的先例与争议案件是类似还是不同展开激烈争论。在大陆法国家，因为成文法具有滞后性，当审理法无明文规定的具体案件时，通常的做法是进行类推适用。所谓类推适用，就是对法无明文规定的具体案件，比附援引与其性质最相类似的现有法律规定进行适用。我国刑法的基本原则是“无罪推定”，法无明文规定的不认为是犯罪，所以在刑法中禁止使用类推适用，这也是现代法治国家通行的做法。

要点小结

本章阐述了非演绎推理，包括概述、回溯推理、归纳推理、探求因果联系的方法、类比推理。主要内容是：

一、概述

演绎推理和归纳推理

归纳推理的作用

归纳推理的评价标准：可靠性

二、回溯推理

定义及形式

应用

三、归纳推理

定义及形式

应用

四、探求因果联系的方法

概述　定义

因果联系的特征

求因果联系五法
- 求同法
- 求异法
- 求同求异并用法
- 共变法
- 剩余法

五、类比推理

定义及形式

应用

思考与练习

一、思考题

1. 演绎推理和非演绎推理的主要区别是什么？

2. 为什么回溯推理的结论是可错的？怎么提高回溯推理结论的可靠性程度？

3. 为什么归纳推理的结论是可错的？怎样提高归纳推理结论的可靠性程度？

4. 求因果联系的方法有哪些？为什么求因果联系推理的结论是可错的？怎样提高每一种求因果联系推理结论的可靠性程度？

5. 为什么类比推理结论是可错的？怎样提高类比推理结论的可靠性程度？

二、练习题

1. 分析下述实例，指出各属于何种非演绎推理。

(1)某市发生一起黄金首饰盗窃案。现场没有留下指纹。侦查人员推测，犯罪嫌疑人是一个经验丰富的盗窃老手。

(2)18世纪时，人们对于热产生的原因还没有正确的认识。俄国科学家罗蒙诺索夫提出："热由运动产生。"在一次学术会议上，他为自己的观点辩护说：

"我们搓擦冻僵了的双手，手便慢慢暖和起来；我们使劲敲击冰冷的石块，石块能发出火光；我们用锤子不断地捶击铁块，铁块也会热得发烫——由此可知，运动能够产生热。"

(3)有的心理学家认为，盲人的听觉系统优于常人，盲人是靠敏锐的听觉感知周围的障碍物的。为了验证这一点，心理学家做实验，将盲人的耳朵塞住，或让他们赤脚在地毯上行走，他们便丧失了回避障碍物的能力。这个实验揭示出盲人具有高度发达的听觉能力。

(4)水稻能够进行光合作用，大豆能进行光合作用，松树能进行光合作用。所以，凡绿色植物都能进行光合作用。

(5)两个相同的白鼠被安置在相同的环境中作实验。给两只白鼠分别喂了数量相同的四种食物。另外，给其中一只喂了一种药而另一只没喂这种药。不久，喂了那种药的白鼠变得紧张和不安，而另一只则没有这种表现。于是，研究者得出结论，该药是引起紧张的原因。

(6)对氮、氢、氧这些气体加热时，人们屡次发现，随着气体的增温，体积就增大。于是得出结论：各种气体在加热时体积都会膨胀。

(7)1960年，英国有一个农场的10万只鸡，由于吃了发霉的花生而得癌症死去了。1963年，有人用发霉的花生喂大白鼠、鱼、雪豹等动物，它们也患癌症死去。这些动物的品种、生理特征、生活条件等因素各不相同，而吃了发霉的花生这一点是相同的。由此得出结论：吃了发霉的花生是使这些动物致癌而死的原因。

(8)科技人员将28只正在生蛋的母鸡分成两组，每组供给的饲料的数量、质量、次数都相同，所不同的只是一组用普通水喂养，另一组喂以雪水。三个月后，饮普通水的一组母鸡，平均每只鸡生蛋19个，每个蛋重49克；而喂雪水的一组母鸡，平均每只鸡生蛋38个，每个蛋重53克。不仅蛋增产一倍，而且平均蛋重增加4克。科技人员得出结论：用雪水喂鸡能使母鸡的产蛋量增加。

(9)侦查表明，甲犯作案有一定动机，乙犯作案有一定动机，丙犯作案有一定动机……可见，犯罪分子作案都是有一定动机的。

(10)据新华社报道，广州郊区的石井镇有良田万亩，因鼠害严重，农作物每年损失数百万元。以前，镇上每年花费100多万元购买毒谷灭鼠，但常常连家禽、猫狗一起毒死了。有位农民发现，一块40余亩的农田有两条自然生存的水律蛇，没有鼠害发生；后来，那两条蛇被人捕食，地里的鼠害又猖獗起来。农民们从中悟出：一物降一物，蛇能克鼠，正是水律蛇保护了农田免遭鼠害。

(11)美国物理学家富兰克林发现，闪电与用摩擦方法产生电的现象有许多相似之处：它们都发光、光的颜色相同；电摩擦产生的电火花和闪电的形状都呈弯曲状；二者都是瞬时产生、所发的光都能使物体着火、都能熔解金属、都能杀死生物体等。于是他得出结论：闪电是空中的放电现象。后来，富兰克林和他儿子在费城做了著名的风筝实验，验证了他的结论。

(12)科研人员为了测定食用香菇的药用价值，做了如下试验：把志愿者分成甲、乙两组，而甲、乙两组中又有老年组和青年组两个分组。甲组中的两个组每人每天吃干香菇9克，鲜香菇90克。乙组中的两个分组则不食用。食用前分别对参加试验者的血清胆固醇进行测定，服用一周后再采血化验。结果发现，甲组中食用香菇的青年组血清胆固醇平均下降20%，老年组平均下降8%。乙组中的两个分组试验前后都没有明显变化。科技人员得出结论：食用香菇能够降低人的血清胆固醇。

(13)传说我国古代鲁班，有一次上山砍树，手指被野草的叶子划伤。他发现这些叶子的边缘有许多锋利的小齿，于是就在铁片上制作了许多相似的小齿，发明了人们沿用至今的锯子。

(14)科学家做过一个实验，他们将苜蓿切细，埋在秧苗两边，结果这些秧苗结出的果实比其他秧苗结出的果实多而且好。只靠苜蓿里的氮、磷、钾不可能产生这样的效果。于是科学家们推测，苜蓿里还有未知的营养元素。后来果然分离出30烷醇。实验证明，正是30烷醇刺激了秧苗生长。

(15)一位犯罪学家通过比较发现，就业率的波动和盗窃罪发案率的起伏之间有共变现象。当就业率升高的时候，盗窃率降低；当就业率降低的时候，盗窃率升高。这位犯罪学家得出结论：失业是引起盗窃率升高的原因。

(16)跳蚤为什么会跳呢？做个小实验吧。捉几只跳蚤，放进盛有少许沙子的玻璃瓶中，用橡皮塞塞紧。塞子上插有两根胶皮管，并用夹子夹死。一会儿跳蚤便钻进沙子里一动不动了。然后放开夹子，用嘴往瓶子里吹气，刹那间，跳蚤就欢蹦乱跳起来。用含5%二氧化碳的空气注入，跳蚤的反应与用嘴吹时同样激烈。进一步实验证明，跳蚤的反应强度受二氧化碳浓度的控制，二氧化碳浓度越高，跳蚤越活跃。除跳蚤外，虱子、蚊子等也都具有对动物呼出的二氧化碳作出灵敏反应的本能。

(17)全日本航空公司作了这样一个实验：将该公司的26架波音747与767客机发动机进气口涂上伪装的眼睛，其他波音客机则不涂这种伪装的眼睛。一年中，涂了这种眼睛的飞机均未被鸟撞击，未涂这种眼睛的飞机平均每架被鸟撞击9次。可见，客机涂上伪装的眼睛，可以避免飞鸟撞击。

(18)海罗在锡拉丘兹称王之后，为了显示自己的丰功伟绩，决定在一座神庙里放上一顶金皇冠，献给不朽的神灵。海罗与承包商谈好价钱，订了合同，并精确地称出黄金交给对方。皇冠完成后海罗非常满意。但后来有人告发说加工时商人盗窃了金子换以等量的白银。海罗认为自己受了欺骗，实在是奇耻大辱，可又没办法揭穿商人的做法，就把这个任务交给了阿基米德。阿基米德洗澡的时候都在想称量皇冠的办法。当他进澡盆时，发现自己的身体越往里进，从盆里溢出的水就越多。他这下找到了解决问题的办法。

2. 分析下列非演绎推理，判断在什么情况下，该推理结论的可靠性程度较高，在什么情况下，结论的可靠性程度较低？

(1)美国脑神经科学家奥利弗·萨克在治疗嗜睡症过程中饱受挫折。1968年，他决定试用一种叫做L－杜朴敏的药。当年夏天，所有沉睡几十年的病人在服用了这种药后都奇迹般地苏醒过来。于是，奥利弗·萨克得出结论：L－杜朴敏对嗜睡症有疗效。可是，当奥利弗·萨克在英国等其他地方用L－杜朴敏试图治疗同样病人时却没有疗效。

(2)一个科学家对1000只供医学实验用的白鼠进行测试，发现它们的食物中缺乏维生素D时，每只白鼠都患有佝偻病。另一个科学家进行同一实验，从10种不同的动物中，各取10个不同的样品，实验结果同对白鼠的实验一样。两个科学家都得出结论：当缺乏维生素D时，所有的动物都会得佝楼病。

(3)对某工厂的生产线上生产的4双鞋进行检查，这些鞋是同一品牌、都是机制的。结果表明每双鞋中左鞋都比右鞋大。于是得出结论：如果检查第5双鞋，也是左鞋比右鞋大。再对另一合作社的4双鞋进行检查，这些鞋是由合作社中各种不同手艺的工人亲手制造的。结果也是每双鞋中左鞋都比右鞋大。于是得出结论：如果检查第5双鞋，也是左鞋比右鞋大。

(4)推理①：甲的轿车与乙的轿车有相同的外形，并且价钱也差不多，而甲的轿车的最高时速是195公理，因此，乙的轿车的最高时速也是195公理。

推理②：甲的轿车与乙的轿车有相同的自重和马力，性能和质量也差不多，而甲的轿车的最高时速是195公理，因此，乙的轿车的最高时速也是195公理。

3. 运用非演绎推理的有关知识回答下列问题。

(1)光线的照射，有助于缓解冬季忧郁症。研究人员曾对九名患者进行研究，谈们均因冬季白天短而患上了冬季抑郁症。研究人员让患者在清早和傍晚个接受三小时伴有花香的强光照射。一周之内，七名患者完全摆脱了抑郁，另外两人也表现出了显著的好转。由于光照会诱使身体以为夏季已经来临，这样便治好了冬季抑郁症。

以下哪项如果为真，最能削弱上述论证的结论？

A、研究人员在强光照射时有意使用花香伴随，对于改善患上冬季抑郁症的患者的适应性有不小的作用。

B、九名患者中最先痊愈的三位均为女性。而对男性患者治疗的效果较为迟缓。

C、该实验均在北半球的温带气候中，无法区分南北半球的实验差异，但也无法预先排除。

D、强光照射对于皮肤的损害已经得到专门研究的证实，其中夏季比起冬季的危害性更大。

E、每天六小时的非工作状态，改变了患者原来的生活环境，改善了他们的心态，这是对抑郁症患者的一种主要影响。

(2)京华大学的30名学生近日里答应参加一项旨在提高约会技巧的计划。在参加这项计划前一个月，他们平均已经有过一次约会。30名学生被分为两组：第一组与6名不同的志愿者进行6次“实习性”约会，并从约会对象得到对其外表和行为的看法的反馈；第二组仅为对照组。在进行实习性约会前，每一组都要分别填写社交忧惧调查表，并对其社交的技巧评定分数。进行实习性约会后，第一组需要再次填写调查表。结果表明：第一组较之对照组表现出更少社交忧惧，在社交场合表现得更为自信，以及更易进行约会。显然，实际进行约会，能够提高我们社会交际的水平。

以下哪项如果为真，最可能质疑上述推断？

A、这种训练计划能否普遍开展，专家们对此有不同的看法。

B、参加这项训练计划的学生并非随机抽取的，但是所有报名的学生并不知道试验计划将要包括的内容。

C、对照组在事后一直抱怨他们并不知道计划已经开始，因此，他们所填写的调查表因对未来有期待而填得比较悲观。

D、填写社交忧惧调查表时，学生需要对约会的情况进行一定的回忆，男学生普遍对约会对象评价得较为客观，而女学生则显得比较感性。

E、约会对象是志愿者，他们在事先并不了解计划的全过程，也不认识约会的实验对象。

(3)美国国家专利局授予发明者专利的数量，1971年为56 000项，1978年降低到45 000项，而用于科研与开发的国家投入，1964年达到国民生产总值的3%，1978年只有2.2%。而在此期间，在美国对科研与开发的投入不断减少的同时，联邦德国与日本在这方面的投入分别提高了3.2%和1.6%。

以下哪项是上述信息中最能得出的结论？

A、一个国家的国民生产总值和它的发明数量有直接关系。

B、1978年，联邦德国和日本用于科研与开发的投入要比美国的多。

C、一个国家对科研与开发的投入量与这个国家的发明数有直接关系。

D、在1964年至1978年间，美国用于科研与开发的投入占国民生产总值的比例一直高于日本。

E、联邦德国和日本在授予发明者的专利的数量上将很快超过美国。

(4)在司法审判中，所谓肯定性误判是指把无罪者判为有罪，所谓否定性误判是指把有罪者判为无罪。肯定性误判就是所谓的错判，否定性误判就是所谓的错放。而司法公正的根本原则是“不放过一个坏人，不冤枉一个好人”。某法学家认为，目前，衡量一个法院在办案中对司法公正原则贯彻得是否足够好，就看它的肯定性误判率是否足够低。

以下哪项如果为真，能最有力地支持上述法学家的观点？

A、宁可错判，不可错放，是左的思想在司法界的反映。

B、错放造成的损失，大多是可以弥补的；而错判对被害人造成的伤害，是不可弥补的。

C、各个法院的办案正确率普遍有明显的提高。

D、各个法院的否定性误判率基本相同。

第九章　逻辑基本规律

◆**内容提要**：本章阐述了逻辑思维的基本规律，包括同一律、矛盾律和排中律的内容和对思维的要求，以及违反同一律、矛盾律和排中律的逻辑错误，并简要分析了同一律、矛盾律和排中律在法律工作中的运用。

同一律是指：任何思想都具有确定性，它是什么就是什么。通常表示为：A = A。同一律保证思想表达的确定性。同一律要求：在同一思维过程中，一种思想必须保持自身的确定和同一。这里的“思想”，指用来表达思想的概念或命题。就概念而言，遵守同一律就是要求保持其确定的内涵和外延。就命题而言，同一律要求保持其确定的陈述和真假。违反同一律的逻辑错误表现为：混淆概念、偷换概念；转移论题，偷换论题。同一律在法律工作中的应用，具体要求是：(一)法律规范自身必须确定、一致；(二)对法律规范的理解必须准确，不得混淆概念；(三)同一案件的事实、定性和判处必须保持同一；(四)法庭辩论应针对同一论题进行。

矛盾律是指，任何一个思想都不能既是真的又是假的。或者说，相互矛盾的思想不可同真，其中必有一假。通常表示为：$\neg(A \wedge \neg A)$。矛盾律要求：在同一思维过程中，不得同时肯定两个相互矛盾的思想。就概念而言，矛盾律要求不能用两个具有矛盾关系或者反对关系的概念去指称同一个对象。就命题而言，矛盾律要求对两个具有矛盾关系或者反对关系的命题不能都予以肯定。矛盾律要求对相互矛盾的思想不能都予以肯定，以保证思想自身的一致性。违反矛盾律的逻辑错误称为自相矛盾。矛盾律在法律工作中的应用，具体要求是：(一)法律规范自身不能相互矛盾；(二)在同一案件中，必须排除各种证据材料之间的相互矛盾；(三)法律文书不得含有自相矛盾的内容。

排中律是指：任何一个思想或者是真的或者是假的。或者说，相互矛盾的思想不可同假，其中必有一真。通常表示为：$A \vee \neg A$。排中律要求：在同一思维过程中，不得同时否定两个相互矛盾的思想。就概念而言，用两个具有矛盾关系的概念指称同一对象时，其中必有一种情况是成立的。就命题而言，排中律要求不能同时否定两个相互矛盾关系的命题或者相互下反对关系的命题。排中律要求保持思想自身的明确性，违反排中律的逻辑错误是两不可。排中律在法律工作中的应用，具体要求是：(一)法律用语不容模棱两不可；(二)在审讯中禁止使用不正当的复杂问语。

◆**学习目标**：通过本章学习，要求学生重点掌握：同一律、矛盾律、排中律的内容和要求，能够判定具体思维中是否存在违反同一律、矛盾律或排中律要求的逻辑错误；一般了解：逻辑基本规律在法律工作中的应用。

◆关键词:同一律，矛盾律，排中律

第一节　同一律

一、同一律的内容和要求

同一律是指:任何思想都具有确定性，它是什么就是什么。通常表示为:A = A。

同一律保证思想表达的确定性。在同一语境中，某个语言单位表达什么思想就表达什么思想。一个语词表达什么概念就确定地表达这个概念，一个句子表达什么命题就确定地表达这个命题。只有保证了思维的确定性，才有可能讨论其正确与否。

同一律要求:在同一思维过程中，一种思想必须保持自身的确定和同一。如俗话所说，说一是一，说二是二。

这里的"思想"，指用来表达思想的概念或命题。

就概念而言，遵守同一律就是要求保持其确定的内涵和外延。在同一思维过程中，一个概念用来指称什么对象，具有什么内涵，应当是确定的、前后一致的。例如:

所有无效合同都是没有法律约束力的，所有损害社会公共利益的合同都是无效合同，所以，所有损害社会公共利益的合同都是没有法律约束力的。

这个三段论推理的形式为:

MAP
SAM
———
SAP

其中，"无效合同"、"没有法律约束力的"、"损害社会公共利益的合同"这三个词项都分别出现了两次。在分析该三段论的推理形式时，我们使用同一个符号来表示两个不同命题中出现的同一个词项。根据同一律的要求，它们应该具有相同的内涵和外延。再如:

中国人是勤劳勇敢的，我是中国人，所以，我是勤劳勇敢的。

这个三段论的推理形式也为:

MAP
SAM
———
SAP

但是，其中的中项"中国人"在大前提中是在集合意义上使用的，在小前提中是在非集合意义上使用的，虽然使用了同一个语词，但是内涵、外延均不相同，但在该推理中却被当做同一个词项使用，因此违反了同一律。

就命题而言，同一律要求保持其确定的陈述和真假。在同一思维过程中，同一个命题必须保持相同的意义，相应地，对该命题真假的断定也应当是确定的。例如:

只有加强网络信息保护的立法，才能保障互联网顺利发展。因为，如果要保障互联网顺利发展，就必须保障网络安全；如果要保障网络安全，就要加强网络信息保护的立法。

这个论证是由一个假言连锁推理构成的。作为前提和结论的假言命题是由三个不同的简单命题充当前件和后件的，每个简单命题出现两次，两次出现都是在相同的意义上使用的，因而符合同一律的要求。

同一律是人们对思维活动的规律性加以概括和总结所得到的逻辑基本规律，它要求人们的思想保持确定性和同一性，是指人们在运用概念表达思想时，在同一思维过程中，要在同一意义下使用同一概念，保持概念与其自身同一，而不是概念与它反映的对象同一。概念与其自身同一，是指运用概念要具有确定性；概念与它反映的对象同一，是指概念正确地反映了对象的特有属性。概念的确定性不同于概念的正确性。

对命题而言，同一律要求命题必须与其自身保持同一，是指在同一思维过程中，每一命题的陈述是确定的，在表达时要保持前后一贯；不同的命题不得彼此混淆。如果是对同一事物情况的陈述，即使运用了不同的命题表达，这些命题也应是相互等值的。保持命题与其自身同一，是指在思维的表达中保持命题真值的确定性，不同于命题的陈述在事实上的真假。

二、违反同一律的逻辑错误

人们的日常思维是借助于自然语言表达的。自然语言的用法十分复杂，一个语词、一个语句可以表达几种不同的意思；同一种思想，又可以通过不同的语言形式得以表达。如果使用不当，就会引起思维混乱，导致逻辑错误。

违反同一律的逻辑错误表现为：混淆概念、偷换概念；转移论题、偷换论题。

混淆概念，指无意识地或者不自觉地把不同的概念当做同一概念使用。混淆概念常在一词多义或两词近义的情况下发生。

由一词多义引起的混淆。自然语言中的语词大多是多义的，具有歧义性。同时，由于每个人的认识、阅历的差异，对同一个语词会有不同的理解和解释，从而导致在交谈、论辩时发生混淆概念的情况。

例如：在一场题为“闲事该不该管”的辩论中，正方主张：闲事该管，路见不平，拔刀相助，一向是中华民族的美德，应该弘扬；反方则认为：闲事不该管，要管就管正事，因为闲事就是无关紧要的皮毛琐事，管闲事没有意义。

在这场辩论中，双方似乎针锋相对，但实质却没有针对同一论题，因为双方所说的“闲事”是两个不同的概念：正方所说的“闲事”是指与自己没有直接关系的事；反方的“闲事”则是指不重要、没有意义的小事。日常生活中常会发生类似此例的无谓争论，双方各自坚持自己对某一语词的理解，虽然争论很激烈，却并无交锋。

由两词近义引起的混淆。两词含义有相似的地方，但并不是同一个语词，也不表达同一个概念。例如，有人这样推理：“盗窃罪是应该受到刑罚处罚的，小偷小摸是盗窃行为，所以，小偷小摸是应该受到刑罚处罚的。”这一推理中“盗窃罪”和“盗窃行为”是两个不同的语词所表达的两个不同的概念。由于它们在含义上有相近或相似之处，如果缺乏相关知识，就容易引起混淆。

偷换概念，指出于主观故意而发生的概念混淆。偷换概念是一种常见的诡辩手法。

例如：古希腊诡辩家欧布里德曾经作过一个“有角的人”的证明：

凡是你没有失掉的东西就是你拥有的，你没有失掉头上的角，所以，你有角。

在这个三段论推理中，欧布里德在推理的大、小前提中所说的“没有失掉的东西”，是两个不同的概念。大前提中的“没有失掉的东西”，其意是“你”原先拥有的东西，因为没有失掉，所以“你”继续拥有；而小前提中所说的“没有失掉(的东西)”，原本“你”就不拥有，所以根本谈不上失掉它。欧布里德在推理的过程中，为了证明“你有角”，偷换了“没有失掉的东西”这一概念。

转移论题，指无意识或者不自觉地以一个似是而非的论题取代原论题。表现为对话答非所问，写文章文不对题。例如，有人问：“城市养鸽是否妨害城市卫生？”某甲答：“鸽子是和平的象征，是人类的友好使者，在科学研究、国防通讯、航海急救等方面，都能为人类作出贡献。”某甲的回答没有针对问题本身，答非所问，转移了论题。

偷换论题，指有意识地、有目的地将谈论中的论题转换为另外一个论题。偷换论题也是一种常见的诡辩手法。例如，在法庭上，律师提出：“被告人的行为只是一般的违法行为，不构成犯罪。”公诉人答：“被告人的行为是具有社会危害性的，对于这点，谁也不能否认。”这里，公诉人的回答并没有针对律师的论题，而是偷换成了另一个不同的论题。

不论转移论题还是偷换论题，都会使原来所交谈或辩论的问题无法继续下去；如果写文章，文章的论点也得不到论证。

三、同一律在法律工作中的应用

遵守同一律，保持思想自身的确定和同一，对法律工作有着极其重要的意义。同一律在法律工作中的应用，具体要求如下：

（一）法律规范自身必须确定、一致

法律规范是司法工作的依据，因此，在法律条文的陈述中，法律概念的内涵和外延必须明确、确定，法律规范的严格性要求，法律语词与它所表达的概念之间应是一一对应关系，既不能混同也不能相互替换。它的语词表述如果不清晰明了、严谨一致，就会造成法律理解与适用上的困难，甚至会严重影响法律的权威性。因此，立法者所使用的法律规范语词应具有严格的确定性、一致性，既不能出现一个语词对应不同的概念及多个语词对应一个概念的情况，更不能出现语词与概念的混乱杂构。

以我国《国家安全法》中的“公民”与“个人”的区别使用为例：

第十九条　任何公民和组织都应当保守所知悉的国家安全工作的国家秘密。

第二十条　任何个人和组织都不得非法持有属于国家秘密的文件、资料和其它物品。

在此语境下，上述条款中的“公民”和“个人”在含义上没有实质性的差别。如果两个不同的语词表达的是同一个概念，那么用词应该统一起来，以免引起不必要的猜测和误解。

所以，立法者应严格界定法律规范语词的含义，达到法律规范语词的含义确定一致。具体地说，就是同一法律概念的表述应用同一语词，不同的法律概念要避免使用同一语词。若同一法律、法规或不同法律、法规中使用同一语词，如无特别理由，应作同一解释；若同一法律概念使用了多个不同语词表述，则应加以统一。这就要求立法者要对法律规范语词的内涵和外延进行准确的分析和界定，以保证法律规范自身确定、一致。

（二）对法律规范的理解必须准确，不得混淆概念

在日常使用中，必须准确地理解法律概念的内涵及所指称的对象范围，做到法律概念的

使用准确、规范。例如，中国人民银行负责人指出，“商业银行”称谓不得滥用，“房屋银行”、“土地银行”、“绿色银行”等称谓违反了我国商业银行法。之所以出现这样的误用，就是因为没有准确地理解我国商业银行法中对“商业银行”这一概念的内涵和外延的界定。

在司法实践中，司法人员援引法律必须准确理解法律规范自身的含义，对法律条文的理解和适用不能随心所欲，既不能主观地加以扩大，也不能缩小。例如，我国刑法第六条第二款规定：凡在悬挂中华人民共和国国旗或国徽的船舶或者航空器内犯罪的，适用本法。如果是在一列行驶在俄罗斯领土上的国际列车上悬挂中华人民共和国国旗的某节车厢内发生的刑事案件，就不能算是我国的浮动领土，当然也不能适用我国刑法，否则就是对法律做了主观扩大的解释。

（三）同一案件的事实、定性和判处必须保持同一

有什么事实，就应根据法律定什么性质；属于什么性质，就应依法作相应的判决。

例如：被告人莫某携带一支“六四”式手枪和10发子弹，趁安检处人多拥挤，混入机场，登上飞机。当飞机中途降落，莫某企图再次以同样方式混入机场时，被机场安检人员查获。法院认定的案件事实是被告人莫某非法携带枪支子弹乘坐民航班机，但在给被告人的犯罪事实定性时，却认定为私藏枪支、弹药罪。事实与定性没有保持同一，违反了同一律。

（四）法庭辩论应针对同一论题进行

在法庭辩论中，如果论辩双方不保持论题同一，而是你说你的，我说我的，就构不成一场法庭辩论，解决不了实质问题。

例如：某律师出庭为杨某伤害致死案辩护。律师提出三点辩护意见：第一，杨某的犯罪是出于义愤；第二，杨某的罪行轻微。法医检验结果表明，致受害人死亡的损伤行为与杨某的行为无直接关系；第三，请求法庭在量刑上从轻判处。接着，公诉人答辩。他并没有针对律师的辩护意见展开辩论，而是大谈刑法所规定的故意犯罪的特征，继而谈直接故意杀人和间接故意杀人的区别。这样的答辩，使法庭辩论完全失去了意义。

第二节　矛盾律

一、矛盾律的内容和要求

矛盾律是指，任何一个思想都不能既是真的又是假的。或者说，相互矛盾的思想不可同真，其中必有一假。通常表示为：$\neg(A \land \neg A)$。

在经典逻辑中，命题的真值只有两个——真和假。任何一个命题的真值都必居其一，不可能既是真的，又是假的。如果已经确定命题A为真，则A一定不为假。换言之，如果已经确定A为真，则$\neg A$一定不为真，A和$\neg A$这两个具有矛盾关系的命题不可同真。

矛盾律要求：在同一思维过程中，不得同时肯定两个相互矛盾的思想。

就概念而言，矛盾律要求不能用两个具有矛盾关系或者反对关系的概念去指称同一个对象。例如，对于同一个，不能既断定他是“成年人”，同时又断定他是“未成年人”；对同一个

推理，不能既判定它是“有效的”，又判定它是“无效的”；一个几何图形，如果是圆形的，就不可能是非圆形的（即其他形状的），所以我们不可能说一个几何图形是“方的圆”；事物的颜色如果是红色的，就不可能是非红色的（即其他颜色的），所以我们不能肯定一朵花是“红色的”，同时又肯定它是“绿色的”。

矛盾律不仅要求不能用相互矛盾的概念指称同一对象，而且要求也不得用相互反对的概念指称同一对象，可以说是对概念间矛盾关系性质的扩展。因为根据概念外延之间的关系，与一概念相反对的概念一定包含在与之相矛盾的概念的外延之中，所以，不能用相互矛盾的概念指称同一对象，当然也不能用相互反对的概念指称同一对象。

就命题而言，矛盾律要求对两个具有矛盾关系或者反对关系的命题不能都予以肯定。命题的之间的矛盾关系是不可同真并且不可同假的关系；命题之间的反对关系是一种不可同真但可同假的关系，因此，不能同时肯定具有矛盾关系或者反对关系的命题。

例如：(1)“所有人都是自私的”与“有的人不是自私的”；

(2)“小张参加会议或者小李参加会议”与“小张和小李都不参加会议”；

(3)“如果监护人侵害被监护人的合法权益，则可以撤销监护人的资格”与“监护人侵害了被监护人的合法权益，也不可以撤销监护人的资格”；

(4)“内容违法的合同都是无效合同”与“内容违法的合同都不是无效合同”。

上述例子中(1)、(2)和(3)中的两个命题都是矛盾关系，(4)中的两个命题是反对关系，矛盾律要求对其中的两个命题都不能同时予以肯定。

矛盾律要求不能对两个具有反对关系的命题都予以肯定，这是对相互矛盾关系的命题不能同时肯定这一要求的推论。根据命题之间的对当关系，具有矛盾关系的命题 SAP 和 SOP 不可同真且不可同假，具有差等关系的命题 SEP 和 SOP 之间是蕴涵关系，由此可以推出当 SAP 为真时，SEP 一定为假；同理，当 SEP 为真时，SAP 一定为假。所以，具有反对关系的 SAP 和 SEP 之间不可同真。

矛盾律作为逻辑基本规律，不涉及思维的具体内容，它本身不能确定两个互相矛盾的思想究竟孰真孰假。但是，一旦确定了其中一个为真，根据矛盾律，就可以确定另一个思想为假。

矛盾律是逻辑规律，它所讲的“逻辑矛盾”和辩证法的“辩证矛盾”是完全不同的两个概念。逻辑矛盾是无法正确表达思想的思维混乱，必须予以排除。存在逻辑矛盾的思想是不能成立的，存在逻辑矛盾的理论体系（其中既肯定 A 又肯定 $\neg A$）是不协调的、不会得到公认的。辩证矛盾是对客观世界本身矛盾的一种解释，如“运动是物体在同一瞬间既在同一个地方又不在同一个地方”、“光是微粒又是波”。它揭示的是事物本身具有的对立统一关系及其运动过程，这一理论的目的是为人们认识、理解客观世界揭示所应遵循的规律。任何科学的认识都要求排除逻辑矛盾，而任何科学又都是在研究对象本身内在的辩证矛盾。总之，“逻辑矛盾”是需要排除的思维中的矛盾，而“辩证矛盾”是客观存在的事物本身的矛盾，二者不可混淆。同时，辩证思维作为人的思维，也必须保持自身的无矛盾性，也要遵守逻辑基本规律。

二、违反矛盾律的逻辑错误

矛盾律要求对相互矛盾的思想不能都予以肯定，以保证思想自身的一致性。

违反矛盾律的逻辑错误称为自相矛盾。

“自相矛盾”一词源自《韩非子·难一》中的一个寓言故事：“楚人有鬻矛与盾者，誉之曰：

'吾盾之坚，物莫能陷也。'又誉其矛曰：'吾矛之利，于物无不陷也。'或曰：'以子之矛，陷子之盾，何如？'其人弗能应也。"

从逻辑上分析，这个楚人的言辞同时肯定了两对互相矛盾的命题："我的盾不能被任何东西刺穿"与"我的盾能被有些东西刺穿（我的矛）"；"我的矛能刺穿任何东西"与"我的矛不能刺穿有些东西（我的盾）"。所以当有人问他："用你的矛刺你的盾，会怎样呢？"他无言以对。

我们日常表达或写文章，如果忽视思想的前后一致性，就会出现自相矛盾的情况。例如：

（1）这种技术从来没有人研究过，研究过的人也没有能取得成功的。

（2）他是死难者中唯一幸免的一个。

（3）你的意见既正确又全面，我毫无意见，不过，有几个小地方还需商榷一下；

（4）如果天不下雨，我们就去爬山。天虽然不下雨了，可太热了，我们就不去爬山了。

以上几例，都违反了矛盾律，犯了"自相矛盾"的错误。

除了这种直接肯定一个命题 A 又肯定其矛盾命题¬ A 的"自相矛盾"，还有违反空间、时间的客观规律，属于时间、空间形式上的不可能性的自相矛盾。例如，某犯罪嫌疑人在最初的审讯过程中交代，自己在 2000 年 12 月 1 日晚 8 点在北京某电影院看电影，后来又说自己同一时间出差在郑州。同一个人同一时间不可能既在北京，又在郑州。该犯罪嫌疑人的陈述显然自相矛盾。

矛盾律排除的是在同一思维过程中思想自身的不一致性，不属于同一思维过程的矛盾不违反矛盾律。例如，臧克家的诗中有这样的内容："有的人死了，他还活着；有的人活着，他已经死了。"这里，"死了"和"活着"表面上相互矛盾。但实际上针对的是事物的不同方面，具有"肉体"和"精神"的多重含义，因此并不违反矛盾律。

三、矛盾律在法律工作中的应用

遵守矛盾律，保持思想自身的一致性，对法律工作同样具有重要的意义。矛盾律在法律工作中的应用，具体要求如下：

（一）法律规范自身不能相互矛盾。

法律是人们行为的准则，是司法工作的依据。如果法律规范中有逻辑矛盾，就会令人无所适从，从而失去法律规范的作用。要保证法律规范的逻辑一致性，这就要求各种法之间不能互相矛盾，各种法的各条文之间不能互相矛盾。

例如：我国《监狱法》第五十九条规定："罪犯在服刑期间故意犯罪的，依法从重处罚。"这是《监狱法》对罪犯在服刑期间又犯罪的量刑原则的规定。然而《监狱法》是专门关于刑罚执行的法，而量刑原则属于实体法规定的范畴，《监狱法》的这一规定实际上是越权行为。作为下位法，《监狱法》的规定的法律效力也不能高于《刑法》，只能与《刑法》保持一致。然而《监狱法》所规定的这一量刑原则在《刑法》上根本找不到相应的依据，因此《监狱法》的这一规定和《刑法》的内容是不一致的、相矛盾的。所以，《监狱法》的这一规定应该被废止。

（二）在同一案件中，必须排除各种证据材料之间的相互矛盾

证据是认识案情的基础，是定罪量刑的依据。在办案时，侦查人员要广泛搜集证据，认真审查各种证据材料之间（如证人证言、被害人陈述、被告人的供述和辩解等）是否吻合一致，是否存在相互矛盾的材料。如果同一案件的证据材料之间出现了逻辑矛盾，那就说明其中必

定有假，就需要对证据材料重新审查核实。

例如：一起故意伤害自诉案件，原告向法院控告被告打断了他的肋骨，并提供了两件证据：一是县医院出具的诊断证明书；二是X光透视胸片。在法庭质证中，被告代理律师发现，原告出具的县医院诊断证明书与X光透视胸片之间存在不一致之处：前者证明原告左二肋骨骨折，后者表明原告是右三肋骨骨折。这引起了被告代理律师的怀疑，后经查证发现，原告的肋骨根本没有发生骨折，他所提供的两件证据都是假证。

（三）法律文书不得含有自相矛盾的内容。

包含自相矛盾内容的法律文书是不能让人接受的，也是不能成立的。

例如：常某购买采血设备，在本村采集血液3天后，被公安机关抓获。县检察院以非法采集血液罪向法院提起公诉。法院经过审理，对常某作出如下判决：被告人常某犯非法采集血液罪，免予刑事处罚，并处罚金1000元。

法院判决常某"免予刑事处罚，并处罚金1000元"是自相矛盾的。因为"免予刑事处罚"中的"刑事处罚"既包括主刑也包括附加刑，而罚金正是一种附加刑。在本案中，既然"免予刑事处罚"就不能再"处罚金1000元"；既然"处罚金1000元"，就不是"免予刑事处罚"。法院对"免予刑事处罚"和"处罚金1000元"同时加以肯定，违反了矛盾律，犯了自相矛盾的错误。包含矛盾的判决是不能成立的。

第三节　排中律

一、排中律的内容和要求

排中律是指：任何一个思想或者是真的或者是假的。或者说，相互矛盾的思想不可同假，其中必有一真。通常表示为：$A \vee \neg A$。

在经典逻辑中，命题的真值只有两个——真和假。任何一个命题的真值都必居其一，或者为真，或者为假，不可能既不真也不假。如果已确定A不为真，则A一定为假；换言之，如果已确定A为假，则$\neg A$一定为真。A与$\neg A$这两个相互矛盾的命题不可能都为假，其中必有一真。

排中律要求：在同一思维过程中，不得同时否定两个相互矛盾的思想。

就概念而言，用两个具有矛盾关系的概念指称同一对象时，其中必有一种情况是成立的。也就是说，一个对象必定被同一论域中的某对矛盾概念中的一个所反映。例如，某甲死亡是"正常死亡"与某甲死亡是"非正常死亡"，不可能都为假，如果对两者都加以否定，就会违反排中律。

就命题而言，排中律要求不能同时否定两个相互矛盾关系的命题或者相互下反对关系的命题。命题之间的矛盾关系是一种不可同真也不可同假的关系；命题之间的下反对关系是一种可以同真、但不可同假的关系。因此，对于两个相互矛盾或者相互下反对关系的命题，不能同时予以否定。

例如：(1)"所有证人都不是诚实的"与"有的证人是诚实的"。

(2)“某案件的案犯或者是甲，或者是乙”与“某案件的案犯既不是甲，也不是乙”。

(3)“某甲和某乙都在案发现场”与“如果某甲在案发现场，那么某乙不在案犯现场”。

(4)“有的杯子是玻璃的”与“有的杯子不是玻璃的”。

上述例子中(1)、(2)和(3)中的两个命题都是矛盾关系，(4)中的两个命题是下反对关系，排中律要求对其中的两个命题都不能同时予以否定。

排中律要求不能对两个具有下反对关系的命题都予以否定，这是对相互矛盾关系的命题不能同时否定这一要求的推论。根据命题之间的对当关系，具有矛盾关系的命题SAP和SOP不可同真且不可同假，具有差等关系的命题SAP和SIP之间是蕴涵关系，由此可以推出当SOP为假时，SIP一定为真；同理，当SIP为假时，SOP一定为真。所以，具有下反对关系的SIP和SOP之间不可同假。

排中律作为逻辑规律，和矛盾律一样，也不能确定两个相互矛盾的命题究竟哪一个为真，哪一个为假。但是，如果已经确定其中一个命题为假，那么，根据排中律，另一命题必真。

二、违反排中律的逻辑错误

排中律要求保持思想自身的明确性。一种思想如果被认为既不真又不假，就会令人难以理解，不知所云。

违反排中律的逻辑错误是两不可。

“两不可”一词源自《墨经》：“或谓之牛，或谓之非牛，不可两不可也”。

在日常表述中，当有人思想含混不清，陈述事物情况既非如此又非不如此时，我们常称这样的说法“模棱两可”，实际上指的就是“两不可”。

例如：(1)不能说某甲是有罪的，但也不能说某甲就没有罪。

(2)对于患绝症的病人，有人认为医生可以告知病人实情，有人则反对医生告知病人实情。这两种看法我都不赞成。因为，告诉病人实情，无疑会给病人造成沉重打击；向病人隐瞒情况，又不符合医生的职业道德。

(3)要说必然会胜诉是不对的，谁能担保必然会胜诉呢？要说可能不会胜诉也是不对的，怎么可能不会胜诉呢？

(4)对于“有的人是自私的”和“有的人不是自私的”这两种观点我都不赞同。

以上(1)、(2)和(3)例是对有关同一事物情况的两个相互矛盾的陈述都加以否定，(4)例是对相互下反对关系的两个陈述都加以否定。这样所表达的思想含糊不清，犯了两不可的逻辑错误。

排中律禁止同时否定两个具有矛盾关系或下反对关系的思想，因为二者不可同假，其中必有一真。对于两个具有反对关系的思想，如果也认为不能同时予以否定，就属于对排中律的误用。这种错误可以称为“非黑即白”的谬误。显然，在黑与白这两个具有反对关系的概念之外还存在其他选择。

例如：在林肯和道格拉斯关于废除奴隶制的辩论中，道格拉斯反对给黑人和白人平等的权利。他说：“这就意味着白人要和黑人一起生活，一起睡，一起吃，要和黑人结婚，否则就是不可理解的。”林肯反驳道：“我反对这种骗人的逻辑，说什么我不想要一个黑人女人做奴隶，就一定得娶她做妻子。二者我都不要，我可以听凭她自便……”

林肯在辩论中敏锐地抓住了道格拉斯的错误，指出这种错误的实质在于认为不是黑的便一定是白的。

对两个互相否定的思想不作选择，不表态，不违反排中律。因为作为思维的规律，排中律仅仅要求对两个不可同假的命题不能都否定，并没有要求确定其中那个真哪个假。由于认识上的局限，还无法断定孰真孰假，或者由于其他原因而不愿意表态，这并不违反排中律。

对复杂问语拒绝回答，也不违反排中律。复杂问语是指包含着预设并要求对方作肯定或否定回答的问句。预设是指交际中话语的已知部分，或者说双方共知的东西。例如，“小明的姐姐是作家”，这句话就包含“小明有姐姐”这个预设。对于复杂问语，不论作肯定还是否定的回答，其结果都承认了其中的预设。例如，审讯人员问犯罪嫌疑人：“你对被害人是否早就怀恨在心？”这就是一个复杂问语，其中包含了两个预设：“本案死者是被害死亡”、“犯罪嫌疑人对本案死者怀恨在心”。对此问题，不论回答“是”还是“不是”，都意味着犯罪嫌疑人承认了这两个预设。对这种问题的答复，可以直接去否定问语中的预设，而不能简单地回答是或否。

三、排中律在法律工作中的应用

遵守排中律，保持思想的确定性，对法律工作同样具有重要的意义。排中律在法律工作中的应用，具体要求如下：

(一)法律用语不容模棱两可

案情认定是不容含混的，或者A，或者¬A，必须明确，不能既不是A又不是¬A。例如，某死亡案件，死者或者是自杀，或者非自杀，二者必居其一。如果否定是自杀，就要肯定是非自杀，反之亦然。

起诉意见、审判结果必须明确，不能含糊其辞。例如，某被告的行为是否触犯了刑律，是否构成了某种犯罪，意见必须明确，不容含混。此外，再审判决和再审裁定，对于原审定罪是否正确，量刑是否适当，撤销原判或是维持原判，都要作出明确的结论。

(二)在审讯中禁止使用不正当的复杂问语

不正当的复杂问语包含一个错误的、或者未经证实的预设，对方不论给予肯定还是否定的回答，都意味着承认了这个预设。因此，在审讯中，故意使用不正当的复杂问语是变相诱供或套供。例如，关于某犯罪嫌疑人是否参与了某起犯罪活动，办案人员尚未证实，其本人也没有承认。在这种情况下，如果审讯人员提问：“你愿意揭发你的犯罪同伙的罪行吗？”如果该犯罪嫌疑人在情绪紧张的状态下随口回答“愿意”，就等于承认了自己参与了共同犯罪。但是，这样承认的结果未必符合事实。这种审问的方式无益于查清案情，反而会给审讯工作带来麻烦。

同一律、矛盾律和排中律，是一切思维活动都必须遵循的最基本的思维规则，在传统逻辑中占有很重要的地位。它们从不同的方面保证思想的确定性、一致性和明确性。任何违反逻辑基本规律的思想都是无效的。不确定的、自相矛盾的、模棱两不可的思想，既不能反映客观事实，也无法表达任何思想，更不能指导人的行为，因而是无效的，是应该予以排除的。

要点小结

本章阐述了逻辑思维基本规律，包括同一律、矛盾律和排中律的内容、要求、违反同一律、矛盾律和排中律的逻辑错误，以及同一律、矛盾律和排中律在法律工作中的应用。其主要内容有：

一、同一律

内容：任何思想都具有确定性。A = A

要求：一种思想必须保持自身的确定和同一

逻辑错误：
- 混淆概念、偷换概念
- 转移论题、偷换论题

在法律工作中的应用：
- 法律规范自身必须确定、一致
- 对法律规范的理解必须准确，不得混淆概念
- 同一案件事实、定性和判处必须保持同一
- 法庭辩论应针对同一论题进行

二、矛盾律

内容：相互矛盾的思想不可同真，其中必有一假。通常表示为：$\neg(A \land \neg A)$

要求：不得同时肯定相互矛盾的思想

逻辑错误：自相矛盾

在法律工作中的应用：
- 法律规范自身不能相互矛盾
- 在同一案件中，必须排除各种证据材料之间的相互矛盾
- 法律文书不得含有自相矛盾的内容

三、排中律

内容：相互矛盾的思想不可同假，其中必有一真。通常表示为：$A \lor \neg A$

要求：不得同时否定相互矛盾的思想

逻辑错误：两不可

在法律工作中的应用：
- 法律用语不容模棱两不可
- 在审讯中禁止使用不正当的复杂问语

思考与练习

一、思考题

1. 什么是同一律？同一律的要求是什么？违反同一律的逻辑错误是什么？
2. 什么是矛盾律？矛盾律的要求是什么？违反矛盾律的逻辑错误是什么？
3. 什么是排中律？排中律的要求是什么？违反排中律的逻辑错误是什么？

4. 为什么矛盾律能适用于反对关系的命题，而排中律却不能适用于反对关系的命题？

5. 同一律、矛盾律和排中律的作用是什么？

二、练习题

1. 运用逻辑基本规律，分析下述各例有无逻辑错误。

(1) 审讯人员问："你承认贪污工程款的行为吗？"犯罪嫌疑人答："贪污的人多了！"

(2) 经过维修工人的抢修，建设大街下水道的淤塞问题终于彻底解决了，现在，这条街除了一小段还在加紧清理外，其余地段的排水系统已经畅通无阻了。

(3) 律师为被告辩护说："被告在犯罪前曾经在部队荣立三等功，按《刑法》有关规定，有立功表现的可以减轻或者免除处罚，希望法庭在量刑时予以考虑。"

(4) 我认为根本没有信念之类的东西。

(5) 我不认为本班同学都已年满 18 岁，也不认为本班有的同学没有年满 18 岁。

(6) 甲说："根据该被告人的犯罪行为，不应从重处罚。"乙说："那就应从轻处罚。"甲说："也不应从轻处罚。"

(7) 关于能否在公共场所抽烟，某甲说："如果允许抽烟，就会危害别人，我不赞成；要是禁止抽烟，烟瘾大的人无法忍受，我也不赞成。"

(8) 甲说："赵某或者是原告，或者是被告。"乙说："不对，他既不是原告，也不是被告。"丙说："你们说的都对。"丁说："我认为甲和乙说的都不对。"

(9) 甲说："根据现有材料证明本案死者是仇杀。"乙说："现有材料证明本案死者是自杀。"丙说："你们两人的意见都有道理，我都同意。"丁说："甲和乙的意见我都不同意。"

(10) 一些青年请海明威讲授写作技巧。大家洗耳恭听，海明威说道："我的写作技巧是……"台下鸦雀无声，海明威接着说："从左往右写。"

(11) 某超市入口贴着一张告示，称"凡携带宠物进入超市者，罚款 50 至 100 元"。有顾客问："根据有关法规，罚款规定的制定和实施必须由专门机构进行，你们怎么可以随便罚款呢？"工作人员答："罚款本身不是目的。目的是通过罚款，来教育那些缺乏公德意识的人，以保证超市的卫生。"

(12) 旅客：今天的班机为什么起飞晚点了？乘务员：再晚点，也比火车快嘛。

(13) 说世上有鬼，这是迷信，我不同意；但要就此断定世上无鬼，这我也不同意，因为有些现象还真不好解释。

(14) 关于鸡生蛋还是蛋生鸡的争论，我认为毫无意义，对此，我不发表意见。

(15) 最近有媒体报道称，农业部自己的幼儿园是不食用转基因食用油的，对此，农业部新闻发言人回应称，农业部的幼儿园、食堂所采购的原料都是来自普通的超市和农产品批发市场。

(16) 在第二次世界大战时，某国空军有一条军规规定：如果飞行员被医生断定有精神病，他可以不参加作战飞行；但在退出作战以前，他本人应当提出不参加战斗的理由。

(17) 小刘和小张在分析案情时，小刘说："根据现有材料还不能确定王某与本案有关。"小张说："那么，王某与本案无关。"小刘说："也不能确定王某与本案无关。"

(18) 有个青年想到大发明家爱迪生的实验室工作，他满怀信心地向爱迪生说出了自己的心愿："我想发明一种万能溶液，它能溶解一切物品。"

(19)黑格尔认为，一切都是发展变化的，但同时又认为，他的哲学体系是哲学发展的顶峰，到此不再发展了。

(20)一次灯节，司马光夫人说："我要去看花灯。"司马光却说："家里这么多灯，何必出去看。"司马光夫人又说："我还要看游人。"司马光说："家里这么多人，何必出去看。"

2.根据逻辑基本规律解答下述问题。

(1)一天，某市一家珠宝店失窃，一块价值万元的钻石被盗。经过三个月的努力，刑侦人员查明作案人是甲、乙、丙、丁这四人中的一人。审讯中，这四个人的口供如下：

甲：钻石被窃的那天，我不在本市，所以我是不可能去作案的。

乙：钻石是被丁偷走的。

丙：乙是盗窃犯。一个月前，我看见他在黑市上卖过一块钻石。

丁：乙同我有仇，有意诬陷我。

①现假定只有一个人说了真话，请问：谁是作案人?

②如果假定只有一个人说了假话，请问：谁是作案人?

(2)莎士比亚的名著《威尼斯商人》中有这样一个情节：

富家少女鲍细霞不仅姿容绝世，而且品德高尚，前来向她求婚的人众多。但是，鲍细霞自己并没有择婚的自由，她的亡父在遗嘱里规定要猜匣为婚。

鲍细霞有三个匣子：金、银和铅。三只匣子上分别刻着三句话。在这三只匣子中，只有一只匣子里放着鲍细霞的肖像。鲍细霞的亡父许诺：如果哪一个求婚者能通过这三句话猜中肖像放在哪只匣子里，鲍细霞就嫁给她。

金匣子上刻的话是：肖像不在此匣中。

银匣子上刻的话是：肖像在金匣中。

铅匣子上刻的话是：肖像不在此匣中。

这三句话只有一句话是真的。

请问：肖像在哪个匣子中呢?

(3)下面是一份预审终结报告：

犯罪嫌疑人杨某盗窃杀人一案，经过审讯和调查取证工作，已基本结束，现将审理结果报告如下：

经预审查明，犯罪嫌疑人杨某于1998年2月参与赌博，输掉人民币近2000元。为继续参与赌博，遂起盗窃之心，于3月4日夜零点潜入邻村李家盗窃，在这过程中惊醒了熟睡中的李某。杨某在逃跑中，碰到了椅子，摔了一跤，被追上来的李某抓住。杨某便抽出随身携带的三角刮刀，朝李某的腹部猛刺，李某仍抓住不放，杨某便又在李某的胸部、头部猛刺数刀，致使李某当场死亡。其后杨某继续在屋内翻箱倒柜，攫取人民币500余元，然后逃离现场。

被告人杨某潜入李某住宅内抢劫，杀死李某，已构成抢劫罪。

请分析这份预审终结报告有无逻辑错误。

第十章 假说与侦查假设

◆**内容提要**:本章阐述了假说方法和侦查假设。

假说方法的内容包括假说概述、假说的提出和假说的检验三部分。

假说是人们对所研究的事物或现象作出的一种推测性解释、一种假定性说明。假说是说明事物情况的,而事物情况纷繁复杂,因此,假说的内容广泛多样。假说可以是说明事物现象性质的,也可以是说明事物现象之间因果联系的,或是预见未来事物现象的,还可以是说明事物现象规律性的。假说可以是说明个别事物情况的,也可以是说明一类事物情况的。假说可以是一个假说命题,也可以是一个假说体系或假说理论。假说是对事物现象及其联系的推测性解释,但并非任何一种推测都是假说。假说与臆想、迷信、猜测的不同之处在于:1. 假说要以事实材料和科学理论为根据。2. 假说要有解释力。3. 假说要具有可检验性。假说在人们的认识过程中起着重要的作用。它是一种探索性的思维方法,是科学发现和科学发展的先导。

人们在提出假说时,通常把这个假说和已有的事实或一般性知识结合在一起,作为根据或理由,即作为推理的前提,然后从这些前提出发,合乎逻辑地推导出待解释的事实。一般地,提出假说的过程可以概括为:1. 已确定某个事实(F)为真。但该事实没有得到解释或没有得到合理解释而需要重新解释;2. 为解释 F 寻找根据,或为 F 提供理由。我们有某种可确认为真的一般性知识或事实(W),W 可作为解释 F 的根据,但仅靠 W 还不能推导出 F;3. 提出假说命题(H),将 W 和 H 结合在一起就能推导出 F。于是我们就得到这样一个推理过程:$H \wedge W \rightarrow F$。$H \wedge W$ 是推理的前提,F 是推理的结论。在这里,尽管 H 是有待检验证实的,但推理的有效性能保证前提蕴涵结论,即如果前提为真,则结论为真。因此,如果上述推理是有效式,则提出的假说 H 就能圆满解释所研究的事实或现象;如果从 $H \wedge W$ 不能推出 F,则提出的假说 H 就不能充分解释所研究的事实或现象,就需要对假说 H 进行修正完善,或提出新假说。

科学假说一般是说明事物现象本质的、规律性的,因而它是概括性的、具有普遍性的。这样的假说是无法直接检验的。要检验科学假说是否成立,常用的方法是:先从假说引申出具体推断或推论;然后检验这些推断或推论是否与客观事实相符。这些具体推断或推论称为检验命题。这些检验命题是具体的,是可以直接加以检验的。如果从假说引申出来的具体推断或推论经检验不与事实相矛盾,则假说得到一些证据的支持;检验命题被证实的越多,则假说成立的可能性越大。如果从假说引申出来的具体推断或推论经检验与事实不相容,又没有理由确认其他前提为假，则该假说就不成立。此时，就要推翻旧假说，建立新的假说。假说的检验过程可概括如下：(1) $H_1 \wedge W \to C_1$，(2) $\neg C_1$，(3) $\neg (H_1 \wedge W)$，(4) $\neg H_1 \vee \neg W$，(5) W，(6) $\neg H_1$，(7) $H_2 \wedge W \to C_2$。假说经检验后，或上升为科学理论，或被否证，或需要进行修正与完善。

侦查假设的内容包括侦查假设的定义、侦查假设的提出和侦查假设的检验三部分。

刑侦中的侦查假设也是一种假说。在刑事侦查中，侦查人员对所发生的案件，最初由于掌握事实材料不多，对整个案情或某一情节不能作出确定的判断，而只能进行猜想或推测。侦查假设就是在已掌握的事实材料和有关知识的基础上，结合过去积累的实践经验，针对刑事侦查需要弄清的事物情况作出的推测性的或假定性的说明。刑事侦查的全过程，可以说就是侦查假设的提出、检验、证实的过程。

侦查人员在侦破案件的过程中，需要对与案情有关的很多方面作出侦查假设。侦查假设可以是关于案件性质的假设，可以是关于作案人数的假设，可以是关于作案时间、作案地点的假设，可以是关于作案目的、动机的假设，可以是关于作案工具、作案手段的假设，可以是关于作案过程的假设，等等。

在刑事侦查中，任何案件总是在一定的时间、空间和条件下发生的，现场总会留下这样或那样的痕迹。深入勘查现场，搜集有关案件的种种事实材料（包括现场痕迹），并结合有关的经验和知识，是建立侦查假设的重要依据。事实材料越丰富，知识面越广，思路就越宽广，侦查假设的内容就越充实。侦查假设的提出有以下特点：1. 现场侦查和分析是侦查假设的基础。2. 尽可能穷尽一切可能性，是对侦查假设的要求。3. 侦破案件是侦查假设的归宿。

提高侦查假设的可靠性，首先要详细勘查现场，认真分析事实材料；其次要广泛进行检验。由于侦查假设是针对特定的人和事提出的，因此具有一定的可检验性。每侦破一个案件，都意味着在该案侦查过程中提出的一系列侦查假设得到了验证。在侦查假设检验的过程中，要涉及多方面的问题，这里仅涉及其中的逻辑问题：1. 对同一案情，提出多个假设，淘汰筛选，从中择优。2. 从同一假设引申出多个检验命题，被证实的检验命题越多，则该假设成立的概率就越高。

◆**学习目标：**通过本章学习，要求学生重点掌握：假说提出和检验的逻辑程序，认识假说的证实和证伪在逻辑上的不对称性；一般掌握：侦查假设提出和检验的逻辑程序。

◆**关键词：**假说、证实、证伪、侦查假设

第一节　假说方法

一、假说概述

（一）什么是假说

假说是人们对所研究的事物或现象作出的一种推测性解释、一种假定性说明。

人们在实践活动和科学研究中，经常需要解释一些事实或现象。解释某个事实或现象，就是说明这一特定事实或现象为什么发生，就是说明事物现象的本质、事物现象之间的联系

及其规律性，等等。

例如，我们生存的地球是怎么形成的？恐龙为什么会灭绝？火星上到底有没有生命？我们人类是如何起源的？我们人类社会的动乱兴替是由什么原因造成的？这些自然现象或社会现象需要作出解释。虽然这些现象的本质及其内在联系都不是人们的感官能直接认识的，并且人们的认识又总是受到占有材料、思维能力和实践水平等限制。但是，人们的认识具有自觉能动性，在实践活动和科学研究中，人们能够借助假说或假说方法不断深入地探索自然界和社会的奥秘。

作为对未知现象或规律的一种推测性解释，假说分为科学假说和工作假设。所谓科学假说，是指根据已有的事实陈述和相关的科学理论，对未知事物或规律所作的推测性解释；工作假设是在实际工作中对某一特定事实而不是一类事物提出解释的假说。为了与科学假说相区别，通常把它称为假设。假说作为一种重要的探索性思维方法，在人们的认识过程中起着重要的作用。假说导致新实验或新观测，从而导致科学的新发现和新理论。可以说，假说是科学发现和科学发展的先导，没有假说就没有科学。工作假设的提出和检验没有科学假说那样复杂和影响深远，但它对实际工作的开展具有极大的推动作用。发现问题之后提出假设，就为解决问题指明了方向。侦查假设是一种工作假设。在刑事侦查中，侦查人员对所发生的案件，最初由于掌握事实材料不多，对整个案情或某一情节不能作出确定的判断，而只能进行猜想或推测。

假说是说明事物情况的，而事物情况纷繁复杂，因此，假说的内容广泛多样。假说可以是说明事物现象性质的，也可以是说明事物现象之间因果联系的，或是预见未来事物现象的，还可以是说明事物现象规律性的。假说可以是说明个别事物情况的，也可以是说明一类事物情况的。假说可以是一个假说命题，也可以是一个假说体系或假说理论。

假说普遍存在于自然科学研究中。例如，牛顿的微粒说和惠更斯的波动说是关于光的本性的假说；地球板块构造学说是关于火山、地震成因的假说；康德和拉普拉斯的星云假说、施密特的俘获假说以及宇宙膨胀说和“塌缩——爆炸”循环说等是关于天体起源和演化的假说。

在社会科学研究领域以及法律工作中也在广泛使用假说。例如，达尔文的物种自然选择的假说即进化论是关于人类起源和进化的假说；又如，民法中的“宣告死亡”实质上就是一种假说。如果公民失踪达到一定期限，人民法院根据利害关系人的申请，依法宣告该公民死亡。“宣告死亡”实际上是假定死亡，是对失踪人在较长期不归的一种推测性解释或假定。一旦被宣告死亡的公民生还，法院就要撤销其死亡宣告。

（二）假说的特征

假说是对事物现象及其联系的推测性解释，但并非任何一种推测都是假说。假说与臆想、迷信、猜测的不同之处在于：

1. 假说要以事实材料和科学理论为根据

假说是以科学理论为前提、以事实材料为根据、合乎逻辑地提出来的，因此，假说具有一定的科学性。假说的提出要与已有的事实材料和人类知识总体没有矛盾。如果假说的内容不能完善或推翻某一科学理论，就不能违背这一科学理论。

例如，在欧洲自13世纪就有人努力要发明永动机——一种不需外界输入能源、能量就能不断运动并且对外做功的机械。历史上先后出现了很多热衷于研制各种类型的永动机的人，其中包括达·芬奇、焦耳这样的科学家。在热力学体系建立后，人们通过严谨的逻辑证明了永动机是违反热力学基本原理的设想。自此科学界不再接受有关永动机的研究报告。

2. 假说要有解释力

假说的使命在于解释事实现象，假说要能够解释那些需要它解释的事实现象，要为所探索的问题提供答案或解释性说明。如果一个假说在解释某个事实现象方面是充分的、足够的，那么这个假说通常就会被人们所接受。

例如，牛顿的微粒说成功地解释了光的直进、反射和折射现象。惠更斯的波动说成功地解释了干涉、衍射等现象，因而这两种假说都发展成为科学理论。又如牛顿的万有引力定律成功地解释了整个太阳系的错综复杂的运动，并且和观察的结果相符合。一般地，如果假说适用于各种情况，则可上升到理论范畴；如果深度够，则可上升到定律。

如果假说无法解释客观事物，或出现与假说相违的反证事例，这个假说就要修改，甚至会被否定。例如有一些学者，想用社会物质生活条件的某一方面——地理环境的不同来解释复杂的社会现象，这就是"地理环境决定论"假说。但是，这个假说不仅在解释这一国家与那一国家地理环境相似但社会面貌为什么不同方面有困难，而且根本无法解释这样的事实：一个国家在相当长的时期内，自然地理环境并没有什么改变，为什么革命不断发生、社会制度不断变更；又如另一些学者，想用社会生活条件的另一因素——人口密度的不同，来解释复杂的社会现象。这种假说也碰到了事实的反驳。一个假说无法解释明显的客观事实，是不会被人们所认同的。

随着客观事物和科学技术的发展变化，假说的解释力也是不断发展变化的。例如，月球是地球唯一的天然卫星，是离地球最近的天体。关于月球的成因，科学家提出了不同的假说：

（1）分裂说。这是最早解释月球起源的一种假说。这种假说认为，在太阳系形成的初期，月球本来是地球的一部分，后来由于地球转速太快，把地球赤道上一部分物质抛了出去，这些物质脱离地球后形成了月球，太平洋就是月球分裂出去时留下的遗迹。

（2）同源说。这种假说认为，地球和月球都是太阳系中浮动的星云，经过旋转和吸积，而形成星体。它们的平均密度和化学成分不同，是由于原始星云中的金属粒子在形成行星之前早已凝聚。在吸积过程中，地球比月球相应要快一点，一开始便以铁为主要成分，而月球则是在地球形成后，由残余在地球周围的非金属物质聚集而成。

（3）俘获说。这种假说认为，月球和地球的平均密度相差很大，化学成分也不相同，它们可能是由太阳原始星云中不同部位的不同物质形成的。而另一方面，月球的平均密度却与陨石、小行星十分接近，所以月球本来只是太阳系中的一颗小行星，很可能是在围绕太阳运行中，由于运行到地球轨道附近，被地球的引力所俘获使它脱离原来的轨道而成为地球的卫星。还有一种接近俘获说的观点认为，地球不断把进入自己轨道的物质吸积到一起，久而久之，吸积的东西越来越多，最终形成了月球。

月球形成的这三种假说，都能或多或少地解释月球的化学成分、密度、结构、轨道及其它基本事实，但又各有缺陷。分裂说存在着动力学上的致命弱点。根据计算，以地球的自转速度是无法将那样大的一块东西抛出去的，而且月球的位置又不在地球赤道面上。如果月球是地球抛出去的，那么二者的物质成分就应该是一致的。通过对"阿波罗 12 号"飞船从月球上带回来的岩石样本进行化验分析，人们发现二者相差非常远，月球要比地球古老得多。同源说也受到了同样的挑战。俘获说虽然能解释月球和地球在成分上的明显差异，但使用电子计算机的模拟表明，由于月球与地球质量相比达到 1/81，远远超过太阳系中其他卫星与所绕转的行星的质量比，地球要俘获这样大的一颗星球作卫星几乎是不可能的；况且月球又在近圆的轨道上绕地球转动，质量相对巨大的月球被地球俘获后又要出现这样的一种运行状态，这种可能性几乎等于零。

(4)大碰撞说。这是上个世纪80年代关于月球成因的新假说。这种假说认为，在太阳系演化早期，形成了一个原始地球和一个火星般大小的天体，这两个天体在各自演化过程中，分别形成了以铁为主的金属核和由硅酸盐构成的幔和壳。大约在45亿年前这两颗巨大行星发生了同方向擦撞，剧烈的碰撞不仅使火星大小的天体碎裂了，也改变了地球的运动状态，使地轴倾斜，使地球的地壳和地幔上一些物质汽化并以喷射状进入轨道。但这些气体和尘埃，并没有完全脱离地球的引力控制，它们通过相互吸积而结合起来，形成了月球，或是先形成了众多分离的“小月球”，再逐渐吸积形成今天我们看到的月球。由于月球是由原始地球中低密度的地壳和地幔组成的，因此所形成的月球其密度必然比地球小得多，化学成分也不相同。大碰撞说在某种程度上兼容了以上三种假说的优点，并得到了一些地质化学、地质物理学实验的支持，使得这一假说得到了改进和完善，成了当今很多人赞同的假说。

(5)新俘获说。近年来，随着现代行星演化理论的发展以及计算机技术的应用，又出现了一种月球起源的新学说，即新俘获说。新俘获说与过去的旧俘获说不同。旧俘获说仅从地球引力来考虑月球起源，而新俘获说是从整个太阳系行星形成过程来研究月球起源的。新俘获说认为太阳系九大行星及其卫星，都起源于原始太阳系星云。无数的小行星在星云气体中围绕太阳旋转，互相碰撞，逐渐吸积成长，形成大小不同的行星。地球和月球也是这样在星云气体中成长的。地球在形成过程中，曾有许多小天体飞到引力圈内来，并被地球不断“吞掉”。月球被俘获时间比其他小天体都晚，月球进入地球引力圈后，受到很多力的共同作用，既未掉到地球上来，也没跑到引力圈外去，始终在卫星轨道上运行。自从俘获月球后，地球再也没有俘获其他小天体，只有月球一个卫星。因为已有月球绕地球飞行，如果再有其他小天体飞来，依据天体力学原理，不会处于稳定状态，它不是掉到地球上来，就是飞出去，再不就是落到月球上去。行星俘获小天体是行星演化进程中的一种普遍现象，整个太阳系行星都是如此，只有金星是个例外。金星的自转速度太慢，不可能俘获行星，因此至今还孑然一身在太空漫游。新俘获说从行星演化的整体上阐明了月球的起源以及被俘经过，是目前解释月球起源问题最有权威的学说。但这一新学说还有一些尚待研究的问题，使得人们对这一假说的发展和完善充满了期待。

3. 假说要具有可检验性

假说是对某些事物情况的假定说明。假说具有推测性，含有想象和猜测的成分。假说是否把握了客观真理，是否确实可靠，是否正确，还有待于检验和证实。假说只有能经受住客观事实和实践检验，才能成为科学意义上的假说。因此，假说要具有可检验性。科学假说能在实践检验过程中，随着人类认识的进步和实践工具的发展，不断得到修正和完善，最终发展成为严密的科学理论。例如，哥白尼的太阳中心说，有力地打击了宗教神学的地球中心说，动摇了当时占统治地位的宗教神学观念，在长时期里被认为是异端邪说。但哥白尼的假说具有可检验性，在实践检验的基础上，开普勒又修正了哥白尼假说的部分观点，即地球绕太阳运行的轨道不是圆形的，而是椭圆形的，使哥白尼假说得到发展和完善。又如，麦克斯韦尔电磁波假说认为，电磁波是一种波动。由此推断：电磁波应有反射、折射、衍射等现象。后来赫兹的实验证实了这些推断，有力地支持了电磁波假说。

假说被提出后，如果在实践中不能正确地解释相关的现象，或者用这样的理论进行解释会得出与事实相矛盾的结论，那么这样的假说最终会被否定。例如，形成于17世纪末、18世纪初的一个解释燃烧现象甚至整个化学的学说——燃素说认为，燃素是一种气态的物质，存在于一切可燃物质中；燃素在燃烧过程中从可燃物中飞散出来，与空气结合，从而发光发热，这就是火；油脂、蜡、木炭等都是极富燃素的物质，所以它们燃烧起来非常猛烈；而石头、木灰、黄金等都不含燃素，所以不能燃烧；物质发生化学变化，也可以归结为物质释放燃素或吸收燃素的过程。在当时，燃素说不能自圆其说并受到最大责难的就是金属煅烧后增重的事实。随着人们对化学反应进行了更多的定量研究之后，更多与燃素说相矛盾的事实被揭示出来。到18世纪70年代，氧气被发现之后，燃烧的本质终于真相大白，燃素说退出了历史舞台。

如果不具有可检验性，经不起实践检验，经不起实验和事实材料的检验，这样的解释就不是科学假说。例如，有的神学家用风神发怒来解释刮风现象。可是“风神发怒”是一个不可检验的命题。谁见到过风神？怎么检验风神发怒呢？神学家们提不出任何检验的方法和证据，而只能指着呼啸的风说：风神正在发怒。宗教神学的解释是不具有可检验性的，因而它不是科学假说，它必然要被科学所拒绝。

（三）假说的作用

假说在人们的认识过程中起着重要的作用。它是一种探索性的思维方法，是科学发现和科学发展的先导。正如恩格斯所说：“只要自然科学在思维着，它的发展形式就是假说。”①具有科学意义的假说不但能够正确地说明和解释已存在的事实或现象，完善已有的科学理论，而且能够科学地预见未知的事物或现象，促进并指导科学上的新观察、新实验，从而产生科学上的新发现和新理论。很多重大的科学理论的形成和发展过程都经过假说这个阶段，而一些重要的假说的证实，往往成为科学理论发展的重大突破口。例如，牛顿的万有引力定律不仅揭示了天体运动的规律，而且在天文学和宇宙航行计算方面有着广泛的应用。它为实际的天文观测提供了一套计算方法，可以只凭少数观测资料，就能算出长周期运行的天体运行轨道。科学史上哈雷彗星、天王星、海王星、冥王星的发现，都是应用万有引力定律取得的重大成就。

逻辑学不研究关于自然现象的假说或关于社会现象的假说的具体内容，不研究特定假说是否确实可靠，这是经验科学所要研究和解决的问题。从逻辑的角度研究假说方法，主要是研究提出假说和检验假说的逻辑方法。

二、假说的提出

对事物现象的本质、事物现象之间的因果联系或规律性作出假定性说明，这是提出假说的过程。针对同一问题，有时会提出彼此不同、彼此竞争的假说，有时还提出相互对立的假说。在提出假说、形成假说的过程中，要以掌握的事实材料和已有的科学知识为前提，还要综合运用各种推理，特别是要应用各种非演绎推理。非演绎推理具有或然性，其结论是可错的，但非演绎推理具有探索性和创造性，因而在形成假说过程中具有重要作用。

例如，著名的哥德巴赫猜想是根据不完全归纳推理获得的一个假说。1742年，哥德巴赫

① 恩格斯：《自然辩证法》，人民出版社，1957年版，第201页。

写信给欧拉，提出所有偶数都能分解为两个素数之和。如

$$6=3+3,\ 8=3+5,\ 10=3+7,\ \cdots\cdots$$

有人对偶数逐一进行验算，一直算到了3亿3千万之数，都表明猜想是成立的。但这个假说尚未得到数学的证明。

尽管由观察的现象到该现象的本质及其因果联系的推测性解释是非常富有创造性的，有时会出现一种不可言状的思维飞跃情形，因而有人认为这种创造性的解释来源于顿悟或灵感。但这种情形实际上是存储于潜意识中的长期思考的信息，后因某一因素的诱导而凸现出来。这种飞跃过程只不过是逻辑思维的积淀和另一种表现形式。例如，凯库勒提出苯分子的环状结构，虽然产生于睡梦惊醒的那一刻，但实际上是他对苯分子结构作了长期研究之后在那一刻受到环状手镯的启发而突然想到的。凯库勒在回忆他发现苯分子结构的经过时说道：有一次，他坐在车上昏昏欲睡，不久便进入了梦乡。在睡梦中，他似乎觉得碳原子都活了起来，在他眼前翩翩起舞……突然一条碳链如蛇一般地盘成一圈。凯库勒从梦中醒来时发现了答案：苯分子是一个环。在凯库勒的这一思维过程中，类比推理起了非常重要的作用。

假说的使命在于解释事实或现象。对某事物情况作出解释，就是说明事物现象何以发生，说明事物情况何以如此。这个解释过程实际上是一个推理过程。推理的前提是说明事物情况何以发生的理由，推理的结论是要解释的事物情况的事实命题。

人们在提出假说时，通常把这个假说和已有的事实或一般性知识结合在一起，作为根据或理由，即作为推理的前提，然后从这些前提出发，合乎逻辑地推导出待解释的事实。一般地，提出假说的过程可以概括为：

(1)已确定某个事实(F)为真。但该事实没有得到解释或没有得到合理解释而需要重新解释；

(2)为解释F寻找根据，或为F提供理由。我们有某种可确认为真的一般性知识或事实(W)，W可作为解释F的根据，但仅靠W还不能推导出F；

(3)提出假说命题(H)，将W和H结合在一起就能推导出F。

于是我们就得到这样一个推理过程：

$$H \land W \to F$$

$H \land W$是推理的前提，F是推理的结论。在这里，尽管H是有待检验证实的，但推理的有效性能保证前提蕴涵结论，即如果前提为真，则结论为真。因此，如果上述推理是有效式，则提出的假说H就能圆满解释所研究的事实或现象；如果从$H \land W$不能推出F，则提出的假说H就不能充分解释所研究的事实或现象，就需要对假说H进行修正完善，或提出新假说。假说的使命在于解释现象。因此，上述推理式必须是有效的，否则就不能完成解释事物现象的目的。因此，在提出假说时，要保证把假说命题和已有的知识命题或事实命题结合在一起就能合乎逻辑地推导出要解释的事实命题。

例如，1910年，德国科学家魏格纳发现，大西洋两岸的地形之间具有交错的关系，特别是南美的东海岸和非洲的西海岸之间，相互对应，简直就可以拼合在一起。此后他通过大量研究，于1912年正式提出大陆漂移说。在此之前有人提出过类似的设想，但魏格纳使这一假说受到广泛重视。他说：任何人观察南大西洋的两对岸，一定会被巴西与非洲间海岸线轮廓的相似性所吸引住。不仅圣罗克角附近巴西海岸的大直角突出和喀麦隆附近非洲海岸线的凹进完全吻合，而且自此以南一带，巴西海岸的每一个突出部分都和非洲海岸的每一个同样形

状的海湾相呼应。反之，巴西海岸有一个海湾，非洲方面就有一个相应的突出部分。如果用罗盘仪在地球仪上测量一下，就可以看到双方的大小都是准确一致的。对该事实如何解释呢？两块陆地边缘的海岸线为什么会如此吻合一致呢？魏格纳设想：在古生代，地球上只有一块陆地，称为泛大陆，其周围是广阔的海洋。中生代开始由于天体引力和地球自转所产生的离心力，使泛大陆分裂成若干块，这一块块陆地像浮冰一样在水面上漂移，逐渐分开。他设想巴西与非洲这两块陆地早先是合在一起的，后来才漂移开来(即近代的“大陆漂移说”)。有了这个假说命题，然后结合一般性知识命题，就能合乎逻辑地解释上述事实。将这个解释过程加以简化，可表示为：

(1)如果地球上的各大陆块都是原始泛大陆的整体破裂后漂移而成的，那么，相对应的各大陆块边缘的海岸线轮廓就会相吻合(一般性知识命题W)；

(2)设想南美洲和非洲这两块大陆早先是合在一起的，后来才漂移开来(假说命题H)；

(3)结论：南美洲东部的海岸线与非洲西部的海岸线彼此正相吻合(事实命题F)。

在解释某个事实命题或现象的过程中，假说命题H是假定为真的命题，其真实性有待检验。只有检验H确实为真时，它对于解释事实或现象才具有真正的实际意义。

从观察到的现象到推测该现象的原因这个角度而言，提出假说和回溯推理具有逻辑同构性，只是在形成推测性解释的过程中，提出假说往往运用了多种非演绎推理方法，如归纳推理、类比推理、求因果联系推理等。但回溯推理的结论往往仅依据推理者头脑中有关因果联系或条件联系的知识而推测。

正因为形成假说的过程中往往是借助于非演绎推理，非演绎推理导致创新和非演绎推理结论是可错的，这是其本质特征的两个不同方面的表现。因为非演绎推理结论是可错的，因而我们要对形成的假说进行科学的检验，进而验证、接受假说，或者修正、放弃假说，提出新的假说。

三、假说的检验

检验假说，是为了检验假说的真理性，而检验真理的唯一标准是社会实践，如科学实验等。科学假说一般是说明事物现象本质的、规律性的，因而它是概括性的、具有普遍性的。对于概括性的、具有普遍性的以及关于不可重复的事物情况的假说，是无法直接检验的。要检验科学假说是否成立，常用的方法是：先从假说引申出具体推断或推论；然后检验这些推断或推论是否与客观事实相符。这些具体推断或推论称为检验命题。这些检验命题是具体的，是可以直接加以检验的。如果从假说引申出来的具体推断或推论经检验不与事实相矛盾，则假说得到一些证据的支持；检验命题被证实的越多，则假说成立的可能性越大。如果从假说引申出来的具体推断或推论经检验与事实不相容，又没有理由确认其他前提为假，则该假说就不成立。此时，就要推翻旧假说，建立新的假说。

假说的检验过程可概括如下：

(1) $H_1 \wedge W \rightarrow C_1$　　(引申出检验命题 C_1)

(2) $\neg C_1$　　(检验命题为假)

(3) $\neg (H_1 \wedge W)$　　(假言推理否定后件式)

(4) $\neg H_1 \vee \neg W$　　(德·摩根定律)

(5) W　　(W为真)

(6) $\neg H_1$　　　　　　　　（选言推理否定肯定式）

(7) $H_2 \wedge W \to C_2$　　　　　（提出新假说）

……

如果检验命题 C 和事实不相容，又没有理由确认前提 W 为假，则假说 H 被否证。

例如，根据星云假说，地球是从太阳分离出来的，它从炽热状态逐渐冷却和收缩，现在地球表面已经冷却并凝固，由此自然地引申出这一推断：地球日趋衰老，原始热量即将耗尽，地表在不断皱褶，生物将因地球本身热量的耗尽而灭绝。但是，这些推断与现代的地质学、古地理学所查明的大量事实是不相容的。现代科学材料证明：地球形成之初是“冷”的，只是由于放射性元素在地壳里的裂变分解，地壳才开始逐渐变热起来，由此就自然地引申出另一推断：地球发育的总趋势还在向体积增大和能量不断得到补给的方向发展。又如，根据星云假说，太阳本身不断地放射出能量，现在的太阳应该小于几十亿年前的太阳；但是，现代天体物理学的研究表明，几十亿年前的太阳和现在所见的并没有太大的变化……总之，越来越多的材料动摇了星云假说。在今天就天体的起源和进化已提出了许多新的假说。

如果检验命题（C）与已知事实（W）没有矛盾，则假说（H）获得了一些证据的支持。检验命题被证实的越多，支持假说成立的证据就越多，假说成立的可能性就越大。尤其是关键性检验命题被证实，则假说就得到关键性或决定性证据的支持。因此，要尽可能多地从假说引申出更多的和更具关键性的检验命题。其过程如下：

$H \wedge W_1 \to C_1$

$H \wedge W_2 \to C_2$

$H \wedge W_3 \to C_3$

……

$H \wedge W_n \to C_n$

因为 C_1、C_2、C_3……C_n 都是正确的，所以 H 也就可能是正确的。

检验命题被证实的越多，支持假说成立的事实或证据就越多。如果关键性检验命题被证实，则假说就得到关键性或决定性证据的支持。在这里，证据越多，只是表明假说成立的可能性越大，但这并不等于说假说就被证实。因为根据假言推理规则，不能从肯定后件进而肯定前件，即检验命题被证实为真，不能进而肯定假说被证实为真。

在假说的验证阶段，有的可以直接通过有关的科学观察和科学实验来检验假说是否正确。例如，达尔文进化论认为，人类是由类人猿进化而来的。由此推断：地层里存在着类人猿的遗骸。到了 1881 年，荷兰医生杜步亚果然在爪哇岛的地层中，发现了类人猿的一副头盖骨、大腿骨和几枚牙齿的化石。这个事实有力地支持了进化论。

而当假说不具备可直接检验的条件，比如那些概括性的、普遍性的以及关于不可重复的事物情况的假说，这时需要先从假说（H）和一般性知识命题或事实（W）逻辑地引申出某一推断（C），然后通过各种方法检验这些推断是否与客观事实相符。检验命题是具体的，是可以直接加以检验的。假说具有的可检验性特征有时并不等同于现实的检验性，有的假说尽管提出了检验命题，具备了逻辑上的可检验性，但是不一定具备技术上的可检验性。这样的假说还需要我们耐心地等待。

在科学研究中为了对某现象给予解释，经常提出多个彼此不同的假说，有时还提出相互对立、彼此竞争的假说。此时检验活动就要在多个假说中进行。要设计决定性实验来检验两个对立的假说。要在多个假说中筛选，淘汰错误的假说，保留正确概率较高的假说。如果在各个相互竞争的假说中只有一个经得起多次关键性的检验，而其余的假说都被否证，则这个假说就被视为是真实的而被接受或保留。

例如，1893 年英国物理学家瑞利在测定气体重量的时候，发现从空气中得到的氮比从氨及其他氮化物中制得的氮要重一些，每升气体大约相差 6 毫克。为了解释这一现象，瑞利设想了五种可能情况，即提出了五个假说：(1)由空气中得到的氮可能含有微量的氧；(2)由氨中得到的氮可能混杂了氢；(3)由空气中得到的氮可能含有密度较大的 N_3 分子；(4)由氨中得到的氮可能有一部分已经分散，所以密度减小了；(5)由空气中得到的氮中可能含有一种较重的未知气体。通过实验，排除了前四种可能情况，剩下最后一个假说。前四个假说被推翻了，剩下的假说就可以成立。这种检验是间接检验，运用了选言推理的否定肯定式。但这并不等于说该假说已被证实为真。因为我们还不能保证各个假说已穷尽了一切可能情况。为了证实这个假说，瑞利和另一位科学家拉塞姆一起查找资料，发现 100 年前卡文迪什对于这种未知气体已有预示。瑞利重复了卡文迪什的实验：使氧和氮在电火花作用下生成氧化氮，再用苛性钠吸收，剩下未被吸收的就是所要寻找的未知气体。后来，拉塞姆又用光谱分析法，找到了未知气体的谱线。这种气体不与其他物质化合，所以被命名为“氩”，是希腊文“懒惰”的意思。

一个假说，如果从它推出的多个检验命题都被证实为真，没有出现反例，这样的假说一般就被视之为真而加以接受，并称之为科学原理或科学理论。但是，根据假言推理的规则，检验命题为真，假说未必为真。证实一个假说和推翻一个假说在逻辑上是不对称的，证伪的破坏性远远大于证实。因为证实运用的是肯定后件式，这是一个无效推理形式；而证伪运用的是否定后件式，这是一个有效推理形式。因此，我们应该有意识地去冒假说被推翻的危险，应设法使我们提出的假说经受尽可能多的检验。

假说经过检验以后，大致有如下情形：

(1)证明了假说的正确。如门捷列夫提出的元素周期表；

(2)与假说的基本思想一致，而与某些细节不一致。如开普勒证实了哥白尼太阳中心说，但同时修正了行星绕太阳运行的轨道不是圆形的而是椭圆形的。板块构造说为大陆漂移说提供了合理的动力学解释，但同时摒弃了魏格纳的“天体引力”、“离心力”；

(3)与假说的基本思想相违背，但与某些细节一致。如古代亚里士多德与托勒密根据日月星辰东升西落的直观印象，提出了“地心说”的假说，同时认为地球是球形和观测天文要用“视差动”的方法。后来的事实证明“地心说”的观点是错误的，而地球为“球形的”及“视差动”的方法则是正确的；

(4)证明假说不正确。如燃素说、星云假说的被否证。

所以，假说经检验后，或上升为科学理论，或被否证，或需要进行修正与完善。在假说的提出与验证过程中，应当以科学理论作指导，但不受传统观点的束缚；应当以科学事实为依据，但不受原有材料的限制；应当具有可检验性，但不局限于当代的科技水平；应当使假说的内容完善、严谨，但不求立即上升成为科学原理。

第二节　侦查假设

一、什么是侦查假设

刑侦中的侦查假设也是一种假说。在刑事侦查中，侦查人员对所发生的案件，最初由于掌握事实材料不多，对整个案情或某一情节不能作出确定的判断，而只能进行猜想或推测。侦查假设就是在已掌握的事实材料和有关知识的基础上，结合过去积累的实践经验，针对刑事侦查需要弄清的事物情况作出的推测性的或假定性的说明。刑事侦查的全过程，可以说就是侦查假设的提出、检验、证实的过程。

例如：1997 年 7 月 15 日，意大利著名时装大师范思哲在美国迈阿密城度假时遇害。案件发生时，凶手逃走得很快，现场没有任何抢劫的迹象。据目击者称，作案凶手是一名二十多岁的白人男子，头戴白色太阳帽，身穿白色或浅色上衣，深色短裤，身背一个背包。就在案发后不久，当地警方在范思哲住处附近发现一辆红色雪佛莱小货车。经目击者验证，在车里遗留下来的衣服与杀害范思哲凶手所穿的衣服相同。警方证实这辆车是安德鲁·库纳南从新泽西州偷来的。这辆货车的主人是两个月前被杀害的一个守墓人，他是一个系列谋杀案的第四个受害者。警方根据调查以及目击者提供的情况，推断这是一次蓄谋已久的谋杀案，而且推断这些谋杀案和库纳南有关。库纳南是美国联邦调查局长期通缉的十大要犯之一，他在此之前被怀疑在 1997 年 4 月底至 5 月初的两周时间内连续杀死了四名男子。而刚刚遇害的范思哲是他的第五个受害者。警方的这一推断就是一个侦查假设。

侦查人员在侦破案件的过程中，需要对与案情有关的很多方面作出侦查假设。侦查假设可以是关于案件性质的假设，可以是关于作案人数的假设，可以是关于作案时间、作案地点的假设，可以是关于作案目的、动机的假设，可以是关于作案工具、作案手段的假设，可以是关于作案过程的假设，等等。

二、侦查假设的提出

在刑事侦查中，任何案件总是在一定的时间、空间和条件下发生的，现场总会留下这样或那样的痕迹。深入勘查现场，搜集有关案件的种种事实材料(包括现场痕迹)，并结合有关的经验和知识，是建立侦查假设的重要依据。事实材料越丰富，知识面越广，思路就越宽广，侦查假设的内容就越充实。例如，我们具备有关医学方面的知识，根据死者的生理特征，就可以推测死者的年龄；如果具备化学、药物等方面的知识，就可以对毒物的种类作出推测；如果具备关于脚印的知识，就可以推算出犯罪嫌疑人的身高、体重以及作案人数；根据脚印以及沾附的水迹、附着物等，就可以判断作案时间；根据脚印的分布情况，可以推测犯罪嫌疑人的行走路线及活动情况等等。总之，经验越多，知识越丰富，事实材料越充分，就越能提出有价值的侦查假设，对刑侦工作就越有帮助。

侦查假设的提出有以下特点：

1. 现场侦查和分析是侦查假设的基础

在刑事侦查中，建立哪些侦查假设，是由现场勘查和分析所要解决的问题来决定的。发现问题和提出问题是提出假设的起点，所以，侦查假设和科学假说一样，都是从发现问题开始的。但侦查假设与科学假说不同，后者一般是在原有理论与实践之间的矛盾中产生的，而前者的产生一般不是源于理论与实践之间的矛盾，而是源于现场勘查和分析所要解决的问题。

例如，2002 年 7 月，英国曼彻斯特市郊发生一起入室盗窃案，受害者理查德开的一家餐馆被盗。据理查德回忆，7 月 12 日的关店时间约为 23 点，关店后和妻子开车回家。13 日凌晨 1 点多，理查德接到餐馆附近居住的尼尔森的电话，得知自己的餐馆被盗。警方对尼尔森进行了询问。尼尔森叙述了当晚所见的一切：7 月 12 日晚 23 点 50 分左右，因和妻子吵架打算出门到酒吧喝酒，走出家门时看见距餐馆大约 150 米左右有两个陌生的人。第二天凌晨 1 点 40 分开车回家又经过这家餐馆时，发现那两个陌生人不见了，餐馆大门上的巨大的锁也不见了。遂停下车查看，发现整个餐馆一片狼藉。于是，尼尔森立即给理查德打了电话。经过现场勘查，警方在案发现场发现了两种不同的足印；在餐馆对面的一处角落发现了一堆烟头和两种不同的足迹，并且确认，从足印的大小分析，这两种足迹都应该是成年男性的足印。通过与案发现场的足印比对，这两种足迹和现场的足迹是相同的。

根据受害人和目击证人的回忆，以及现场勘查的结果，警方作出了如下侦查假设：

(1)大概的作案时间为 7 月 12 日 23 点 50 分至次日凌晨 1 点 40 分。

(2)作案者有两名，均为吸烟的成年男性。

(3)他们的作案手段是在作案地点长时间蹲守，等周围无人出入后撬锁入室盗窃。

以上表明，没有现场勘查和分析，就不可能建立侦查假设。因此，这就要求侦查人员在勘查现场时，必须对现场痕迹具有敏锐的观察力和警觉性，并要进行详细的勘查和深入的分析，进而提出各种假设。

2. 尽可能穷尽一切可能性，是对侦查假设的要求

侦查工作开始的阶段，由于掌握的事实材料有限，侦查重点一时难以确定。这时，应该把侦查视野放宽，对案情的假设，要提出多种可能性，尽可能穷尽一切可能性，不要遗漏。例如，关于刑事案件中的他杀溺死，有多种可能：将被害者打昏后扔入水中；给被害人服用安眠药或烈酒等，使其失去抵抗能力，然后投入水中溺死；两人同行，突然将被害人推入水中溺死，等等。穷尽列举，可以防止遗漏，避免顾此失彼，错失现场勘查的有价值的信息；同时可以把各种假设加以比较，以便找出其中可能性较大的假设作为侦查重点。如果能够做到除一种可能之外，其余几种可能都被推翻，那么，剩下的一个假设就是唯一的可能了。

例如，英国侦探小说家柯南·道尔的《四个签名》中有这样一段情节：房间的主人惨死在一张木椅上。福尔摩斯已经确定是谋杀，和他同行的医生华生却弄不明白：“罪犯究竟是怎么进来的呢？门是锁着的，窗户又够不着。烟囱太窄，不能通过。”福尔摩斯说：“当你考虑一切可能的因素，并且把绝对不可能的因素都除去以后，不管剩下的是什么，不管是多么难以相信的事，那不就是实情吗？我们知道，他不是从门进来的，不是从窗户进来的，也不是从烟囱进来的。我们也知道，他不会预先藏在屋里边，因为屋里没有藏身的地方。那么，他是从哪里进来的呢？”医生嚷道：“他从屋顶那个洞进来的。”经检查，果然这一假设是真的。

关于侦查假设的“穷尽”，一种是用逻辑方法穷尽一切可能性。如盗窃案的种类无非是内盗、外盗、内外勾结三种。这种穷尽是按同一标准进行划分，只要划分正确，就会穷尽一切可能性。另一种是具体条件下的穷尽。如上述《四个签名》中的谋杀案，关于罪犯是从何处进来的问题，在那间屋子的具体情况下，只有上述几种可能。有的案件情况比较复杂，未必能做

到穷尽。这时，对于经过了排除了其他可能、剩下唯一可能的推断要特别慎重，以免找错办案的方向。

3. 侦破案件是侦查假设的归宿

侦查假设的建立，始终围绕一个目标，即查明犯罪者及其罪行。如果提出的假设不符合客观事实，经不起检验，就要推翻这个假设，建立新的假设；如果提出的假设尚未被推翻，但也不能得到证实，就应扩展思路，寻找新线索，连续提出其他方面的假设，并寻求检验，以逐步接近侦破的目标。

例如，2007 年 1 月，巴西南部城市库里蒂巴市的一处居民楼发生火灾，事故没有造成人员伤亡。该民宅位于城乡交界处。据房主举报，作案人很可能是与自己有恩怨的玛拉迪蒙。警方首先以此为侦查的起点，将玛拉迪蒙作为调查的对象。经过调查，警方发现，玛拉迪蒙虽然有作案动机，但是并没有作案时间。因为案发之时，玛拉迪蒙在距离库里蒂巴市 50 公里以外的乡下探亲。这样，第一个侦查假设被推翻。侦查人员继续在现场勘查，发现大火的起火点位于房屋顶部的左上角。附近居民说，大火发生之前曾下过一场雷阵雨。还有人证实，有一次雷击的位置距离案发地点很近。根据这一线索，警方提出了新的侦查假设：火灾是由雷击引起的。侦查人员对房屋内的未被烧毁的家用电器进行技术侦查，结果发现，屋中冰箱所带的电磁证明，该房屋确实曾经被雷电击中过。因此警方得出结论：这次大火并非人为纵火，而是因为雷电击中房屋后瞬间增大的热量将可燃物引燃所致。

侦查假设的归宿在于侦破案件。这一过程，新旧假设交替，接连不断，直到破案为止。

三、侦查假设的检验

提高侦查假设的可靠性，首先要详细勘查现场，认真分析事实材料；其次要广泛进行检验。由于侦查假设是针对特定的人和事提出的，因此具有一定的可检验性。假定某人是一起盗窃案件的犯罪嫌疑人，接下来的侦查工作总是有可能证明这一假设是对还是错。假定犯罪嫌疑人会将赃物藏于何处，通过搜查也总能证明这一假设的真伪。每侦破一个案件，都意味着在该案侦查过程中提出的一系列侦查假设得到了验证。

在侦查假设检验的过程中，要涉及多方面的问题，如侦查技术、具体科学知识等。这里仅涉及其中的逻辑问题。

1. 对同一案情，提出多个假设，淘汰筛选，从中择优

第一步，对同一案情提出多种解释，甚至提出相互对立的假设，这些假设必须是可检验的。第二步，检验假设，即从假设引申出检验命题，再检验这些推断和推论是否真实。如果某个检验命题与客观事实不符，则认为某假设是不成立的，是应被淘汰的；如果检验命题被证实为真，则认为相应的假设可能是真的，是可以被接受的。要在多个假设中筛选择优，淘汰错误的假设，在尚未被淘汰的假设中，选择概率较高的假设作为重点侦查方向。如果所提出的各个假设能够穷尽一切可能性，并且除了其中一个假设之外，其余假设都被推翻，那么，剩下的这个假设就被视为真的。

例如，在某地的森林和沼泽地段的铁路上，距最近村庄 4 公里处，发现一个人被火车轧成好几段，衣服也撕裂成碎片，散落在沿铁路路基两侧大约 85 米的距离内。碎尸和衣服上有火车车轮、机油和沙砾的痕迹。当地居民认出死者是附近工厂的一名工人。

在侦查人员勘察现场之前，当地行政负责人员看了现场并作出了结论：死者喝醉酒后沿

铁路路基回家，不小心跌倒在路基上，没能在火车开来前爬起。当地医院的医生也到达现场，观察后得出结论：死者的唯一死因是火车轮子碾压所致，并开具了死亡证明，允许把尸体掩埋而不必进行解剖。

侦查人员到达现场后，并没有轻易接受这一结论，而是经过对现场的进一步勘查，提出了另外一种假设：死者是被他人杀害的，发现尸体的地方不是第一作案现场。

侦查人员是这样分析的：如果死者确系酒醉后独自返家，以致跌倒在铁路路基上，那么，他在跌倒之前，是怎么在夜晚从村里沿森林和沼泽地走了4公理多路，而他的鞋子却是完全干爽只有一点点灰尘呢？由此推断，死者不是自己走到这里的。

如果死者不是自己走到这里的，那么是如何到达这里的呢？侦查人员进一步提出这一假设：死者是被驮到这里的，而这个驮死者的人，很可能就是杀害他的凶手。

于是侦查人员对碎尸进行了勘验。在用纱布清洗死者胸部时，清楚地看到一处火车车轮无法碾压出的伤痕——一个铁锤状的锥形窟窿。经检验证明，这只有双刃刀子插入活体胸部才能造成。现场勘查的这一证据证实死者是被他人杀害致死的，而不是被火车碾压致死。

作案人是谁呢？作案的动机又是什么？通过对死者进行调查，了解到如下事实：死者所在工厂比较偏僻，周围很少有陌生人到来；工厂的规模不大，厂里的工人彼此都很熟悉；死者性情暴躁，和他人时有矛盾发生。据此，侦查人员对于作案人提出假设：作案人可能是与死者熟识的人，而且曾经发生过矛盾。

通过对该厂的工人的调查，发现当天下午下班后该厂的工人都回家了，没人有作案时间。至此，侦查工作陷入僵局。侦查人员于是将调查的人员扩大到工厂以外。经过调查发现，当地村庄的一名护林员李某与死者有矛盾。侦查人员作出假设：护林员李某可能是杀害死者的凶手。

后来经过进一步调查及李某的交代，案件终于得以侦破：李某趁死者酒醉，假装扶其回家，在路上用一把双刃匕首插入死者胸部，将其杀死。为了掩盖罪行，李某又肩扛尸体，通过森林和沼泽地来到铁路边，并把尸体扔在很快就有火车通过的铁路路基上。

在侦查工作中通常都提出多个假设。凡检验命题被证明为假的假设都被淘汰，而有较多事实支持的那些假设成立的概率就高。在尚未被淘汰的假设中，通常选择概率较高的假设作为重点侦查方向。围绕侦查方向，继续提出更深入、更具体的假设，新旧假设交替，直到假设被证实，侦查工作初步完成。

2. 从同一假设引申出多个检验命题，被证实的检验命题越多，则该假设成立的概率就越高

例如，某单位女职工吴某晚上在单位值班时被害。侦查人员通过现场勘查，认为现场经过伪造，凶手应该是与死者非常熟悉的人，并进一步确定嫌疑对象是死者的丈夫梁某。为了确认这一假设，侦查人员进行了广泛的调查和检验。侦查人员作出了如下推断：

如果梁某是凶手，则梁某有充分的作案时间和条件。经调查，吴某上夜班后，家中只剩下梁某和7岁的男孩，行动方便。梁某和吴某同在一个单位，对单位的环境很熟悉，而且住家属宿舍，离单位很近。

如果梁某是凶手，那么梁某有作案动机。经调查梁某和吴某结婚后因为经济问题和孩子教育问题，经常发生争执，矛盾不断，甚至大打出手。又经进一步调查，发现梁某与一名女子有不正当关系，吴某也曾因这件事与梁某发生过激烈的冲突。这说明梁某有一定作案动机。

如果梁某是凶手，那么梁某会有反常现象。经调查，梁某得知其妻死后并不悲痛。案发

当日，侦查人员向他了解平日他们家庭生活和夫妻关系时，梁某只讲他们夫妻关系和睦，而只字不提他们之间有矛盾发生。当听说吴某可能是被入室盗窃的人杀害时，梁某表情轻松；当听说侦查人员认为他有作案的嫌疑时，梁某神色慌张，坐立不安。这些都表明梁某有反常现象。

如果梁某是凶手，那么梁某的衣服上会有被害人的血迹。经搜查，发现梁某穿的一件深色夹克衫的袖口处有一点血迹。经化验是近期沾上的人血，血型与死者相同。推断亦被证实。

以上推断一一查证落实。这表明梁某是凶手的假设成立的可能性很大。

一般地，要确认假设的真实性，要提高假设的可信度或概率，就要推出尽可能多的检验命题并加以检验。推出的检验命题越多，假设被推翻的可能性就越小；另一方面，被证实的检验命题越多，假设成立的概率也相应提高。与假说的检验同样道理，由于在假言推理中，肯定后件不能就肯定前件，而否定后件就得否定前件，因此，推翻假设和证实假设这两者在逻辑上是不对称的，即反驳或否证优于证实。

不过，侦查假设与假说不同，侦查假设是可以被证实的。由于科学假说一般是关于事物普遍规律的解释，表述这样的科学命题是全称命题，其主项的量是无限的。因此，我们无法用有限次检验或实例来确证关于无限数量事物的命题，即全称命题不能被证实。即使科学理论的命题已经多次被实践检验，也无法保证它永远不被实践所推翻。而侦查工作要弄清的事实不是某个类的事实，不是普遍的事实，而是特定的、具体的事实；所要证实的命题不是全称命题，而是特称命题或单称命题。所以，侦查假设是可以被证实的。

要点小结

本章阐述了假说方法和侦查假设，包括科学假说的定义、假说的提出和检验的逻辑程序，侦查假设的定义、侦查假设的提出和检验的逻辑程序。其主要内容有：

一、假说

概述　定义

特征
- 要以事实材料和科学理论为根据
- 要有解释力
- 要具有可检验性

作用

假说的提出　提出的程序

假说的检验　检验的程序

二、侦查假设

定义

侦查假设的提出
- 现场侦查和分析是侦查假设的基础
- 要求尽可能穷尽一切可能性
- 侦破案件是侦查假设的归宿

侦查假设的检验：
- 对同一案情，提出多个假设
- 从同一假设引申出多个检验命题

思考与练习

一、思考题

1. 什么是假说？假说具有什么特征？

2. 如何提出假说？如何检验假说？

3. 为什么说假说的检验命题被证实为真，不等于假说被证实为真？

4. 如何理解推翻假说与证实假说在逻辑上的不对称性？

5. 什么是侦查假设？侦查假设有些什么特点？

二、练习题

1. 下例中提出了什么假说？是怎样提出来的？

科学家们一直关注探讨着一个问题：是什么原因使得恐龙在大约6500万年之前全部灭绝。美国加利福尼亚大学的一项研究提出这样一个论断：这个控制世界达一亿三千五百万年之久的巨霸遭到灭顶之灾是由于在离地球十分之一光年以内的一颗超新星爆炸引起的。论据是：古比欧地区岩石（那里的岩石是恐龙消失阶段最完整的记录）中金属铱的密集度，在恐龙消失期间骤然增加25倍。如果这种超新星爆炸，则会发出大量的辐射能和物质碎片到地球上来，致使岩石中金属铱的密度骤然增加许多倍，会使地球周围的臭氧层遭到暂时的破坏，会使地面上的温度骤然下降、普遍干旱和光合作用减弱，使许多生物不能生长从而使惯于在热带亚热带雨林中生长而食量又非常大的恐龙失去了生存的必要条件。

2. 下例中新假说的内容是什么？是怎样提出来的？

1960年以来，我国科学家几次考察了青藏高原，观察到许多事实与原先关于青藏高原形成原因的假说（由于地槽堆积而构成山脉）不符合。于是人们提出新的假说：由于印度大陆分裂，一部分留在非洲，一部分向北漂移与欧亚大陆挤压，几个大陆板块相互挤压引起地面升高，从而形成了青藏高原。如果真是这样，应当能找到印度大陆分裂的证据。人们发现在非洲和我国青藏南部地区都存在一种缺翅虫，而这种缺翅虫扩散力很弱，它们只分布在很窄小的地区。非洲与我国藏南相距遥远，两地都存在这种缺翅虫，绝非是由于扩散造成的。于是人们认为，这是由于印度大陆分裂的结果。

3. 指出下例提出了哪些假说？是怎样被检验的？

人们发现，蝙蝠在黑夜里能快速而准确地飞行而不会撞在任何东西上。为了解释这个现象，科学家们根据常识提出了这样一个假说：蝙蝠能在黑夜中避开障碍物飞行是由于它有特别强的视力。那么，由这个假说可知，如果把蝙蝠的眼睛蒙上，它在飞行中就会由于看不见东西而撞在障碍物上。为了检验这个假说，科学家们设计了一个小实验：在一暗室中系上许多纵横交错的钢丝，在每条钢丝上系上一个灵敏的铃子，让一些蝙蝠蒙上眼睛在这个暗室里飞行。蝙蝠如果撞上钢丝，铃子便会发出响声。可实验结果铃子不响，蝙蝠没有撞在钢丝上。从而推翻了原假说。科学家们想，蝙蝠是否有别的特异功能呢？是否无需眼睛就能辨别障碍物呢？于是，他们又提出了一个新的假说：蝙蝠能发出一种超声波，超声波遇到障碍物以后会发生反射，反射波被蝙蝠接收，便可知前方有障碍物。由此假说可推知：蝙蝠在飞行中会不断发出超声波。后来，科学家们用仪器把这种超声波探测出来了，从而证实了这一假说。

4. 指出下述案例中侦查人员提出了什么侦查假设。

2002 年 11 月 13 日早 8 时，北京市通州区公安分局接到报案：一家食品厂财务室的保险柜被盗，10 余万元现金失窃。侦查人员经过勘察现场，将财务室里的物品进行痕迹提取，得到了犯罪嫌疑人作案时留下的足迹，犯罪嫌疑人作案时穿的是一双胶鞋。侦查人员获知该食品厂统一穿劳保服，员工在工作时间统一穿胶鞋。侦查人员确定：

(1) 本案是一个犯罪嫌疑人作案；

(2) 本案是内部熟人作案；

(3) 作案时间在凌晨 1 时到 3 时之间。

5. 指出下述案例中警方提出了什么侦查假设。

2003 年 11 月 30 日晚 12 时左右，德国科隆警方接到报案，报案者是一家物资公司的员工艾尔·莫林。莫林对警方说，刚才有一个蒙面大盗持刀敲门入室，抢走现金 3000 余欧元。

警方现场勘查发现，莫林陈述的案件经过与现场环境之间有较大的出入：

(1) 晚上 12 点，是夜深人静之时。而独自一人在家的女性当事人居然开门让陌生人入室；

(2) 当时是阴天，无月光和星光，四周也没有任何光源，而作案人入室后立即关掉了灯。在现场一片漆黑的情况下，作案人居然能在较短的时间内准确地将藏好的现金找到；

(3) 莫林的房间周围有人居住，当时还有人没有熟睡，可没有人听到任何声响。

据此，警方分析这是一起假抢劫案。

第十一章　论证

◆**内容提要**：本章阐述了论证。主要内容包括证明的特征、方法和证明中应该遵循的规则；反驳的特征和方法；介绍了常见的几种非形式谬误。

从狭义上说，论证与证明是同义词，从广义上说，论证包括证明和反驳。

证明就是引用确认为真的命题为根据，从而得出某一命题为真的推演过程。逻辑证明不同于通常所说的证实。逻辑证明是一种理性的推演过程，它需要通过推理的形式，从一些已知的真命题出发，推导出所要论证的命题为真。

证明在理论思维中起着重要的作用。第一，逻辑证明是科学理论建立的必经途径。第二，逻辑证明是人们获取新知识的重要手段。第三，逻辑证明是作出科学预见的重要工具。逻辑证明贯穿于司法实践的全过程。

从证明的组成来说，凡证明都是由论题和论据两部分组成的；从论据与论题的联系来说，凡证明都有一定的论证方式。论题就是真实性需要确定的命题。它回答"证明什么"的问题。论据就是用来确定论题真实性的命题，即在证明中为支持论题所提供的根据、理由。它回答"用何证明"的问题。论证方式就是论据和论题联系的方式，即在证明中采取何种推理形式从论据推出论题。它回答"如何证明"的问题。

证明与推理密切相关。首先，推理是证明的工具，证明是推理的应用。其次，证明的结构与推理的结构一致。证明与推理又是相互区别的。第一，目的与作用不同。第二，真假要求不同。第三，思维进程不同。

根据证明过程中论题与论据联结方式的不同，证明分为直接证明和间接证明。直接证明的方法就是论题的真实性直接由论据推出。直接证明的特点是论题直接从论据推出，论据蕴涵论题，论据真则论题必真。间接证明的方法是论题的真实性需借助假设前提推出。假设的前提中，有的是论题的条件命题，有的是论题的矛盾命题，有的是论题的相关命题（与论题陈述并列的各种可能情况）。根据假设前提的不同，间接证明分为条件证明、反证法和排除法三种。条件证明适用于论题是一个假言命题（或假言命题的等值命题）的论证。在条件证明中，论题的真实性是借助于假设一个与假言命题的前件相同的命题为补充前提而推出的。在反证法中，论题的真实性是借助于假设一个与论题相矛盾的命题为补充前提而推出的。排除法又称选言证法，其论题的真实性是借助于假设与论题相关的命题（与论题陈述并列的所有可能情况）为补充前提而推出的。

为了保证证明正确、有说服力，必须遵守证明的规则。一、论题必须清楚明确。违反这条规则的逻辑错误称为“论题含混”。二、论题必须保持同一。违反这条规则的逻辑错误是“转移论题”或“偷换论题”。三、论据必须是已经确认为真的命题。如果以虚假的命题作为论据进行论证，就会犯“虚假理由”的错误。如果以真实性尚未证明的命题作论据，就会犯“预期理由”的错误。四、论据的真实性不能依靠论题来证明。违反这条规则的逻辑错误是“循环论证”。五、从论据应能推出论题。违反这条规则，就会犯“推不出”的逻辑错误。“推不出”的错误常常表现为以下三种形式：(一)论据不充分。(二)论据与论题不相干。(三)违反推理规则。

反驳就是引用确认为真的命题为根据，从而得出某一命题为假或某一论证不能成立的推演过程。反驳与证明在论证中的作用是截然不同的。证明是确认某一命题的真，是“立”，反驳是确认某一命题的假，是“破”，二者目的不同。但二者又是相互联系的。证明中有反驳，反驳中有证明。证明某一命题，就是反驳与之相否定的命题；而反驳某一命题，又是证明与之相矛盾的命题。

与证明的结构相同，反驳也是由被反驳的论题与所引用的论据两部分构成。从论据与被反驳的论题之间的联系来看，反驳也要通过一定的论证方式。

反驳是确定某一命题为假或某一论证缺乏逻辑性，其目的在于揭露诡辩，批驳谬误。为了达到反驳的目的，应从实际出发，或者针对论题，或者针对论据，或者针对论证方式。反驳论题，就是证明对方的论题是虚假的。反驳论据，就是证明对方的论据是虚假的。反驳论证方式，就是确定对方的论据与论题之间没有必然的逻辑联系，从论据推不出论题。

根据反驳过程中论据与论题联系方式的不同，反驳可分为直接反驳、间接反驳和归谬法。直接反驳就是引用真实性已经确定的命题，直接推出被反驳的论题或论据虚假的反驳方法。间接反驳是通过证明与被反驳的论题相否定的论题为真，从而推出被反驳的论题为假的反驳方法。又称独立证明的反驳方法。归谬法就是从被反驳的论题推出错误的结论，由否定错误的结论，进而推出被反驳的论题虚假的反驳方法。

通常可以将谬误分为形式的和非形式的。形式方面的谬误指为某种论点进行论证时违反推理规则所犯的错误。非形式方面的谬误是有关内容、实质方面的错误。法庭辩论中常见的非形式方面的谬误大致可以分为不相干谬误、歧义谬误和论据不当谬误等三个方面。不相干谬误有：诉诸武力、诉诸权威、诉诸人身、诉诸感情、诉诸众人、诉诸私利、诉诸无知等。歧义谬误有：语词歧义、语句歧义、含义不明确、复杂问语等。论据不当主要表现为：以偏概全、预期理由、错认因果、循环论证、机械类比、强词夺理等。

◆**学习目标**：重点掌握：证明的方法，证明的规则，反驳的方法；一般了解：非形式谬误。

◆**关键词**：证明、反驳、谬误

第一节　证明的特征

一、什么是证明

从狭义上说，论证与证明是同义词，从广义上说，论证包括证明和反驳。

人们不论是在日常生活还是在科研工作中，当需要确定某一观点、某一理论的成立，或某一决策的正确、某一实施方案最优、可行等，都需要进行证明。

证明就是引用确认为真的命题为根据，从而得出某一命题为真的推演过程。

例如:1973 年 11 月，美国马里兰州律师协会向马里兰州上诉法院提起诉讼，要求制裁阿格钮律师，此案引起广泛关注。

阿格纽当时是美国的风云人物，1969 年当选为尼克松政府的副总统。1973 年 10 月，马里兰联邦地区法院以偷税漏税罪判处阿格纽 3 年“无监督暂缓刑”，并罚款 1 万美元。为此，马里兰州律师协会为履行维护法律制度完整性的责任，向马里兰州上诉法院提起诉讼，要求从律师纪律方面对阿格纽加以制裁。

马里兰州上诉法院援引法律:凡本州律师被判犯有下列职业上的罪行:无能、欺诈、从事道德堕落的非法行为，导致执行律师事务中的不公正行为时，必须根据法官作出的有罪判决而取消其律师资格。法院认为，阿格纽的偷税漏税罪显然属于不道德的非法行为，在执行律师事务中必将导致不公。据此，法院作出判决:撤销阿格纽的律师资格。

在上述案例中，上诉法院作出判决的论证过程可以分析如下:

根据法律，凡本州律师被判犯有下列职业上的罪行:无能、欺诈、从事道德堕落的非法行为，导致执行律师事务中的不公正行为时，必须根据法官作出的有罪判决而取消其律师资格;

阿格纽的偷税漏税罪显然属于不道德的非法行为，在执行律师事务中必将导致不公。

因此，撤销阿格纽的律师资格。

上述实例就是证明。在这一论证过程中，上诉法院援引法律的相关规定作为推理的大前提，阿格纽的犯罪事实作为推理的小前提，运用三段论的推理形式，得出所要证明的结论。

逻辑证明不同于通常所说的证实。在实践中，人们可以通过测量、观察等途径，来确定某一论断的真假，这称为证实，即经验证明、实践证明。例如，两条线段是否等长、火星上是否有生命存在等，都需要通过实地的测量、考察、试验等来确定。

逻辑证明是一种理性的推演过程，它需要通过推理的形式，从一些已知的真命题出发，推导出所要论证的命题为真。证明实质上是推理的运用，任何证明都需要通过推理来进行，这是逻辑证明的根本特征。如上例中的法庭判决，就是从所援引的法律和事实合乎逻辑地推导出来的。

凭感觉可以直接感知其真实性的命题，不需要证明。在确立科学理论的研究过程中，真实性不需要加以证明的只是极少数的原始命题，如数学中的公理。在人类理性的增长过程中，新提出的理论观点，需要通过证明才能确定其真实性;即使其真实性已被实践检验过的命题，由于其真实性是否明确往往因人而异，也需要证明。可见，逻辑证明广泛应用于我们日常生活、工作和科研中。

人们进行证明活动，目的在于为确认某一论断的真实性提供理由。为此，人们不仅需要逻辑思维的知识和技能，还需要相关方面的具体科学知识。逻辑学不研究某个具体的证明，只研究所有证明都具有的最一般的共同的东西，如证明的逻辑结构、方法、规则等，解决证明的严密性、有说服力等问题。

二、证明的作用

证明在理论思维中起着重要的作用。

第一，逻辑证明是科学理论建立的必经途径。

一个科学理论观点，无论在实践检验之前，还是在实践检验之后，都需要通过逻辑论证的环节。一个科学理论命题的提出，需要借助于已有的科学知识和逻辑证明的过程，检验理论是否能够得到理论和事实的支持，检验理论本身是否含有逻辑矛盾。即使某种认识已通过实践的检验，也需要借助逻辑证明完成由实践到理论的过渡。因为实践总是具体的、特殊的，而被检验的某种理论是抽象的、普遍的，如何由具体到抽象，由特殊到普遍，必须借助于逻辑证明的中介作用。如果不经过逻辑证明，理论的科学性就不能建立。例如，歌德巴赫猜想从1742 年提出，至今已有 200 多年，由于还没有得到完全证明，所以现在仍然还是一个猜想，还不能成为科学理论。从这个意义上讲，没有逻辑证明，就没有科学理论。

第二，逻辑证明是人们获取新知识的重要手段。

通过逻辑证明，人们可以在已有知识的基础上获得新的知识。例如，伽利略推翻亚里士多德关于运动的理论，从而建立自己的新理论的过程，就是通过一个无可辩驳的逻辑推理达到的。他设想一个重物与一个轻物同时下落，按照亚里士多德的理论，当然是重物落得快，轻物落得慢。现在，设想把重物与轻物绑在一起下落会发生什么情况。一方面，绑在一起的两个物体构成了一个新的更重的物体，它的速度应比原来的重物还快；但另一方面，下落速度较慢的轻物加在下落速度较快的重物上，会减慢重物的下落速度，则这个速度比原来的重物速度要慢。这两个方面的推理都是合理的，但结论却是相互矛盾的。因此，可以得出结论，亚里士多德关于落体速度与其重量有关系的理论是错误的。从逻辑上分析，解决这一矛盾的唯一途径是：下落速度与重量无关。可以说，这一新的理论的提出，完全是通过逻辑证明达到的。当然，随后进行的科学实验进一步验证了新的理论的正确性。

第三，逻辑证明是作出科学预见的重要工具。

科学理论的功能之一是作出科学预见。人们利用科学规律进行理论探索与论证，从而对未来社会的发展或科学理论的发展作出预见性的推测，从而指导实践。例如，天文学家通过观察，获得大量的数据、资料，在此基础上通过逻辑论证，推测出 1997 年 3 月 9 日将会出现日全食与海尔－波普彗星同时出现的奇观，并且推测出最佳的观测地点是我国的漠河，这就为实地观测和研究提供了信息。

逻辑证明在思想表述与交流中也起着重要作用。无论传播真理、传授知识，或是宣传鼓动、演讲辩论，还是反驳谬误、揭露诡辩，逻辑证明都是人们不可缺少的思想表述与交流的手段。

逻辑证明贯穿于司法实践的全过程。

例如，一起刑事案件，从立案到侦查，自起诉到判决，都需运用逻辑证明。司法人员在查证活动中收集到的各种案情材料，仅仅是一些零散的、无序的原始材料。如何使这些材料成为证明案情真相的证据，还需要通过理论思维的加工制作，以揭示其内在的逻辑联系。逻辑证明正是完成这一过渡与转化所不可缺少的工具。

起诉书和判决书是结构完整的逻辑证明。被告人有罪、什么罪、如何处罚，这是证明的论题，列举的犯罪事实和定罪的法律依据，这是证明的论据。一份有说服力的起诉书、判决书，必须结构完整、论证严密，这样才能体现出法律的权威性。

法庭辩论是证明与反驳相互交织的过程。公诉人在法庭活动的目的，是证明被告人有罪、何罪；而辩护人在法庭活动的目的，是反驳指控，证明被告人无罪或罪轻，论证是否应对被告人进行处罚，能否减轻处罚或从轻处罚。辩论的双方，其任务和侧重点是不同的，但确认案件事实，确认案件证据的真实性与证明力，以及正确适用法律等，都是通过法庭辩论来共同完成的。证明与反驳贯穿于法庭辩论的全过程。

司法工作自始至终都和逻辑论证密切相关。一个司法工作者，如果能熟练地、有效地运用逻辑论证，不但可以提高工作效率，而且有利于各类案件的正确处理。

三、证明的结构

从证明的组成来说，凡证明都是由论题和论据两部分组成的；从论据与论题的联系来说，凡证明都有一定的论证方式。

论题就是真实性需要确定的命题。它回答"证明什么"的问题。人们进行论证总是先把论题提出来，以明确要证明的是什么问题。论题往往既是证明的开头，又是证明的结尾。

论题一般有两类：一类是已经证明为真的命题，如科学定理、定律等。对这类论题的证明，目的在于阐明真理、宣传真理。另一类是真实性尚待确定的命题，如科学假说。对这类论题的证明，目的在于探索真理、发现真理。

论据就是用来确定论题真实性的命题，即在证明中为支持论题所提供的根据、理由。它回答"用何证明"的问题。

可以用来作为论据的命题一般有两类：一类是已被证明为真的理论命题，如科学原理、公理、定理、定义等。用这类命题作为论据，能使证明深刻、说服力强。另一类是已被确定为真的经验命题。在实际证明过程中，人们往往把两类论据结合运用，这样，既有理论深度，又有事实依据，以达到更好的证明效果。

在一个复杂的证明过程中，论据往往有基本论据和非基本论据之分。直接支持论题的论据是基本论据，对基本论据再作论证的，称作非基本论据。

例如：类推定罪应当取消。因为它不符合罪刑法定的刑法基本原则的要求，而罪刑法定原则是刑法保障公民自由和基本权利的基石。

上述证明中，第一个论据"它不符合罪刑法定的刑法基本原则的要求"是直接支持论题"类推定罪应当取消"的，是基本论据；而第二个论据"罪刑法定原则是刑法保障公民自由和基本权利的基石"又是阐述罪刑法定原则的正确性的，因此是非基本证据。

论证方式就是论据和论题联系的方式，即在证明中采取何种推理形式从论据推出论题。它回答"如何证明"的问题。

根据论证的需要，在一个证明中可以只有一个推理形式，也可以采用一系列的推理形式。只包含一个推理形式的证明，其论证方式就是该推理形式，包含两个以上推理形式的证明，其论证方式就是所用的各推理形式的总和。

例1：地震是可以预报的。因为地震是一种自然现象，是有规律的。凡是有规律的事物都是可以被人们所认识和掌握的。

例 2:对待文化遗产应采取批判继承的态度。对待文化遗产的态度，要么是全盘继承，要么是虚无主义，要么是批判继承。全盘继承，不分精华和糟粕，不能推陈出新，文化不能发展;虚无主义，割断历史，违背文化发展的规律，文化同样不能发展;只有批判继承，才符合物质辩证发展的法则，扬弃糟粕，吸取精华，促进文化繁荣。

上述例 1 的论证方式是一个三段论，例 2 的论证方式是一个选言推理和三个假言推理。

在论证过程中，对于不同内容的论题，可以采用相同的论证方式;对于同一个论题，也可以有几种不同的论证方式。这就是说，从论据到论题的途径不是唯一的。在实际思维过程中，我们应当选择那些简明有效的论证方式，而舍去冗长的论证方式。这就需要熟练掌握推理的方法与技巧。

严格的逻辑证明一般是指演绎证明，即运用演绎推理来证明论题，证明过程的每一步推导都要严格地遵守演绎推理的规则，以保证从论据推出论题的必然性、可靠性和严密性。非演绎推理是一种或然性推理，它由前提得出结论带有某种经验性、偶然性，而不能保证得出结论的必然性。因此，非演绎推理不能用于严格的逻辑证明。

四、证明与推理

证明与推理密切相关。

首先，推理是证明的工具，证明是推理的应用。只有运用推理，才能由论据推出论题，没有推理也就谈不上逻辑证明。

其次，证明的结构与推理的结构一致。证明中的论题相当于推理中的结论，论据相当于推理中的前提，论证方式相当于推理从前提得出结论的推理形式。其对应关系可用下图表示：

推理:前提——推理形式——→结论

‖　　　　‖　　　　‖

证明:论据——论证方式——→论题

证明与推理又是相互区别的。

第一，目的与作用不同。

证明的目的是确定某个命题为真，其作用在于确立已知，阐明真理。推理的目的是得出一个新的命题，其作用在于寻求未知，发现真理。

第二，真假要求不同。

证明的有效性不仅要求论据与论题之间有必然的逻辑联系，而且还要求论据是真实的。推理的有效性是就其推理形式而言的，与推理内容无关，它仅要求前提与结论之间有逻辑联系。

第三，思维进程不同。

证明的过程，总是先有论题，然后为确立论题的真实性寻找理由。论题是已知的，论据也是已知的，由论据得出论题的过程是由已知到已知的过程。推理总是先有前提，然后得出结论。前提是已知的，而结论却是未知的，前提到结论的过程是由已知到未知的过程。

第二节　证明的方法

根据证明过程中论题与论据联结方式的不同，证明分为直接证明和间接证明。

一、直接证明

直接证明的方法就是论题的真实性直接由论据推出。

例如:刘某构成侵占罪。因为，出租车司机刘某将乘客李某遗失的手包(内有人民币11万元)藏匿家中，非法占为已有，拒不退还。根据刑法第二百七十条规定，将他人的遗忘物或者埋藏物非法占为已有，数额较大，拒不交出的，处二年以上五年以下有期徒刑，并处罚金。所以，刘某的行为已构成侵占罪。

上述证明就是直接证明的方法。论据是犯罪的事实和刑法的有关规定，论据为真，直接推出论题为真。

直接证明的特点是论题直接从论据推出，论据蕴涵论题，论据真则论题必真。

二、间接证明

间接证明的方法是论题的真实性需借助假设前提推出。

假设的前提中，有的是论题的条件命题，有的是论题的矛盾命题，有的是论题的相关命题(与论题陈述并列的各种可能情况)。根据假设前提的不同，间接证明分为条件证明、反证法和排除法三种。

(一)条件证明

条件证明适用于论题是一个假言命题(或假言命题的等值命题)的论证。在条件证明中，论题的真实性是借助于假设一个与假言命题的前件相同的命题为补充前提而推出的。

如果以符号“P”代表已知为真的论据(或论据集)，以 $A \to B$ 代表一个论证的论题，那么条件证明只适用于如下证明:

P

所以，$A \to B$　　　　　　(1)

或者论题形式等值于“$A \to B$”的论证，如“$\neg A \lor B$”、“$\neg (A \land \neg B)$”等。

论题为假言命题的任一证明的证明方法，就是把假言命题的前件假设为一个补充的前提，然后运用有效的推理序列，推导出假言命题的后件。可表示如下:

P

假设 A

所以，B　　　　　　(2)

我们对论证式(2)的有效性的证明，也就是对论证式(1)的有效性的证明。因为(1)与(2)在逻辑上是等值的，即“$P \to (A \to B)$”等值于“$(P \land A) \to B$”。这正是条件证明法的逻辑根据所在。

例如:只有案件发生在星期六的晚上，如果甲去水库路3号，那么甲是杀害乙的凶手。因此，案件不是发生在星期六的晚上，而甲是杀害乙的凶手，这是不可能的。

现将该例的有效性的推演过程用符号表示如下：

用 p 表示：案件发生在星期六的晚上。

用 q 表示：甲去水库路 3 号。

用 r 表示：甲是杀害乙的凶手。

已知：	$\neg p \rightarrow \neg (q \rightarrow r)$	已知前提
求证：	$\neg (\neg p \wedge r)$	论题
证明：	(1) $\neg p \rightarrow \neg (q \rightarrow r)$	已知前提
	(2) $\neg p$	假设前提
	(3) $\neg (q \rightarrow r)$	根据(1)、(2)假言推理肯定前件式
	(4) $q \wedge \neg r$	根据(3)否定蕴涵推理
	(5) $\neg r$	根据(4)联言推理分解式
	(6) $\neg p \rightarrow \neg r$	根据(2)、(5)应用条件证明
	(7) $\neg (\neg p \wedge r)$	根据(6)等值置换

在条件证明法中，假设前提是假言命题结论的前件。当证明的论题是假言命题或它的等值命题，而直接证明又难以进行时，采用此方法就能使问题迎刃而解。

（二）反证法

在反证法中，论题的真实性是借助于假设一个与论题相矛盾的命题为补充前提而推出的。

反证法的步骤是：首先，假设一个与原论题相矛盾的反论题；然后，由这个假设前提推出矛盾或者导致荒谬；这样，推翻反论题，根据排中律，则原论题必真。

反证法的推演过程可表示如下：

求证：P

证明：假设前提 $\neg P$

由假设前提按照推理规则进行推理，最后推出矛盾或导致荒谬。

即 $\neg P \rightarrow Q \wedge \neg Q$（或 R（R 是明显荒谬的））

而 $\neg (Q \wedge \neg Q)$（或 $\neg R$）

所以，$\neg P$ 为假

那么，P 为真

反证法是数学证明中常用的方法。

例如：证明 $\sqrt{2}$ 是无理数。

证明：假设 $\sqrt{2}$ 是有理数，则

设 $\sqrt{2} = a / b$（a、b 为不可通约的整数）

两边同时平方，$2 = a^2/b^2$

$a^2 = 2b^2$

由于 a^2 是偶数

所以，a 必为偶数

a 与 b 不可通约，a 是偶数

所以，b 是奇数

令 $a = 2c$

则 $a^2=4c^2=2b^2$

$b^2=2c^2$

所以，b^2 是偶数

b 必为偶数

由假设前提推出 b 既是奇数又是偶数，这是矛盾的。

所以，假设不成立，$\sqrt{2}$不是有理数。

反证法的证明简洁明了，对论题的证明无可置疑，因此是一种非常有说服力的证明方法，不仅在数学中广泛应用，而且广泛应用于其它学科和日常思维的论证中。当直接证明难以奏效时，反证法是一种比较便捷的方法。

（三）排除法

排除法又称选言证法，其论题的真实性是借助于假设与论题相关的命题（与论题陈述并列的所有可能情况）为补充前提而推出的。

排除法的步骤是：先找出与论题相关的所有可能性，构成一个选言命题；然后证明除原论题外，其他选言支均不成立；最后，根据选言推理否定肯定式，推出原论题真。

排除法的推演过程可表示如下：

求证：P

假设：Q、R、（S……）

已知：Q、R、（S……）与 P 相关，即构成 $P \vee Q \vee R(\vee S\cdots\cdots)$，并且这一选言式涵盖了所有可能情况。

证明：由已知前提证明

$\neg Q$

$\neg R(\neg S\cdots\cdots)$

所以，P

例如：对被宣告缓刑同时被宣告附加剥夺政治权利的罪犯，附加刑剥夺政治权利应当在缓刑执行期间同时执行。

这种情形刑法上无明文规定，也缺乏相应的司法解释。这种情况下，剥夺政治权利这一附加刑的执行无非有两种可能：一种是在缓期考验期间里执行，另一种是在缓刑考验期结束后再执行。

根据刑法第五十八条规定，附加剥夺政治权利是从徒刑、拘役等主刑执行完毕之日起开始执行。而缓刑是有条件地不执行原判刑罚，缓刑的考验期当然不是主刑期。所以，就不存在缓刑考验结束后再执行附加刑的可能。所以只有在缓刑执行期间同时执行附加剥夺政治权利，才不至于引起刑法条文间的矛盾。

上述证明就是运用的排除法。证明中列举出全部的可能情况，然后对论题以外的可能情况一一加以否定，最后，肯定论题成立。显然，由相关的假设命题为假，推出论题为真，其逻辑推演过程是选言推理的否定肯定式。

运用排除法时应注意，论题与其相关的命题所陈述的情况，必须穷尽事物的所有可能情况。只有这样，论题的真才具有充分的、无可辩驳的说服力。

间接证明的特点是论题的真是借助于某种假设前提推出的。因此，论题的推演过程比较迂回，不如直接证明简洁。在司法文书的论证中，一般不宜采用这种证明方法。但在办案实践中，分析案情时，如能灵活地运用间接证明，根据需要提出某种假设，针对这种假设进行证明，合乎逻辑地得出结论，这就为确定论题的真开通了一条新的途径。

在实际证明中，直接证明和间接证明结合运用，对同一个论题，从多种角度加以证明，会使论证更加具有说服力。

例如:在 1946 年的远东国际军事审判庭上，厅长由盟军最高统帅麦克阿瑟指定，厅长当然居中。各国法官都为在审判席中的座次展开了激烈的争论。我国的代表梅汝璈博士为维护国家的利益和体面，决心争到第二把交椅。梅博士是这样论证的:“我认为，法庭座次按日本投降时各受降国的签字顺序排列最合理。首先，今日系审判日本战犯，中国受日本侵害最烈，而抗战时间最久，付出牺牲最大，因此，有 8 年浴血抗战历史的中国应排在第二;再者，没有日本的无条件投降，便没有今日的审判，按各受降国的签字顺序排座，实属顺理成章。”梅博士说到这里略一停顿，微微一笑说:“当然，如果各位同仁不赞成这一办法，我们不妨找个体重测量器来，然后以体重的大小排座。体重者居中，体轻者居旁。”中国法官的话音未落，各国法官均已忍俊不禁。

梅博士的论题是:法官座次，中国应排第二。他先是提出两条有力的论据，直接证明中国应排在第二;接着又提出，若上述方法不行，那么可以体重来排列。然而这显然是荒谬可笑的，由此，实则否定了其它方案。这是通过反证法进一步论证了原论题，从而通过正反两个方面加强了论证的力量。

从逻辑上讲，证明的宗旨在于依据有效推理，确定论题的真实性与已知为真的论据之间的联系的必然性。因此，推理部分所讲的前提与结论之间具有必然联系的各种演绎推理，都可以用于证明过程。

第三节　证明的规则

为了保证证明正确、有说服力，必须遵守证明的规则。

一、论题必须清楚明确

证明的目的在于确立论题的真实性，因此，论题清楚、明确是证明的首要条件。只有论题清楚、明确，证明才能目标一致，有的放矢，才能达到证明的效果。如果证明什么不明确，证明者自已的论述就会失去主题，漫无中心，使论题得不到有效的论证，在听众中就可能产生歧义，或引起无谓的争论。这不但无益于阐明真理，批驳谬误，反而会引起人们的思想混乱。

日常论证中，常有人违反这一逻辑要求。如有的人演讲，十分生动、有趣，现场气氛热烈。但是演讲结束，却发现主题不清，不知演讲的目的为何。又如，有人写文章，长篇大论，却中心不突出。还有，开会讨论问题，有时大家争论很激烈，但仔细清理一下各种意见，又发现并没有根本的分歧，而是由某些误解引起的争辩。以上种种情况都是由于论题不清引起的。

违反这条规则的逻辑错误称为“论题含混”。

在司法文书中，如果文书的主旨不明，就违反了这条规则的要求。写作司法文书时目的要明确，解决的问题要清楚，解决问题的意见要鲜明突出。这是证明的这条规则的要求在司法文书中的具体体现。如在刑事案件中，公诉人对案件的基本看法必须在起诉书的序言中明确提出来；在认定犯罪事实和适用法律方面的论证，被告人的行为是否构成犯罪、犯什么罪、罪轻还是罪重、是一罪还是数罪，都必须立论清楚、观点明确。在起诉书的结尾部分，应明确提出起诉书的结论性意见，对被告人如何定罪量刑，适用什么法律条款，向法庭提出什么看法、建议都必须观点明确。

二、论题必须保持同一

论题保持同一是指在同一证明过程中只能有一个论题，并且应始终围绕它进行论证。违反这条规则的逻辑错误是“转移论题”或“偷换论题”。

“转移论题”或“偷换论题”就是在证明过程中将论题转换成其他论题，进行论证。

例如，在一次关于某个国家机构的某种行为是否合法的辩论中，其中一位辩论的参与者说：“法治在于由国家机构维护和实现公正的法律。这个国家机构的行为在这种情况下虽然符合法律，但这是不公正的法律，因此，它的行为是不合法的。”

这个论证表面上是在论证“某行政机构的行为是否合法”，实际上已经改变了论题，将“合乎法律”改变为“合乎公正的法律”，而这种改变往往是不易察觉的。

在司法文书中，对同一案件性质的断定必须保持同一，否则就会犯转移论题的错误，对案件的定性造成混乱。

按照这一规则，在法庭辩论中，要求参加辩论的双方，必须就同一问题发表意见，或是就案件事实，或是就证据的证明力，或是就案件的法律适用。总之，辩论的双方要就同一问题交锋，这样才能达到法庭辩论的目的。

三、论据必须是已经确认为真的命题

论据是用来确认论题真实性的命题。证明的过程就是从已知为真的论据推出论题真实性的过程。因此，引用的论据必须是已经确认为真的命题，只有这样的论据，才具有论证的价值。如果论据虚假，或论据的真实性还有待于证明，就不能确定从该论据推出的论题必真。

如果以虚假的命题作为论据进行论证，就会犯“虚假理由”的错误。

例如：古代曾有学者这样证明“宇宙是有限的”这个论题：假如宇宙没有界限，那么它就没有一定的中心，但是一切物体都以地球为中心，后者有一定的位置并且是宇宙的中心，所以，宇宙是有限的。

在这个论证中，用来作为论据的命题都是虚假的，因此，此论证是无价值的。当然，这种错误的发生，很大程度上是由于当时人们认识水平所限。

在司法实践中，自诉人、被告人、辩护人或证人都可能捏造虚假的论据为自己的论点作证，以利法庭作出有利于己方的判决。这种以假取信于人的论证，就是犯了“虚假理由”错误的表现。这种错误有时隐蔽在论证过程中被省略的部分，这时需要还原推理过程才能发现。

例如：某辩护人为被告辩护说：“被告人伤害被伤害人不是故意的，因为被告人与被害人素不相识、彼此无仇。”

该证明的论证方式是一个省略式，其推理可还原如下：

如果被告人与被害人素不相识、彼此无仇，那么被告人伤害被害人不会是故意的。该案被告人与被害人素不相识、彼此无仇，所以，该案被告人伤害被害人不是故意的。

这个推理省略了一个虚假的大前提。以虚假的前提作论据，就犯了“虚假理由”的错误，是起不到有效论证的目的的。

如果以真实性尚未证明的命题作论据，就会犯“预期理由”的错误。在司法实践中，司法人员如果不认真进行调查研究，实事求是地分析案情，而是凭主观猜测，将尚待证实的材料作为办案的根据，这就是“预期理由”的错误。

例如：某地凌晨，一女子从一过街天桥坠落，又被一辆超速驶过的汽车碾过，当场死亡。如果只凭表面现象作出判断：驾驶员违反交通法规超速驾车行为与该女子死亡结果之间具有因果关系，这就过于草率了。如果不经过进一步调查取证，就以此作为追究驾驶员构成“交通肇事罪”的证据，就犯了“预期理由”的错误。后经警方缜密调查后发现，该女子落地时颅骨骨折，坠地当场死亡。驾驶员虽然超速驾驶，但碾压过去的是“尸体”而不是还活着的伤员，因此，驾驶员没有构成犯罪。

四、论据的真实性不能依靠论题来证明

论题的真实性是靠论据为真来确定的。如果论据自身的真实性又靠论题来证明，就等于论题没有得到证明。这样，就会产生“循环论证”。

例如：17世纪法国哲学家笛卡尔曾经这样证明神的存在：我的神的观念是非常清晰的。神是尽善尽美的，无所不包的，因此也包含了“存在”的性质；如果说尽善尽美的神缺乏这一重要性质——即说他“不存在”是自相矛盾的，因此神是存在的。

笛卡尔在证明“神是存在的”时，论据是“神包含‘存在’的性质”，这等于只是同语反复，实际上什么也没有得到论证。

一个比较复杂的证明过程，有时论据本身是带证明的，从而形成多层论证。但不管论证多么长，只要有“循环论证”的错误，论证就是白费力气。马克思在《剩余价值论》一书中曾揭露过这种错误。书中说：“……预付资本的价值又由什么决定呢？马尔萨斯说，是由预付资本中包含的劳动价值决定的。劳动价值又由什么决定的呢？是由花费工资购买的商品的价值决定的。而这些商品的价值又由什么决定呢？由劳动的价值加利润。这样，我们只好不断地在循环论证里兜圈子。”在此，马尔萨斯用“商品的价值”论证“劳动的价值”，反过来又用“劳动的价值”论证“商品的价值”。马尔萨斯在这里到底证明了什么？什么也没有。

五、从论据应能推出论题

在证明的过程中，论据与论题之间要有必然的逻辑联系，论题能从论据推出。

违反这条规则，就会犯“推不出”的逻辑错误。“推不出”的错误常常表现为以下三种形式：

（一）论据不充分

这是指所引用的论据对确定论题的真实性来说，不是充分的理由。从推理的角度来分析，即论据不构成论题成立的充分条件。

例如：一份起诉书与一审判决中都提到被告人用致命的工具——锤子，打了被害人邵某的要害部位——头部，由此认定：被告人犯故意杀人罪。被告人方某以“无杀人故意”为由，提出上诉，并委托律师为其辩护。某律师出庭辩护说：一般说来，用致命的工具打击致命的部位，对认定故意杀人罪有重要意义，但是不构成充分理由，不能孤立地以此作为区分杀人

与伤害的绝对标准，仍需结合案情进行具体的考察。上诉人虽“用锤子击头”了，但据医院证明，邵的头皮有8厘米挫伤，无骨折，颈部有擦破伤痕，左侧胸挫伤，“神志清楚，语言流畅”。可见邵只受了轻伤。因此，上诉人虽用致命的工具打了邵的致命部位，但其打击的强度只能证明他下手时仅有伤害的故意，而没有杀人的故意。因此，应认定上诉人所犯是故意伤害罪。

从逻辑上分析，律师的辩护指出了起诉书与一审判决在论证上犯了“推不出”的错误。在该案中，被告用致命的工具击中致命的部位，这对认定“被告人是故意杀人罪”来说，只是必要条件，但不是充分条件，即前述事实为真，后面的认定不必然真，前提不蕴涵结论。

（二）论据与论题不相干

这是指论据与论题之间没有蕴涵关系，或者说，所引用的论据的真实性与论题的真实性之间没有推出关系。

例如：清朝时，抚署委员刚弼在审理一起13口被人投毒致死的案件中，用引诱的办法使涉嫌的魏家父女向他行贿，然后以此为据，断定魏家父女就是凶手。魏家父女不服。刚弼在升堂会审时这样论证：“倘若人命不是你谋害的，你家为什么肯拿几千两银子出来打点呢？”在此，刚弼得到的证据只是行贿的证据，而不是投毒杀人的证据，这个证据与证明论题是不相干的。这就犯了“推不出”的错误。

在刑事辩护中，如果所陈述的理由和法律依据，与被告被指控的事实和罪名不相符合，这也是论据与论题不相干。

例如：某甲和某乙被指控于某日下午下班高峰期在该城市的主干道二环路上“飙车”，在此过程中擦撞3部其他车辆，造成经济损失8000元，并引起部分路段交通拥堵和群众恐慌。

检察机关指控，某甲和某乙无视国家法律，在下班高峰期，人流、车流密集的公共交通道路上驾驶机动车追逐竞驶，擦撞其他车辆，不仅造成了一定的经济损失，而且引起部分路段交通拥堵和群众恐慌，显属情节恶劣，并危害公共安全，其行为已构成危险驾驶罪，应依法惩处。

被告人律师则辩称，某甲和某乙在整个追逐过程中，均未超过该路段的限速60公里的规定，因此某甲和某乙并未构成危险驾驶罪，不应当追究刑事责任。

检察机关针对辩护人的辩护指出，根据中华人民共和国刑法第一百三十三条第二款的规定，“在道路上驾驶机动车追逐竞驶，情节恶劣的，或者在道路上醉酒驾驶机动车的，处拘役，并处罚金。”这意味着该法条本身没有规定构成追逐竞驶必须以超速行驶为前提。

从逻辑上分析，律师在辩护时所陈述的事实和辩护理由，与被告罪名的认定，两者“风马牛不相及”，即论据与论题之间没有蕴涵关系。

（三）违反推理规则

证明总要使用推理，这就要求由论据推出论题，必须遵守推理规则。只有论证方式正确，才能保证论据与论题之间具有必然的逻辑联系，从论据的真推出论题必真。如果论证方式不正确，违反了推理规则，那么由论据的真推不出论题必真。因此，论证中违犯相应的推理规则，就会犯“推不出”的逻辑错误。

例如：一起凶杀案，侦察员小张调查了解到如下事实：该案的凶手是持三棱刀作案的；某甲是重点怀疑对象。经调查，在某甲的床褥底下发现一把三棱刀，而且某甲在发案时有作案时间。在案情分析会上，老王要小张谈谈自己对案情的看法。小张说："我认为，某甲是该案的凶手。因为，该案的凶手是持三棱刀作案的，而今查出，某甲有一把三棱刀，由此，可以肯定某甲正是该案件的凶手。其次，如果谁是该案件的凶手，那么发案时间内一定有作案时间。今查证，发案时间内，某甲有作案时间，所以，某甲是该案的凶手无疑了。"

刑侦人员小张对案件的分析和论证，相继用了两个推理。现整理如下：

(1)该案的凶手是持三棱刀作案的，
某甲是有三棱刀的，
所以某甲是该案件的凶手。

(2)如果谁是该案件的凶手，那么发案时间内一定有作案时间，
某甲在发案时间内有作案时间，
所以，某甲是该案件的凶手。

小张的第一个推理貌似三段论，实际上不是三段论。其中"持三棱刀作案的(人)"与"有三棱刀的(人)"是两个不同的概念，在推理的前提中并没有起到中项的作用，因此，不是三段论或其他推理的有效式。第二个推理由肯定后件到肯定前件，不是假言推理的有效式。这说明小张的论证方式是不正确的，犯了"推不出"的逻辑错误。

第四节　反驳

一、什么是反驳

反驳就是引用确认为真的命题为根据，从而得出某一命题为假或某一论证不能成立的推演过程。

例如:鲁迅在《文学和出汗》中有这样两段话:

上海的教授对人讲文学，以为文学当描写永远不变的人性，否则便不久长。例如英国，莎士比亚和别的一两个人所写的是永久不变的人性，所以流传至今，其余的不这样，就都消灭了云。

这真是所谓"你不说我倒还明白，你越说我越糊涂"了。英国有许多先前的文章不流传，我想，这是总会有的，但竟没有想到它们的消灭，乃因为不写永久不变的人性。现在既然知道了这一层，却更不解它们既已消灭，现在的教授何从看见，却居然断定它们所写的都不是永久不变的人性了。①

这里，鲁迅通过揭露对方论证过程中的矛盾，从而达到了确认对方论题虚假性的目的。

反驳与证明在论证中的作用是截然不同的。证明是确认某一命题的真，是"立"，反驳是确认某一命题的假，是"破"，二者目的不同。但二者又是相互联系的。证明中有反驳，反驳中有证明。证明某一命题，就是反驳与之相否定的命题；而反驳某一命题，又是证明与之相矛盾的命题。证明与反驳在具体的论证过程经常交互使用，有时以证明为主，反驳为辅，有

---

① 《鲁迅全集》第三卷，人民文学出版社，1973年版，第557页。

时又以反驳为主，证明为辅，以达到确立真理，批驳谬误的目的。

二、反驳的结构

与证明的结构相同，反驳也是由被反驳的论题与所引用的论据两部分构成。从论据与被反驳的论题之间的联系来看，反驳也要通过一定的论证方式。

被反驳的论题，即被确定的假的命题。

如上例中“文学当描写永远不变的人性，否则便不长久”就是被反驳的论题。

反驳的论据，即用来作为反驳的根据或理由的命题。

反驳的方式，即在反驳过程中所运用的推理形式的总和。

三、反驳的对象

反驳是确定某一命题为假或某一论证缺乏逻辑性，其目的在于揭露诡辩，批驳谬误。为了达到反驳的目的，应该从何着手？这应从实际出发，或者针对论题，或者针对论据，或者针对论证方式。

反驳论题，就是证明对方的论题是虚假的。

例如：1945 年 11 月 14 日，纽伦堡国际军事法庭开庭，审判格林等纳粹首要战犯。他们被指控犯有破坏和平罪、违反战争法规罪和反人道罪。

纳粹战犯虽然在战场上遭到了可耻的失败，在法庭上却不肯轻易就范。被告的辩护律师雅尔赖斯教授竟然声称，由纳粹德国发动的第二次世界大战虽然有 5500 万受害者，但是却没有一个抓得住的凶手。他在法庭上辩护时提出，“行为之前法无规定者不罚”、“国际法不直接针对个人，而且如果个人行为是国家行为，个人不负责任”、“执行命令者无罪”等辩护理由。

针对雅尔赖斯“国际法不直接针对个人”的论点，原苏联首席起诉人鲁登科指出，国际法对于个人和国家一样都要使他们承担义务，并对他们具有约束力，这一点早已被人们承认。这是因为违反国际法的行为是通过个人实施的，而不是通过抽象的实体，那么，不惩办个人，就难以惩办国家。

苏方起诉人在这里的反驳就是针对对方论题进行的反驳。针对论题进行反驳，只要论据充分，论证方式正确，就驳倒了对方的整个论证。

反驳论据，就是证明对方的论据是虚假的。

例如：在前述纽伦堡国际审判案例中，雅尔赖斯提出，“战争并不是对国际法规的重大背叛”。他说，“至少在 1939 年前的许多年，在国际间的实际生活中并不存在有关禁止战争的普遍有效的国际法法规”。对此，英国首席起诉人肖克罗斯爵士指出，1928 年 8 月 27 日国际社会就已签订非战公约（即巴黎公约），该公约“无条件谴责将来以战争作为政策的工具”，并且明确表示“放弃战争”。

肖克罗斯爵士在这里就是针对对方提出的论据进行的反驳。

驳倒了对方的论据，确定了对方论据的虚假性，并不等于驳倒了对方的论题，只表明对方的论题失去了论据的支持。论据假，论题的真假是尚未确定的。

例如：一切行星上都有生命存在，

　　　火星是行星，

　　　所以，火星上也有生命存在。

这个证明的论据之一“一切行星上都有生命存在”是虚假的。这只表明，论题“火星上有生命存在”在此论证中没有得到证明，它的真假还需要重新证明。

反驳论证方式，就是确定对方的论据与论题之间没有必然的逻辑联系，从论据推不出论题。

例如：如果死者是服砒霜中毒死亡的，那么尸体内一定有砒霜的残余物质，

现查明尸体内有砒霜的残余物质，

所以，死者一定是服砒霜中毒死亡的。

这个证明的论据是正确的，但是论题却未必为真。对于这个证明，就可针对它的论证方式进行反驳，指出其中所运用的推理不是有效式。

确定从论据推不出论题，这表明论证不能成立，但不等于驳倒了论题。论题的真假还需重新论证。

驳倒了对方的论据或论证方式，虽然不等于驳倒了论题，但还是具有重要意义的。这说明对方的论题失去了论据的支持，或从论据不能必然推出论题。这样的证明难以令人信服，其论题难以成立。

关于论题、论据、论证方式，三者的关系总结如下：

论据真，论证方式正确，则论题真；

论据真，论证方式不正确，则论题可真可假；

论据假，论证方式正确，则论题可真可假；

论据假，论证方式不正确，则论题可真可假。

四、反驳的方法

根据反驳过程中论据与论题联系方式的不同，反驳可分为直接反驳、间接反驳和归谬法。

（一）直接反驳

直接反驳就是引用真实性已经确定的命题，直接推出被反驳的论题或论据虚假的反驳方法。

在直接反驳中经常使用的论证方式是根据对当关系中的矛盾关系或反对关系进行的推理。因为这两对关系中的命题是不可同真的，一个命题为真，必然推出另一个命题为假。如“所有动物的血液都是红色的”这一命题，可用“有的动物的血液不是红色的”来反驳；“有的未满18岁的公民也可以有选举权”可用“所有未满18岁的公民都没有选举权”来反驳。对于陈述事物情况错误的全称命题，还可用个别事例来反驳。如“所有哺乳动物都是生活在陆地上的”这一论题，就可用“鲸不是生活在陆地上的哺乳动物”来反驳。

直接反驳的特点在于：不需要经过任何中间环节，反驳直接、有力。

（二）间接反驳

间接反驳是通过证明与被反驳的论题相否定的论题为真，从而推出被反驳的论题为假的反驳方法。又称独立证明的反驳方法。

间接反驳的步骤大致是：首先，设定与被反驳的论题相矛盾或相反对的论题；然后，通过有效的推理证明反论题为真。这样，根据矛盾律，推出被反驳的论题为假。

间接反驳的推演过程可表示如下：

被反驳的论题：P

设反论题:¬ P(或 Q(Q 与 P 是反对关系))

证明:¬ P 为真(或 Q 为真)

所以,P 假

例如:在法庭审理吕某私自架设电线电死人案中,公诉人指出:“被告人吕某的行为已经构成以危险方法危害公共安全罪。吕某违反用电管理规定,私自在自家葡萄园铁丝架上架设电线,在已被电工告知所拉电线已经破损应当更换新线,否则要出事故的情况下,仅用塑料薄膜将破损处作了包扎,没有更换新线,以致邻居郑某触电死亡。所以吕某的主观方面是放任的故意。并且吕某在公共场所私架电线,对不特定多人的生命、健康、重大公私财产安全构成威胁,其行为所侵害的客体为公共安全。吕某的行为完全符合以危险方法危害公共安全罪的犯罪构成。”辩护人对此提出了不同的观点:“吕某的行为构成过失致人死亡罪。吕某固然私架电线,且在已被告知存在危险的情况下没有及时更换新线,以致邻居郑某触电死亡。但吕某毕竟用塑料薄膜将破损处作了包扎,在事发前有预防措施,事发后又积极抢救被害人。所以这不是放任危险发生,而是轻信能够避免,以致发生了危害结果,因此吕某的主观方面不是故意而为过失。并且,吕某私搭电线的地点是远离村落的自家的葡萄园,因此,吕某的行为不是对公共安全的威胁,而是侵害了死者郑某的生命安全。所以,吕某主观方面既有过失,客观方面又造成郑某的死亡结果,其行为所侵害的客体为公民个人的生命安全。因此,吕某的行为符合过失致人死亡罪的犯罪构成,而不是公诉人所说的以危险方法危害公共安全罪。”

这里,辩护人通过充分的论据,论证了“吕某的行为构成过失致人死亡罪”。这一论题与公诉人提出的“吕某的行为构成以危险方法危害公共安全罪”两者之间是反对关系,不可同真。确立了前者,就驳倒后者。

间接反驳的特点在于:需要通过中间环节,先设立反论题,通过证明反论题的真,进而确定被反驳的论题为假,从而达到反驳的目的。

(三)归谬法

归谬法就是从被反驳的论题推出错误的结论,由否定错误的结论,进而推出被反驳的论题虚假的反驳方法。

归谬法的步骤是:首先,假设被反驳的论题为真;然后,以它为前提推出后件,构成一个充分条件假言命题。而这一命题的后件是错误的,或者是明显荒谬的,或者是逻辑矛盾;因此否定假言命题的后件,进而否定前件,从而达到反驳的目的。

归谬法的推演过程可表示如下:

被反驳的论题:P

假设:P 真

反驳:$P \rightarrow Q$(Q 是明显荒谬的)(或 $P \rightarrow R \wedge \neg R$)

$\neg Q$(或 $\neg(R \wedge \neg R)$)

所以,¬ P

即 P 假

例如:在一起贪污案的庭审中,辩护人提出,被告人所领取的钱是奖金。公诉人反驳说:“若被告人领取的是奖金,被告人为何在领款栏上不签自己的名字,却签他人的名字呢?更有甚者,被告人为何要暗中加大回扣手续费,骗取公司领导的批准呢?”

这里,公诉人没有直接证明被告人领取的不是奖金,而是先假定辩护人的论点是真的,但是却由此推出一系列有违于案情、无法解释的荒谬结论，从而驳倒了对方的论点。

又如：1925 年 7 月，在美国小城戴顿，许多著名人物云集于此，发生了一场对日后有深远影响的法庭辩论。被告约翰·施柯柏斯因向学生讲授进化论而被起诉。在不久前，美国通过法律禁止教授任何与《圣经》相抵触的东西。这条法律引起了社会广泛的争论，施柯柏斯案将双方的辩论引向法庭。民主党领袖布莱因主动担任原告代理人，他是进化论的坚决反对者。为了回答他的挑战，法学家达罗和律师马隆声明愿为施柯柏斯辩护。在双方辩论的过程中有这样一段对话：

达罗问明布莱因对《圣经》中的一切都确信无疑后，读一段《创世纪》："……晚上到早上是第一天"，然后问布莱因是否相信太阳是在第四天被创造出来的。

"是的。"

"没有太阳，那么，早上和晚上呢？"

布莱因一脸愁容，听众发出窃笑声。

达罗又问，他是否真的相信夏娃吃智慧果的故事。

"是的。"

"那么，你相信上帝自此以后令蛇贴着肚皮爬行而作为惩罚吗？"

"我相信。"

"好，在这之前，蛇是怎么行走的？"

众人大笑，布莱因大窘。

在这一段交锋中，达罗首先确定布莱因对《圣经》中所讲述的一切确信无疑，然后针对《圣经》的内容向布莱因提出两个问题，这两个问题与事实相违的荒谬性是明显的，布莱因是无法回答的。听众的笑声宣告了他的失败。

归谬法的特点在于：这是一种以退为进的反驳方法。假定被反驳的命题为真，是为了引出荒谬，引出荒谬是为了反戈一击，驳倒需反驳的论题。由于这种方法具有很强的反驳力量，因此，在实践中被人们广泛运用。

古希腊哲人苏格拉底是运用归谬法的大师。苏格拉底说服对方的方法，是他首先和他的对手在最初的论题上取得共同的认识，作为其后全部推论的前提，然后，他一步一步地从这些前提推出一个比一个深入的结论，并且特别注意到对方对他的每一步推理都是赞同的。苏格拉底以这种方式最后得出对方本来反对的论题。

第五节　非形式谬误

一、形式谬误与非形式谬误

谬误作为一种逻辑错误，是自觉还是不自觉造成的，这对逻辑研究无关紧要，主要的在于识别谬误的种种表现。

通常可以将谬误分为形式的和非形式的。

有关形式方面的谬误指为某种论点进行论证时违反推理规则所犯的错误。如本书前面所讲的假言推理肯定后件式、直言三段论的中项两次不周延的推理形式等。因前面章节已经详述，所以本节不再重复。

有关非形式方面的谬误是有关内容、实质方面的错误。这是由于在论证中使用的语言存在歧义，或者缺乏相关的知识以及认识的片面性等造成。

二、法庭辩论中常见的非形式谬误

法庭辩论中常见的非形式方面的谬误大致可以分为不相干谬误、歧义谬误和论据不当谬误等三个方面。

（一）不相干谬误

不相干谬误指在论证中论据与论题的联系不是逻辑上的，而是其它诸如心理、人格、社会方面的联系。正确的论证应该依靠论据与论题在逻辑上的必然联系，而不能依靠其它因素的联系来支持自己的论点。

不相干谬误主要表现在诉诸武力、权威、人身、感情、众人、私利、无知等方面。

1. 诉诸武力

在论证中，论证者借助自己掌握的武力，威胁、强迫他人接受其论点。所谓“强权即真理”，就是诉诸武力的表现。

例如：秦末赵高要作乱，恐怕群臣不听从他，就献给秦二世一只鹿，硬说是马，让左右的人回答。左右的人很怕赵高，有的沉默不语，有的随之称马来阿谀他。

“指鹿为马”，就是诉诸武力的表现。

又如，鲁迅在《略谈香港》一文中，曾谈到这样一个事实：

“在香港时遇见一位某君，是受了高等教育的人。他自述曾因受屈，向英官申辩，英官无话可说了，但他还是输。那最末是得到严厉的训斥，道：总之你是错的，因为我说你错！”

在理屈词穷的情况下，英官只得借助于权力，以权压人，以武力作论证。

2. 诉诸权威

在论证中，不给论题提供确实可靠的论据，而只靠引用书本或引用某权威人士的大名或其言论去说明论题。这样的论证是没有说服力的。因为权威的权威性总是具有相对性的，即在一定的时间、空间条件下是权威，超出了这个范围，就未必是权威。这种错误表现为将某一权威视为绝对的、不可逾越的。

例如：意大利物理学家伽利略在其著作《关于托勒密和哥白尼的两大世界体系的对话》中，讲到一位经院哲学家的推论。这位经院哲学家坚信人的神经会合在心脏。有一次，一位解剖学家请他去看人体解剖。他亲眼看到了人的神经是会合在大脑，而不是在心脏。解剖学家说：“现在您该相信了吧！”这位经院哲学家说：“您这样清楚明白地使我看到了这一切。假如在亚里士多德的著作里没有与此相反的说法，即神经是从心脏中产生的，那我一定会承认这是真理了。”

这位经院哲学家即使在铁的事实面前，也仍然坚信亚里士多德的观点，可谓诉诸权威到了极点。

3. 诉诸人身

在论证中，不是针对立论者的论点进行论证，而是针对立论者的品行、出身、职业、外貌、地位等与论题无关的因素进行评价、攻击。

例如:北宋唯心主义哲学家邵雍的儿子邵伯温，假托苏洵之名，写了一篇攻击王安石的文章《辩奸论》。他的论题是:王安石是奸臣。本应列举奸佞不轨的劣迹来进行论证，但作者对此不着一字，却攻击王安石“衣臣虏之衣，食犬彘之食，囚首丧面”。而这些缺点又都是无中生有的捏造。

这种做法，对确立论点没有任何用处，只能暴露作者品德的卑劣。

4. 诉诸感情

在论证中，不是依靠充分的论证和合乎逻辑的推理以理服人，而是借助感情促使他人同情和相信自己，接受自己的论点。以可怜的言词激起他人的怜悯心，以慷慨激昂的演讲激起他人的义愤，以危言耸听引起他人的恐惧感，如此等等，都是诉诸感情的表现形式。

例如:美国一个名叫达洛的律师在一次法庭辩护中说:“我在这里并不想仅仅因为吉德个人请求你们，我是为那许许多多知名的和不知名的，死去了的和活着的，曾在地球上创造了大量财富的而倍遭富人们蹂躏和掠夺的穷人们，请求你们。我为这些请求你们，它们日出而作，日落而息，世世代代贡献出了他们的生命、力量和劳动，使他人富有、生活愉快，我要为现代财富的创造者——劳动妇女们请求你们，要为活着的和尚未出世的孩子们请求你们。”

吉德到底犯了什么罪？是否应该开释？达洛只字未提，却通过长篇大论，以图博得法官和陪审团的同情。

5. 诉诸众人

在论证中，援引众人的意见、观点或信念进行论证。既然多数人都是这样说的，所以这是对的。

事实上多数人这样认为未必这就是真理。所以这样的论证是无效的。

例如:《韩非子》里有则“三人成虎”的故事:庞恭陪魏国太子去赵国作人质，临行前为避免魏王日后听信旁人谗言，特意问魏王:“现在有一个人说闹市上有虎，您信吗?”魏王说:“当然不信，闹市里怎么有虎呢?”又问:“如果两个人说有您相信吗?”魏王仍表示说不信。再问:“那么，有三个人说闹市上有虎，您信不信呢?”魏王就答道:“要是有三个人说，那我就信了。”

又如:孔子弟子曾参住在费城时，当地一个与他重名的人杀了人。一个人跑来对曾母说:“曾参杀了人!”曾母很了解自己的儿子，说:“我的儿子不会杀人!”她继续织布，不为此言所动。又有一个人跑来对曾母说:“曾参杀了人!”曾母照样织布，不予理睬。而第三个人又跑来说:“曾参杀了人!”这时曾母害怕了，弃梭越墙而逃。

诗人李白说:“曾参岂是杀人者？谗言三及慈母惊!”曾参母亲认为，既然许多人这样说，那么事实一定如此。她正是错在为众人之言所惑，从而失去了正常的判断力。

6. 诉诸私利

在论证中，把论题的真假与听众的利益混为一谈，指出自己的观点或立场是符合听众的利益的，以求得听众对自己论题的信任和支持。

例如:莎士比亚的剧作《尤里乌斯·恺撒》中，写到罗马统帅恺撒与将领安东尼共同密谋消灭共和秩序，建立专制的个人独裁政权。后来恺撒被共和党人刺死了。安东尼站在恺撒尸体旁边，发表了富有煽动性的演说。他把恺撒身上的23处伤痕指给观众看，还当场宣布了伪造的恺撒遗嘱:恺撒要把自己的全部遗产分给民众。他的演说激起了人们对恺撒的同情和感激，竟将这个独裁者的罪恶抛之脑后，反而对共和党人产生了仇恨，他们将共和党人赶出了罗马，恺撒分子乘机建立了专制政权。

安东尼借助尸体上的伤痕，使人们产生怜悯之情；借助伪造的遗嘱，用物质利益引起人们的感激之情，而众人竟因此丧失了辨别是非的能力。

7. 诉诸无知

在论证中，以某个论题没有得到证实或证伪为根据，从而断定其真假。如：尚未证明某一论题为假，所以这一论题是真的。没有人能证明世界上没有鬼神存在，所以鬼神是存在的。

（二）歧义谬误

语言是思想表达与交流的工具，语言只有清楚明确，才能达到交际的目的。而语言的含义和结构又是复杂的，常常容易产生歧义，从而构成谬误。这主要表现为语词歧义、语句歧义、含义不明确以及复杂问语等。

1. 语词歧义

在思维与表达过程中，要求语词的含义应该是明确的。语词歧义的谬误，是指在同一语境中，语词的含义不明确，或把不同含义的语词混淆、偷换。

例如：《吕氏春秋》载：有个齐国人，他所侍奉的主人遇难而死，而他侥幸逃生。一次，他在路上遇到了一个老朋友。朋友问他：“你怎么没有死？”齐人说：“侍奉他人都是为了取利，死是无利的，所以我不死。”朋友说：“你还能见人吗？”齐人说：“你认为我死了反倒能见到人啦？”

依传统观念，仆人应忠实于主人，主人遇难而仆人逃之夭夭是不义的。因此，老朋友认为那齐人无颜见人。齐人却将“见人”解释为“见到人”，以此为自己的行为开脱、辩解。

2. 语句歧义

在思维与语言表达中，也常常会出现语句歧义的现象。

在同一思维过程中，要求语言的表达应含义明确，不能随意转换语句本来的含义。这一错误在论证中常常表现为转移论题或偷换论题。

金岳霖曾说：“论证者把原来提出的论题换成另一个完全不相干的论题，这种是比较少见的。常见的情形是，把原来的论题换成另一个近似的论题。”

例如：《世说新语》中记载了王羲之与谢安的一段争论：谢安崇尚清谈。王羲之说：“夏禹治国勤苦，以至于手足胼胝；文王日夜不顾饮食。现在，我们四方都筑着堡垒，每人都应该多为国效力，但是现在却盛行清谈，废弃务实，舞文弄墨，妨害大事，这恐怕不是当前所适宜的。”谢安反驳说：“秦孝公任用商鞅，而后两代就灭亡了，难道也是崇尚清谈所导致的灾祸吗？”

王羲之的论题是“清谈会误国”，而谢安将其转换成了“误国都是由于清谈”。这两个语句，形似但意义不同。

3. 含义不明确

有的语句的含义是不确定的，有的语句的含义是模糊不清的，如果在语言表达中使用了这样的语句，就容易产生歧义。

例如，“这是张三的画”，就可以解释为“这是张三画的画”、“这是张三拥有的画”、“这是张三的画像”等；又如，“北京图书馆很大”，既可以解释为北京图书馆的建筑面积大，又可以解释为藏书量大。

4. 复杂问语

暗含假定的问语，在逻辑上称为复杂问语。这种谬误的产生，是在问话中把两个以上的问题，合并为一个问题，诱使对方作为一个简单问题来回答。对于这种问语，既不能简单地作肯定回答，也不能简单地作否定回答。

黑格尔在《哲学讲演录》中曾谈到复杂问语:“有人问梅内德谟,他是否停止打他的父亲了?人们要想使他陷入困境,不管他的回答是是还是否,在这里都是危险的。如果说‘是’,那么就是打过父亲,如果说‘不是’,那就是还在打父亲。梅内德谟回答道:‘我既没有停止,也没有打他。’这是一个两方面的回答。”

(三)论据不当

在论证中,论据是用来支持论题的,只有论据真实并且充分,才能有力地支持论题。这一谬误的产生,是由于在论证中没能提供恰当的论据。主要表现为以偏概全、预期理由、错认因果、循环论证、机械类比、强词夺理等。

1. 以偏概全

在论证中,从片面的特例出发,不恰当地概括出一般规律,或者把一整体中局部的特殊性不适当地夸大,当作整体的普遍性。某个特例只是一类对象的一个特殊情况,而不能作为这类对象的概括。

例如:1934 年,汪懋祖借口“此生或彼生”这一文言表达,要比“这一个学生或那一个学生”的白话表达“省力”,所以认为文言文优越,并且建议中小学课本改用文言文。于是鲁迅写文章反驳道:这五个字,除了上面的一种意思外,“至少还可以有两种解释:一,这一个秀才或是那一个秀才(生员);二,这一世或是未来的别一世”。“文言比起白话来,有时的确字数少,然而那意义也比较的含糊”。最后,鲁迅说:“我就用主张文言的王懋祖先生所举的文言文的例子,证明了文言文不中用了。”

鲁迅以具体生动的例子,简洁地驳斥了王懋祖只从“字数少”这个片面就得出“文言优于白话”的结论的错误。

2. 预期理由

在论证中,以未经事实检验的主观之见为论据。

例如:《列子·说符》中的疑邻偷斧的故事:有个人丢了一把斧子。他怀疑是邻居家的儿子偷去了,便观察那人,那人走路的样子,像是偷斧子的;看那人的脸上的表情,也像是偷斧子的;听他的言谈话语,更像是偷斧子的。不久后,丢斧子的人在挖他的水渠的时候发现了斧子,第二天又见到邻居家的儿子,就觉得他言行举止没有一处像是偷斧子的人了。

凭空想象的论据,显然是不可靠的。

3. 错认因果

在因果问题上的错误论证。因果现象是一种普遍现象,但又不是任意的,而是存在于特定的事物之间。如果任意指认因果关系,就有可能陷入诡辩。这类谬误主要表现为以先后为因果和因果倒置。

例如:希伯来人观察到健康的人身上有虱子,有病发烧的人身上没有虱子,便认为虱子能使人身体健康。

事实上,当一个人发烧时,虱子就会觉得不舒服,就会离开病人。因此,应该说身体不舒服是虱子离开身体的原因。

4. 循环论证

在论证中,用论据证明论题,反过来又用论题证明论据。这样等于什么也没有得到证明。

例如:欧洲中世纪的经院哲学家托马斯·阿奎那曾这样论证:“铁之所以能压延,是因为铁有压延的本性。”

又如，法国喜剧家莫里哀的剧作《假病人》中，有一段关于医学学士阿尔冈答辩的情节：

博士问：请问你，是什么原因和道理，可使鸦片引人入睡？

阿尔冈回答：由于它本身有催眠的力量！

上述两例都犯了一个同样的错误，就是在证明中，把真实性尚未得到证明的论题反过来又证明论据，这样等于什么也没有得到证明，只不过是在玩文字游戏。

5. 机械类比

在论证中，抓住事物表面上的相似，将两个完全不同的事物进行类比，从而得出论证者所希望得出的结论。

例如：古代的神学家为了证明地球是宇宙的中心，太阳围绕地球运转，他们这样论证：人们总是移动火把去照亮房屋，而不是移动房屋去靠近火把，所以，应该是太阳围绕地球运转以照亮地球，而不是相反。

6. 强词夺理

在论证中，不能针对论点进行论证，而是节外生枝、无理强辩。

例如：《阿Q正传》中，阿Q肚子饿了，跳进静修庵的围墙内偷萝卜吃，被老尼古发现了。老尼姑质问："阿Q你怎么跳进园里来偷萝卜！"阿Q说："我什么时候跳进你的园里来偷萝卜？"老尼姑指着他的衣兜说："现在……这不是？"阿Q说："这是你的？你能叫得它答应你吗？"

阿Q无法正面否认偷萝卜这一事实，就采用了强词夺理、胡搅蛮缠的办法。

三、研究谬误的意义

真理总是与谬误相比较而存在、相斗争而发展的。因此，我们一方面要研究正确思维的规律、规则，另一方面，也要对错误的思维形式有一个清楚的认识和了解。亚里士多德在《辩谬篇》中指出："在某个特殊领域里有知识的人，其职责就是避免在自己的知识范围内进行荒谬的论证，并能够向进行错误论证的人指出错误所在。"①

谬误的研究已有几千年的发展历史，几乎从人类把思维形式作为研究对象开始，谬误就已成为其中的重要组成部分。谬误可以说种类繁多、表现变化多端。要想揭示谬误，避免谬误，就应对之在理论上有一个清楚的认识。正如有人所说的：如果每一种花招都有一个简短、明白、恰当的名字，使得在某个人使用这个花招时，就会马上因此受到反驳，那么，这将是一件大好事。如果我们对每种谬误都有一个名称来概括它，并且指出它们的错误实质，那么人们一旦遇到这些谬误，就能清楚地识别它、反驳它。

---

① 《亚里士多德全集》第一卷，中国人民大学出版社，1999年版，第552页。

要点小结

本章阐述了论证。主要内容包括证明的特征、方法和证明中应该遵循的规则;反驳的特征和方法;常见的非形式谬误。主要内容是:

一、证明的特征

(一)什么是证明

(二)证明的结构

论题

论据

论证方式

(三)证明的作用

理论思维

司法实践

(四)证明与推理

证明与推理密切相关
- 推理是证明的工具,证明是推理的应用
- 证明的结构与推理的结构一致

推理:前提 —推理形式→ 结论

‖ ‖ ‖

证明:论据 —论证方式→ 论题

证明与推理相互区别
- 目的与作用不同
- 真假要求不同
- 思维进程不同

二、证明的方法

直接证明

间接证明
- 反证法
- 排除法(选言证法)

三、证明的规则

关于论题
- 论题必须清楚明确
  - 要求
  - 错误　论题含混
- 论题必须保持同一
  - 要求
  - 错误
    - 转移论题
    - 偷换论题

关于论据
- 必须是已经确认为真的命题
  - 要求
  - 错误
    - 虚假理由
    - 预期理由
- 真实性不能依靠论题来证明
  - 要求
  - 错误　循环论证

关于论证方式　从论据应能推出论题
- 要求
- 错误　推不出
  - 论据不充分
  - 论据与论题不相干
  - 违反推理规则

四、反驳

（一）什么是反驳

（二）反驳的结构

被反驳的论题

反驳的论据

反驳的论证方式

（三）反驳的对象

反驳论题　达到推翻对方论证的目的

反驳论据
反驳论证方式　表明对方的论题失去了论据的支持

（四）反驳的方法

直接反驳

间接反驳（独立证明的反驳方法）

归谬法

五、非形式谬误

谬误
- 形式谬误
- 非形式谬误
  - 不相干谬误
  - 歧义谬误
  - 论据不当谬误

思考与练习

一、思考题

1. 什么是证明？它是由哪几部分构成的？
2. 证明与推理有何区别与联系？
3. 证明有哪些规则？违反这些规则会犯什么逻辑错误？
5. 证明的方法有哪几种？它们各有什么特点？
6. 反驳的方法有哪几种？它们各有什么特点？
7. 什么是反驳？它是由哪几部分构成的？
8. 反驳有哪些方法？
9. 反证法与归谬法有何区别与联系？

10. 论据真，论题是否必真？论据假，论题是否必假？为什么？

11. 有逻辑矛盾的理论一定是错误的，无逻辑矛盾的理论是否一定是正确的？

12. 什么是谬误？常见的谬误有哪些？

二、练习题

1. 指出下列证明的论题、论据和论证方式。

(1) 我们发展经济的同时，一定要注意保护环境。因为，如果一味发展经济，而不注意保护环境，长期下来，就会危害我们生存的环境，破坏生态平衡，不但达不到发展经济的目的，而且会严重危害人类的生存和发展。

(2) 从该案现场看，可以肯定是他杀。因为死者身上有多处致命伤，自杀不会有这么多致命伤；从伤痕特征看，应属刀刺伤，如果是自杀，刀具一定在现场或离现场不远的地方，但在现场及附近都没有找到刀具。

(3) 王某（某监狱监管干部）等人在审问被监管人俞某的过程中将其拷打致死，构成刑讯逼供罪。根据刑法第二百四十七条规定：司法工作人员对犯罪嫌疑人、被告人实行刑讯逼供或者使用暴力逼取证人证言的行为构成刑讯逼供罪。本案被告人王某等人系监狱监管干部，是司法工作人员，却无视国家法律，对被监管人俞某故意用木棍、竹竿和浸湿打结的麻绳轮番毒打，企图逼取口供，最后导致俞某外伤性休克死亡。其行为，显然已触犯刑法第二百四十七条，构成刑讯逼供罪。

2. 指出下列证明的方法。

(1) 本案死者是他杀。因为，因为如果死者背部有多处致命刀伤，则死者是他杀。经查证，本案死者背部确有多处致命刀伤，所以，本案死者是他杀。

(2) 地球是发展变化的。因为一切事物都是发展变化的，所以地球也是发展变化的。

(3) 科学是无禁区的。因为如果有禁区，就等于承认客观世界有不许接触、不能探索、不可认识的领域，而事实上人类是在不断地认识世界、改造世界的过程中发展的，所以，科学是无禁区的。

(4) 如果人类要从事政治、科学、艺术活动，则必须从事物质资料的生产。因为，如果人类要从事政治、科学、艺术活动，则必须要有吃、穿、住等生活资料，而如果人类要有吃、穿、住等生活资料，则必须从事物质资料的生产。

(5) 三段论的两个前提中如果有一个是特称命题，结论必为特称命题。因为有一个前提是特称命题并且能得出结论的三段论，其前提共有三种情况：

①如果前提是A命题和I命题，结论是I命题；

②如果前提是A命题和O命题，结论是O命题；

③如果前提是E命题和I命题，结论是O命题。

所以，凡是前提中有一个命题是特称命题的三段论，如果能够得出结论，结论只能是特称命题。

(6) 古希腊的无神论者论证说，世界上有灾难和丑恶存在，就说明神不存在。他们是这样论证的：

我们应该承认，神或是愿意但又不能除掉世界的丑恶，或是能够但又不愿意除掉世界的丑恶，或是能够又愿意除掉世界的丑恶。如果神愿意而不能除掉世界的丑恶，那么他就不是万能的，而这种无能为力是与神的本性相矛盾的；如果神能够而不愿除掉世界的丑恶，那么就证明了神的丑恶，而这种恶意也同样是与神的本性相矛盾的；如果神愿意而又能够除掉世界的丑恶(这是唯一能够适合神的本性的一个假定)，那么，何以在这种情况下世界还有丑恶呢？

3. 下列证明是否存在逻辑错误？如果存在错误，请指出是何种错误。

(1)杀人在道义上是错误的，因此，主动型安乐死在道义上是错误的。

(2)某市民问："你们制定的市民文明公约内容太多，不易记忆，可否精简，以便直接起到警示的作用。"

某官员答："这次市民文明公约，是在市政府的直接领导下，组织专家组，在广泛听取市民意见的基础上制定的，是领导、专家、群众三结合的产物。"

(3)某公诉人在法庭上说："被告李某已构成贪污罪。因为，第一，被告人李某生活开支较大，收支悬殊，经济来源可疑；第二，被告人作为本部门的业务主管，贪污销售款有极为方便的条件；第三，被告人经常发牢骚，说自己的工资太低。综上所述，李某完全可能犯贪污罪。"

(4)《十五贯》中知县过于执断定"熊友兰和苏戍娟通奸谋杀尤葫芦"。过于执一看到苏戍娟，就这样说："看她艳如桃李，岂能无人勾引？年正青春，怎会冷若冰霜？她与奸夫情投意合，自然要生比翼双飞之意，父亲拦阻，因之杀其父而盗其财，此乃人之常情。这案情就是不问，也已明白十之八九了。"

(5)刘某被指控犯盗窃罪。在法庭辩论中，刘某的辩护人指出："刘某构成盗窃罪的证据不足。因为现场留下的自行车不能作为刘某作案的证据。"公诉人论证说："现场丢下的自行车是刘某的，这证明刘某是嫌疑人；正因为刘某是嫌疑人，所以，不容置疑现场丢下的自行车就是赃物。"

(6)在《战国策·魏策四》中讲述了一个故事：有人问一南辕北辙的人："你到楚国去，为什么朝北走呀？"此人答曰："我的马好"、"我的钱财多"、"我的车夫本领也高呀！"

(7)每一个跑的东西都有脚，河流在跑，所以，河流有脚。

(8)有人质疑执法人员乱罚款的问题，某执法人员回答："罚款本身不是目的，严格执法是为了更好地维护公众的利益。"

4. 指出下列反驳的方法。

(1)有的人认为，自古以来，沙漠占地球陆地面积多大，一直是没有变化的。事实上，地球上的沙漠在不断地扩大。智利的北部自1960年以来，已有几百平方公里的土地被亚塔卡马沙漠吞噬，撒哈拉沙漠中某些部分每年向南蔓延达50公里。在过去50年中，有65万平方公里的可耕地被吞没。印度有五分之一以上的土地正遭受着塔尔沙漠的蹂躏。在中东、阿根廷、伊朗、南非、中国和美国，一些肥沃的土地，也被沙漠逐渐侵占着。

(2)燃素说是17世纪由德国化学家施塔尔提出的。他认为，一切可燃物中有一种特殊的物质——燃素，燃烧过程就是可燃物放出燃素的过程。但是后来对燃烧现象进行精确的定量分析表明，金属燃烧后，重量不是减少，而是增加。

(3)康有为曾说："万国礼教主无不跪。中国民不拜天，又不拜孔子，留此膝何为？"

鲁迅极言康论宏妙，不仅使人明白"留此膝何为"，而且也进一步明白了"脖颈最细，古人则于此斫之；臀肉最肥，古人则于此打之"。

(4)有一案例：提举官杨某在担任浙江会稽的录事参军时，有一家被盗。这家人操起棍子就追，把贼击倒在地，并扭送到保长处。保长把贼捆绑起来，又带上镣铐，解送官府。走在途中，贼死了。郡府要惩办保长把贼捆绑致死的罪。案已结审，录事参军杨某看完检验书说："该贼是被背后追杀的人击伤致死的。因为贼的左肋下有一处致命伤，长一寸二分，伤痕中还有一条白道道，这肯定是被背后追杀的人击伤致死的。"杨某传来了那个追贼的人，弄清了情况。他又要来了那根打贼的棍子，果然棍子的一端有一个裂缝，证明贼身上的伤痕中间的白道道，就是棍子的裂缝形成的。所以贼并非由保长致死。于是保长免于治罪。

(5)药剂师走进邻居一个书商的铺子里，从书架上拿下一本书来问道："这本书有趣吗？"

书商答："不知道，没读过。"

药剂师质问："你怎么能卖你自己未读过的书呢？"

药剂师反驳："难道你能把你药房里的药都尝一遍吗？"

(6)美国大律师赫梅尔在一起赔偿案件中代表某保险公司出庭辩护。原告在法庭上声称："我的肩膀被掉下来的升降机轴打伤，至今右臂仍抬不起来。"赫梅尔说："请给陪审员看看，你的右臂现在能举多高？"原告慢慢地将手臂举到齐身的高度，并表现出非常吃力的样子，以示不能再举得更高了。赫梅尔又说："那么你在受伤前能举多高呢？"原告不由自主地一下子将手臂举过了头顶，引得全场哄堂大笑。笑声宣告了原告的失败和赫梅尔辩护的成功。

(7)《古今谭概》一书中有一则故事：太原郭林宗认为，庭院中有一棵树，就像口中有木，成了不吉利的"困"字，因此想把树砍掉。从南昌去他家做客的11岁的徐稚，立即上前劝阻说：如果认为庭院内不能种树，那么宅中也不能住人。因为口中有木成了"困"不吉利，那么口中有人则成了"囚"字，那就更不吉利了。徐稚一席话，说得郭林宗无言以对。

5.分析下述实例，指出其证明或反驳的方法，并分析其中有无逻辑错误。

(1)某被告的辩护人，在辩词中根据医院"表面无伤痕"的鉴定，证明被告的一拳是轻的。

公诉人说："表面无伤痕，不是用力大小的唯一根据，甚至不是主要根据。轻抓伤皮，可以有伤痕；重打引起内伤，可以无伤痕。因此，仅仅根据表面无伤痕，就认定被告打击的一拳属于'轻击'，说服力不强。"

(2)在一起故意伤害案的法庭辩论中，辩护人为被告人丁某辩护说："丁某与被害人王某无冤无仇，他没有伤害被害人的故意，因此不构成故意伤害罪。"

公诉人答辩道："被告人自己交代说：'王某和我关系好，可是那天他突然当着众人呼我的绰号，侮辱了我的人格，我就是要教训教训他。'还有，在场的证人赵某作证说：'丁某在动手打王某之前说，看你还敢不敢这么喊，今天要好好教训你一下。'被告人自己的交代和证人证言不是很清楚地证明了丁某构成了故意伤害罪吗？如果真像辩护人所说的这样，那么无冤无仇的伤害他人的强奸犯，无冤无仇的伤害他人的抢劫犯，岂不都是没有伤害他人的故意而不构成故意犯罪？"

(3)公安部于2010年5月14日上午10时举行新闻发布会，发布会由公安部办公厅副主任、新闻发言人武和平主持。中国网进行现场直播。

记者：我想问两个跟校园凶杀案有关的问题。

第一，现在已经有很多心理学家指出，对于本身一心求死的犯罪嫌疑人来说，你们采取当场击毙这样的宣传口号的话，这方面不但没有震慑作用，反而有挑衅的作用。你们是否有这方面的考虑？

武和平：中国是法治国家，不管什么原因，采取残暴的、灭绝人性的、轻易剥夺他人生命的行为，都必须受到法律严惩。如果犯罪分子胆敢再采取这种手段，我们将依据刑法的有关规定和人民警察使用警械和枪支的规定，坚决执法，毫不客气。

记者:但，他们已经一心求死了，……

武和平:树立依法治国的权威，震慑犯罪分子使其不敢以身试法。

记者:……我的第二个问题是:从国外经验来看，大部分屠童的凶手都有严重的心理问题，不知道公安部的心理专家是否对目前的几个案件犯罪人心理进行过评估?

武和平:公安机关和司法机关依照法律对这种犯罪行为进行严惩，因为对于这种丧心病狂的犯罪者的宽容，就是对人民的犯罪，就是对亿万人民的不负责任。

记者:对这种自己不想活也不让别人活的人有没有一些相应的措施?

武和平:犯罪分子胆敢侵害师生，可依法击毙!

练习题参考答案

第一章

1.(1)客观事物的规律。

(2)某种观点、道理。

(3)思维的规律、规则。

(4)思维的规律、规则。

(5)逻辑学这门学科。

2.(1)前提:①君明则乐官,不明则乐音;②今君审于声;结论:臣恐君之聋于官也。

(2)前提:①我想的东西不值一美元;②我想的就是您;结论:您不值一美元(被省略)。

(3)前提:①这是一顶大帽子;②某人是这顶帽子的主人;③大的帽子的主人是大脑袋的人;④脑袋大的人大脑也大;⑤大脑大的人智力水平高;结论:这顶帽子的主人智力水平高。

第二章

1.(1)内涵。

(2)外延。

(3)内涵。

(4)内涵、外延。

(5)内涵。

(6)内涵、外延。

(7)外延。

2.(1)普遍概念。

(2)单独概念。

(3)普遍概念。

(4)单独概念。

(5)单独概念。

(6)普遍概念。

3.(1)非集合概念。

(2)集合概念。

(3)非集合概念。

(4)集合概念。
(5)集合概念。
(6)非集合概念。
4. 指出下列各语句中标有横线的概念外延间的关系。
(1)全同关系。
(2)交叉关系。
(3)全异关系(矛盾关系)。
(4)种属关系。
(5)属种关系。
(6)全异关系。
5.(1)

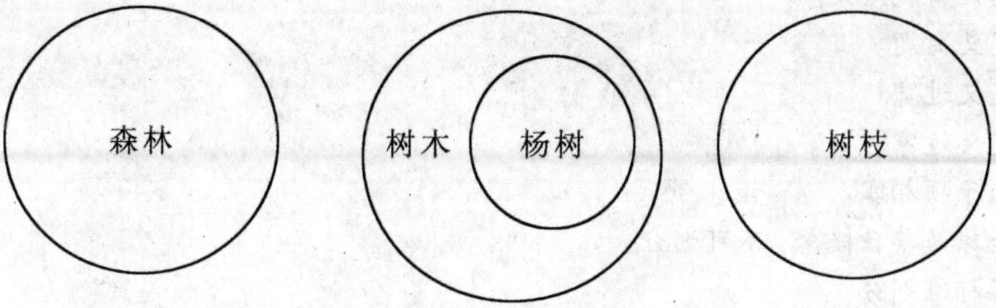

(2)

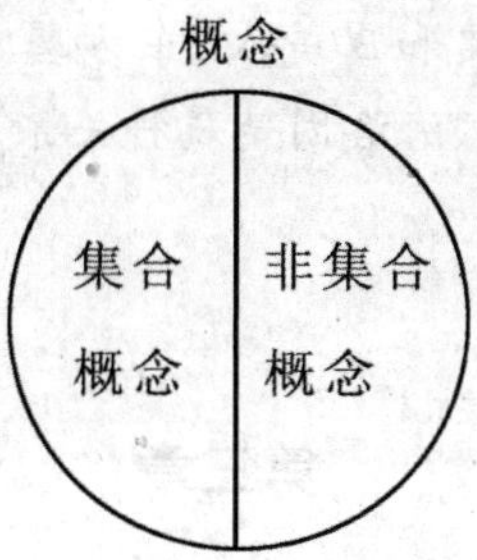

(3)

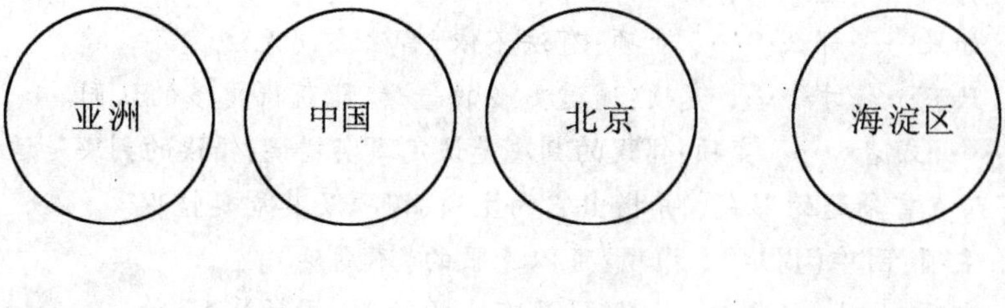

(4)

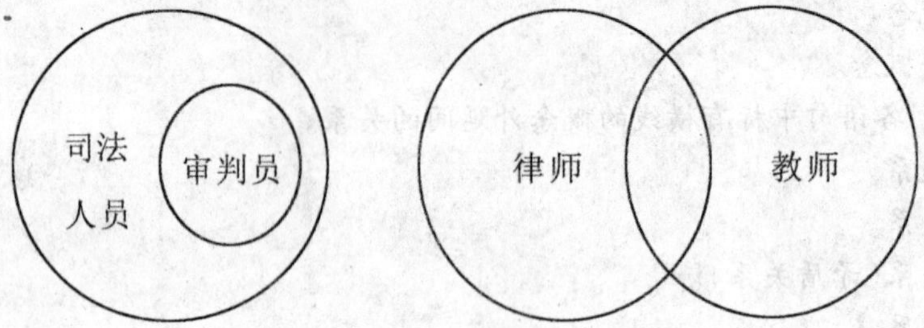

6.(1)循环定义。

(2)定义离题。

(3)用比喻代定义。

(4)定义离题。

(5)定义过宽。

(6)定义过窄。

7.(1)子项相容。

(2)地球是单独概念，不可划分。

(3)多标准划分。

(4)子项不全。

(5)年是单独概念，不可划分。

(6)子项相容。

8.植物和罂粟是属种关系，罂粟和虞美人、东方罂粟、冰岛罂粟、鸦片罂粟是属种关系，后四者之间是全异关系；毒品和鸦片、海洛因是属种关系，后两者之间是全异关系。

植物和毒品是全异关系。

欧拉图(从略)。

第三章

1.(1)常项：凡……是……，变项：法律、有强制力的。

(2)常项：一切……不是……，变项：物体、静止的。

(3)常项：有些……是……，变项：教师、律师。

(4)常项：如果……那么……，变项：有法不依、有法亦同无法。

(5)常项：只有……才……，变项：通过更多的争辩、能获得更多的认同。

(6)常项：……或者……，变项：错误的判决是认定事实错误、错误的判决是适用法律错误。

2.写出下列直言命题的形式，并指出它的主项、谓项及其周延情况。

(1)SAP，主项：困难(周延)，谓项：可以克服的(不周延)。

(2)SAP，主项：月球上(周延)，谓项：没有生物的(不周延)。

(3)SEP，主项：金属(周延)，谓项：非导体(周延)。

(4)SEP，主项：黄河(周延)，谓项：中国最长的河流(周延)。

(5)SOP，主项：金属(不周延)，谓项：固体(周延)。
(6)SAP，主项：商品(周延)，谓项：劳动产品(不周延)。
(7)SEP，主项：无罪的人(周延)，谓项：适用“免予起诉”(周延)。
(8)SIP，主项：中毒死亡者(不周延)，谓项：自服中毒的(不周延)。
(9)SAP，主项：鸟(周延)，谓项：卵生脊椎动物(不周延)。
(10)SOP，主项：我们当中的人(不周延)，谓项：遵守诺言(周延)。
3. (1)SIP。
(2)SEP。
(3)SOP。
(4)$SE\bar{P}$。
(5)$SI\bar{P}$。
(6)$\bar{S}IP$。
4. (1)SAP。SOP为假，SEP为假，SIP为真。
(2)SEP。SIP为假，SAP为假，SOP为真。
(3)SIP。SEP为假，SAP真假不定，SOP真假不定。
(4)SOP。SAP为假，SEP真假不定，SIP真假不定。
5. (1)¬ SEP。SIP为真，SAP真假不定，SOP真假不定。
(2)¬ SIP。SEP为真，SAP为假，SOP为真。
(3)¬ SOP。SAP为真，SEP为真，SIP为真。
(4)¬ SAP。SOP为真，SEP真假不定，SIP真假不定。

第四章

1. (1)联言命题，$p \wedge q$。
(2)负命题，$\neg p$。
(3)选言命题，$p \vee q$。
(4)联言命题，$p \wedge q$。
(5)负命题，$\neg p$。
(6)联言命题，$p \wedge q$。
(7)假言命题，$p \rightarrow q$。
(8)选言命题，$p \vee q$。
(9)联言命题，$p \wedge q$。
(10)选言命题，$p \vee q \vee r$。
(11)联言命题，$p \wedge q \wedge r \wedge s$。
(12)等值命题，$p \leftrightarrow q$。
(13)联言命题，$p \wedge q$。
(14)假言命题，$p \rightarrow q$
(15)等值命题，$p \leftrightarrow q$。
(16)假言命题，$p \rightarrow q$。

2.(1)$\neg p \to \neg q$。

(2)$(p \vee q \vee r) \wedge \neg (p \wedge q \wedge r)$。

(3)$(p \to q) \wedge (r \to s) \wedge (t \to u)$。

(4)$\neg (p \wedge q \to r)$。

(5)$p \wedge \neg (q \vee r) \wedge (s \vee t) \to u$。

(6)$p \wedge (q \vee r) \wedge s \to t$。

(7)$(p \vee q) \wedge \neg s \to r$。

(8)$(p \to q) \wedge (\neg p \to \neg q)$。

(9)$(p \vee q) \wedge r \to s \wedge (t \vee u)$。

(10)$(p \to q \vee r) \wedge (p \wedge s \to t) \wedge (p \wedge u \to r \vee t)$。

3.(1)不是。

(2)是。

(3)是。

(4)不是。

(5)不是。

(6)是。

(7)是。

(8)是。

(9)不是。

(10)是。

4.(1)$p \vee q$,等值命题:$\neg p \to q$。

(2)$p \to q$,等值命题:$\neg p \vee q$。

(3)$\neg (p \wedge q)$,等值命题:$\neg p \vee \neg q$。

(4)$\neg (p \vee q)$,等值命题:$\neg p \wedge \neg q$。

(5)$\neg (p \to q)$,等值命题:$p \wedge \neg q$。

5.回答下列问题。

(1)相互等值:①与⑪,②与⑨,③与⑦,④与⑤;

相互矛盾:①、⑪与⑥,②、⑨与⑧,③、⑦与⑩,④、⑤与⑫。

(2)与“$p \to q$”相互等值的公式:①、③、⑤、⑦;

与“$p \to q$”相互矛盾的公式:②、④、⑥。

第五章

1.(1)SAP→¬ SOP,SAP→¬ SEP,SAP→SIP。

(2)¬ SAP→SOP。

(3)SEP→¬ SIP,SEP→¬ SAP,SEP→SOP。

(4)¬ SEP→SIP。

(5)SIP→¬ SEP。

(6)¬ SIP→SEP,¬ SIP→¬ SAP,¬ SIP→SOP。

(7) SOP→¬ SAP。

(8) ¬ SOP→SAP，¬ SOP→¬ SEP，¬ SOP→SIP。

2. (1) 已知¬ SAP，则：

①SOP 为(真)。

②$SA\bar{P}$ 为(真假不定)。

③SEP 为(真假不定)。

④$SI\bar{P}$ 为(真)。

(2) 已知 SIP，则：

①$SI\bar{P}$ 为(真假不定)。

②$SE\bar{P}$ 为(真假不定)。

③SEP 为(假)。

④SOP 为(真假不定)。

(3) 已知¬ SIP，则：

①SAP 为(假)。

②$SI\bar{P}$ 为(真)。

③SOP 为(真)。

④$SA\bar{P}$ 为(真)。

(4) 已知 SEP，则：

①SAP 为(假)。

②$SA\bar{P}$ 为(真)。

③SOP 为(真)。

④$SI\bar{P}$ 为(真)。

3. (1) SAP→¬ SEP，反对关系对当推理。

(2) ¬ SOP→SAP，矛盾关系对当推理。

(3) ¬ SAP→SOP，矛盾关系对当推理。

(4) SIP→PIS，换位法推理。

(5) SAP→SIP，差等关系对当推理。

(6) ¬ SOP→PIS，先下反对关系对当推理，再换位法推理。

(7) SAP→PIS，限量换位。

(8) SAP→$\bar{P}$ES，换质、换位法推理。

(9) SEP→PES，换位法推理。

(10) SOP→$\bar{P}$IS，换质、换位法推理。

4. (1) MAP∧SAM→SAP，第一格 AAA 式。

(2) MEP∧MAS→SOP，第三格 EAO 式。

(3) MEP∧MAS→SOP，第三格 EAO 式。

(4) PAM∧MAS→SIP，第四格 AAI 式。

5. (1) 有效。

(2) 无效，大项不当周延。

(3) 无效，大项不当周延。

(4)有效。

(5)无效，中项不周延。

(6)无效，两否定前提。

(7)无效，小项不当周延。

(8)有效。

(9)无效，大项不当周延。

(10)无效，中项不周延。

(11)有效。

(12)无效，大项不当周延。

6. 分析下列问题：

(1)不能。因为如果要满足三个词项都周延两次，那么前提和结论只能都是E命题，这样就违反了基本规则3。

(2)①根据大项在结论中不周延，可知结论是肯定命题。根据基本规则3，可知两个前提都是肯定命题；

②根据大项在前提中周延，大前提是肯定命题，所以，可以确定大前提的形式为PAM；

③根据基本规则1，中项在大前提中不周延，则应该在小前提中周延，所以，可以确定小前提的形式为MAS；

④因为小项在前提中是不周延的，根据基本规则2，则在结论中也不得周延，所以，可以确定结论的形式为SIP。

所以，它的推理形式为：PAM∧MAS→SIP。

(3)分两种情况讨论：

①两个前提都是肯定命题。因为前提中只有两个周延的项，所以，大项和小项在前提中都是不周延的。根据基本规则2，则大项和小项在结论中也都不周延。这样，可以确定结论的形式为SIP。

②两个前提一个是肯定命题，一个是否定命题。根据基本规则3，结论是否定的，则可确定大项在结论中是周延的。根据基本规则2，大项在前提中也应周延。这种条件下，前提中最多有三个周延的项。所以，小项在前提中是不周延的。根据基本规则2，小项在结论中也不得周延。所以，可以确定结论的形式为SOP。

总之，它的结论应当是特称命题。

(4)分两种情况讨论：

①大前提是I命题。因为大项在前提中是不周延的，根据基本规则2，在结论中也不得周延。所以，结论是肯定命题。根据基本规则3，小前提也是肯定命题。因为中项在大前提中不周延，根据基本规则1，应在小前提中周延。所以，可以确定小前提的形式为MAS。

②大前提是O命题。根据基本规则3，结论是否定命题，则大项在结论中是周延的。根据基本规则2，大项在前提中也应周延。这样，中项在大前提中就是不周延的。根据基本规则1，中项应在小前提中周延。根据基本规则3，小前提是肯定命题。所以，可以确定小前提的形式为MAS。

总之，小前提的形式为MAS。

(5)①因为大前提是肯定命题，大项在前提中周延，所以，可以确定大前提的形式为

PAM；

②因为大项在结论中周延，小项在结论中不周延，所以，可以确定结论的形式为 SOP；

③因为结论是否定的，根据基本规则 3，小前提应是否定的；

④因为中项在大前提中不周延，根据基本规则 1，中项应在小前提中周延。小项在小前提中是不周延的，所以，可以确定小前提的形式为 SOM。

所以，它的推理形式为：PAM∧SOM→SOP。

(6)它的推理形式是：AOB∧AAC→COB。

7.(1)省略的是大前提：凡免费开放的都是公益设施。推理形式：MAP∧SAM→SAP。

(2)省略的是小前提：他的行为是正当防卫。推理形式：MEP∧SAM→SEP。

(3)省略的是结论：没有文化的军队是不能战胜敌人的。推理形式：MAP∧SAM →SAP。

(4)省略的是小前提：某甲不是善于思考的学生。推理形式：PAM∧SEM→SEP。

(5)省略的是大前提：凡已经灭绝的都是不适应环境变化的。MAP∧SIM→SIP。

8.(1)SAP→SIP，有效。

(2)SAP→$SE\bar{P}$，有效。

(3)¬ SAP→SEP，无效。

(4)¬ SOP→SAP，有效。

(5)SIP→SOP，无效。

(6)SAP→PAS，无效。

(7)SOP→SIP，无效。

(8)SEP→PES，有效。

(9)SAP→$\bar{S}A\bar{P}$，有效。

(10)¬ SAP→SIP，无效。

(11)¬ SEP→SOP，无效。

(12)MIP∧MIS→SIP，无效。

(13)MOP∧MAS→SOP，有效。

(14)MAP∧MAS→SIP，有效。

(15)PAM∧SEM→SEP，有效。

(16)PEM∧MAS→SOP，有效。

(17)PAM∧SAM→SAP，无效。

(18)MIP∧SAM→SAP，无效。

(19)PEM∧SAM→SAP，无效。

(20)MAP∧SAM→SAP，有效。

(21)SIM∧MAQ∧QAP→SIP，有效。

9.(1)“美国国会中有些议员是狗娘养的。”形式为 SIP，“美国国会中有些议员不是狗娘养的。”形式为 SOP。SOP 和 SIP 是对当关系中的下反对关系，是不可同假但可同真的关系，所以，SOP 并不构成对 SIP 的否定，马克·吐温的后一句话并没有否定前一句话，马克·吐温实际上并没有道歉。

(2)这段议论包含三个三段论推理：

“甲生疮，甲是中国人，所以，中国人生疮了”(小项不当周延)；

“中国人生疮了，你是中国人，所以，你生疮了”;(无形式错误);
“甲生疮，你也生疮了，所以，你就是甲”(中项不周延)。

第六章

1.(1)$p\to\neg\neg p$，有效。
(2)$p\land q\to q$，有效。
(3)$(p\lor q)\land p\to\neg q$，无效。
(4)$(p\to q)\land\neg p\to\neg q$，无效。
(5)$(\neg p\to\neg q)\land\neg p\to\neg q$，有效。
(6)$(p\to q)\land\neg q\to\neg p$，有效。
(7)$(p\leftrightarrow q)\land p\to q$，有效。
(8)$(p\to q\land\neg q)\to\neg p$，有效。
(9)$(p\leftrightarrow q)\land\neg q\to\neg p$，有效。
(10)$(p\to q)\land q\to p$，无效。
(11)$(\neg p\to\neg q)\land p\to q$，无效。
(12)$(p\to r)\land(\neg p\to r)\land(p\lor\neg p)\to r$，有效。
(13)$(p\to q)\land(q\to r)\land(r\to s)\land(s\to t)\to(p\to t)$，有效。
(14)$(p\to r)\land(\neg p\to s)\land(p\lor\neg p)\to r\lor s$，有效。
(15)$\neg(p\land q)\to\neg p\land\neg q$，无效。
(16)$\neg(p\to q)\to p\land\neg q$，有效。
(17)$\neg(p\lor q)\to\neg p\land\neg q$，有效。
(18)$(p\to\neg q)\to(\neg p\to q)$，无效。
2.(1)D (2)D (3)A (4)E
3.(1)酒鬼的思维过程是:
感觉湿的地方或者是受伤流血了，或者是酒瓶破了酒洒了；
但愿是血。

希望不是酒瓶破了酒洒了。
这是一个选言推理肯定否定式，是逻辑上的无效式。
(2)姓金的士人的话中包含着一个假言推理:
使死而不佳，死者皆逃归矣。
一死不返，

是以知甚佳矣。
这是假言推理否定后件式，是有效式。
(3)孔融的反驳运用了假言推理:
“小时了了，大未必佳。”
你陈韪大不佳(省略的前提)

“想君小时，必当了了。”

孔融的目的显然并不在于想表达“想君小时，必当了了。”，而是目的在于隐含的前提：你陈韪大不佳。想表达的不直接说出来，而是通过结论间接地表达，这显示了孔融的辩论的技巧，但是应该指出的是，这个推理是一个假言推理肯定后件式，这在逻辑上是无效的。

(4)松赞干布的问题包含着一个二难推理：如果文成公主回答出来了这个问题，说明有这样一个问题能够难倒她；如果文成公主回答不出这个问题，说明这个问题已经难倒了她；文成公主或者回答出来，或者回答不出。总之，或者有问题能够难倒她，或者这个问题已经难倒了她。所以，文成公主不用作任何回答了。

4. (1) 火车司机叫史密斯。推理过程：

①工人史密斯是：司机∨司炉∨列车员；

②根据“铁路工人史密斯在打台球时曾经赢过司炉”，得出¬ 司炉；

③根据“与列车员同名的经理年收入一万英镑整”和“司机的年收入是与他住的最近的经理年收入的三分之一”两个条件结合考虑，因为一万英镑不可能被3整除，所以，推知¬ 列车员；

④根据选言推理否定肯定式，得出：司机。

(2) 甲的专业是外语。推理过程：

⑤由①、③知乙：不出生在北京

⑥由④、⑤知乙：出生在上海

⑦由②、⑥知乙：不是学法律的

⑧由①、⑦知乙：数学

⑨由①、⑧知甲：外语

(3) 他的头上戴的帽子是黑色的。通过三个有效的推理可以得到结论：

①根据第三个人的回答：如果我们两个人都戴白色的帽子，那么第三个人就会知道他戴的是黑色的，可是他说不知道；所以，并非我们都戴的是白色的。

即我们两人至少一人戴黑色的帽子。

②根据第二个人的回答：如果我戴的是白色的帽子，那么第二个人就会知道他戴的是黑色的，可是他说不知道；所以，并非我戴的是白色的。

③我戴的或者是白色的，或者是黑色的，不是白色的；所以，是黑色的。

(4) 通过两次假设进行推理：

①假设孩子是男孩。因为男性从不说谎，所以，男孩说的肯定是“我是男孩”，这样，父母中第二个人说的两句话就都是假话，与题意不符，所以，孩子肯定是女孩。

②假设女孩说的是“我是女孩”。父母中的第一个人说的话就是假话，第二个人说的第一句是假话，第二句是真话，与题意不符，所以，女孩肯定说的是“我是男孩”；这样，父母中第二个人的两句话都是真话，根据题意，不可能是母亲，所以，是父亲，父母中第一个人肯定是母亲。

5. (1) ①$A \wedge B \to C$　　前提

②$\neg B \to \neg D$　　前提

③$D \vee E$　　前提

④$A \wedge C$　　前提

⑤C 根据(4)联言推理分解式
⑥¬ ¬ C 根据(5)双否引入推理
⑦¬ (A∧B) 根据(1)、(6)假言推理否定后件式
⑧¬ A∨¬ B 根据(7)否定合取推理
⑨A 根据(4)联言推理分解式
⑩¬ B 根据(8)、(9)选言推理否定肯定式
⑪¬ D 根据(2)、(10)假言推理肯定前件式
⑫E 根据(3)、(11) 选言推理否定肯定式

结论:A、C、E参加了,B、D没参加。

(2)侦查人员据此能够确定乙是窃贼。推理过程:

①p∨q 前提
②p→¬ r 前提
③¬ s→t 前提
④¬ r→¬ s 前提
⑤¬ t 前提
⑥¬ ¬ s 根据③、⑤假言推理否定后件式
⑦¬ ¬ r 根据④、⑥假言推理否定后件式
⑧¬ p 根据②、⑦假言推理否定后件式
⑨q 根据①、⑧选言推理否定肯定式

(3)甲不是凶手,乙是凶手。推理过程:

①p→q
②q→p
③¬ q
如果①与③同假,
¬ (p→q) ∧¬ (¬ q)↔p∧¬ q∧q,
导致¬ q∧q,矛盾。
所以,①与③不可同假,必有一真。根据已知,②为假。
所以,¬ (q→p)↔q∧¬ p。

第七章

1.(1)已知¬ □p,则:
①¬ □¬ p为(真假不定)。
②¬ ◇¬ p为(假)。
③¬ ◇p为(真假不定)。
④¬ p为(真假不定)。
(2)已知◇p,则:
①□¬ p为(假)。
②◇¬ p为(真假不定)。

③□p 为(真假不定)。
④p 为(真假不定)。
(3)已知 Fp，则：
①¬ Pp 为(真)。
②P¬ p 为(真)。
③F¬ p 为(假)。
④O¬ p 为(真)。
(4)已知 Pp，则：
①¬ Fp 为(真)。
②O¬ p 为(假)。
③P¬ p 为(真假不定)。
④Op 为(真假不定)。
2.(1)¬ □p→◇¬ p，有效。
(2)¬ ◇¬ p→◇p，有效。
(3)¬ □¬ p→¬ ◇¬ p，无效。
(4)¬ □p→□¬ p，无效。
(5)p→◇p，有效。
(6)Op→Pp，有效。
(7)Pp→¬ P¬ p，无效。
(8)¬ Fp →Op，无效。
(9)Op →F¬ p，有效。
(10)Fp →¬ Pp，有效。
(11)(p∨¬ p)→□(p∨¬ p)，有效。
(12)p∨¬ p→O(p∨¬ p)，有效。
(13)由强到弱的规范推理，有效。
(14)由弱到强的规范推理，有效。

第八章

1.(1)回溯推理。
(2)求同法。
(3)求异法。
(4)归纳推理。
(5)求异法。
(6)归纳推理。
(7)求同法。
(8)求同求异并用法。
(9)归纳推理。
(10)求异法。

(11)类比推理。

(12)求同求异并用法。

(13)类比推理。

(14)剩余法。

(15)共变法。

(16)求同求异并用法，共变法。

(17)求同求异并用法。

(18)类比推理。

2.(1)后者的可靠性高于前者。

(2)后者的可靠性高于前者。

(3)前者的可靠性高于后者。

(4)后者的可靠性高于前者。

3.运用非演绎推理的有关知识回答下列问题。

(1)答案:E。

研究人员得出结论的方法就是求同法。选项A只是部分地重复了求同法的结论，并没有削弱它;选项B、C、D与该结论不相干;选项E表明，在先行现象或伴随现象中，除“伴随花香的强光照射”这一个共同情况外，还有“每天六小时的非工作状态”这一共同情况，后者改变了患者原来的生活环境，改善了他们的心态(这种心态是导致抑郁症的主要原因)。因此，光线照射的增加与冬季忧郁症缓解这两者之间的联系，只是一种表面的非实质性联系。

(2)答案:C。

这个约会计划实际上是一个对比实验，所依据的就是求异法。如果C项为真，则对照组与实习组除了在所填写的调查表中显示出的差异外，还有另一个差异:实习组知道正在进行实验，而对照组并不知道这一点，他们实际的社交水平与状态比在调查表中填写的要好，这样作为题干根据的调查表差异就不成立，这对题干的结论提出了有力的质疑。

(3)答案:C。

这里运用的是共变法。

(4)答案:D。

如果各个法院的否定性误判率基本相同，那么，衡量一个法院在办案中对司法公正原则贯彻得是否足够好，就看它的肯定性误判率是否足够低。

第九章

1.(1)违反同一律，转移论题。

(2)违反矛盾律，自相矛盾。

(3)违反同一律，偷换概念。

(4)违反矛盾律，自相矛盾。

(5)违反排中律，两不可。

(6)乙违反同一律，混淆概念。

(7)违反排中律，两不可。

(8)丙违反矛盾律，自相矛盾；丁违反排中律，两不可。

(9)丙违反矛盾律，自相矛盾。

(10)违反同一律，转移论题。

(11)违反同一律，转移论题。

(12)违反同一律，转移论题。

(13)违反排中律，两不可。

(14)没有逻辑错误。

(15)违反同一律，转移论题。

(16)违反矛盾律，自相矛盾。

(17)小张违反同一律，混淆概念。

(18)违反矛盾律，自相矛盾。

(19)违反矛盾律，自相矛盾。

(20)司马光违反同一律，偷换概念。

2. 根据逻辑基本规律解答下述问题。

(1)①如果只有一个人说了真话，作案人是甲。

上述乙和丁的口供构成矛盾关系，根据排中律，两个人的口供不会都是假的，必有一真，所以唯一的真话一定在这两句话中。所以，甲的话为假，甲是作案人。

②如果只有一个人说了假话，作案人是乙。

根据矛盾律，乙和丁的话不会都是真的，必有一假，所以唯一的假话一定在这两句话中。所以，丙的话为真，乙是作案人。

(2)肖像在铅匣子中。推理过程：

①金匣子上刻的话和银匣子上刻的话构成一对矛盾命题，根据排中律，矛盾关系的命题不可同假，因此，唯一的真话一定在这两句中；

②铅匣子上刻的话为假，所以，肖像在铅匣子中。

(3)在这份预审终结报告中，对犯罪嫌疑人所犯罪行的定性，前后不一致，先说是“盗窃杀人”，后面又说是“抢劫杀人”，没有保持思想自身的同一性或确定性，违反了同一律的要求。

第十章

1. 提出过程：

观察到的事实：古比欧地区岩石(那里的岩石是恐龙消失阶段最完整的记录)中金属铱的密集度，在恐龙消失期间骤然增加25倍。

提出假说：离地球十分之一光年以内的一颗超新星爆炸。

解释：如果这种超新星爆炸，则会发出大量的辐射能和物质碎片到地球上来，致使岩石中金属铱的密度骤然增加许多倍，会使地球周围的臭氧层遭到暂时的破坏，会使地面上的温度骤然下降、普遍干旱和光合作用减弱，使许多生物不能生长从而使惯于在热带亚热带雨林中生长而食量又非常大的恐龙失去了生存的必要条件。

2. 新的假说：由于印度大陆分裂，一部分留在非洲，一部分向北漂移与欧亚大陆挤压，几个大陆板块相互挤压引起地面升高，从而形成了青藏高原。

解释:如果印度大陆曾经分裂,那么距离遥远的非洲与我国藏南两地会有共同的生物。

事实证据:人们发现在非洲和我国青藏南部地区都存在一种缺翅虫,而这种缺翅虫扩散力很弱,它们只分布在很窄小的地区。非洲与我国藏南相距遥远,两地都存在这种缺翅虫,绝非是由于扩散造成的。

3. 假说1:蝙蝠能在黑夜中避开障碍物飞行是由于它有特别强的视力。

检验:如果把蝙蝠的眼睛蒙上,它在飞行中就会由于看不见东西而撞在障碍物上。为了检验这个假说,科学家们设计了一个小实验:在一暗室中系上许多纵横交错的钢丝,在每条钢丝上系上一个灵敏的铃子,让一些蝙蝠蒙上眼睛在这个暗室里飞行。蝙蝠如果撞上钢丝,铃子便会发出响声。可实验结果铃子不响,蝙蝠没有撞在钢丝上。从而推翻了原假说。

假说2:蝙蝠能发出一种超声波,超声波遇到障碍物以后会发生反射,反射波被蝙蝠接收,便可知前方有障碍物。

检验:由此假说可推知:蝙蝠在飞行中会不断发生超声波。后来,科学家们用仪器把这种超声波探测出来了,从而证实了这一假说。

4. 本案中侦查人员提出的侦查假设:

(1)本案是一个犯罪嫌疑人作案;

(2)本案是内部熟人作案;

(3)作案时间在凌晨1时到3时之间。

5. 警方提出的侦查假设:这是一起假抢劫案。

第十一章

1. (1)论题:我们发展经济的同时,一定要注意保护环境。论据:如果一味发展经济,而不注意保护环境,长期下来,就会危害我们生存的环境,破坏生态平衡,不但达不到发展经济的目的,而且会严重危害人类的生存和发展。论证方式:假言推理。

(2)论题:该案是他杀。论据:死者身上有多处致命伤,自杀不会有这么多致命伤;从伤痕特征看,应属刀刺伤,如果是自杀,刀具一定在现场或离现场不远的地方,但在现场及附近都没有找到刀具。论证方式:两个假言推理。

(3)论题:王某(某监狱监管干部)等人构成刑讯逼供罪。论据:根据刑法第二百四十七条规定:司法工作人员对犯罪嫌疑人、被告人实行刑讯逼供或者使用暴力逼取证人证言的行为构成刑讯逼供罪。本案被告人王某等人系监狱监管干部,是司法工作人员,却无视国家法律,对被监管人俞某故意用木棍、竹竿和浸湿打结的麻绳轮番毒打,企图逼取口供,最后导致俞某外伤性休克死亡。论证方式:三段论。

2. (1)直接证明。

(2)直接证明。

(3)反证法。

(4)直接证明。

(5)条件证明。

(6)条件证明。

3. (1)有错误。省略了前提:主动型安乐死是杀人。这是没有得到证明的论据,犯了预期理由的错误。

(2)有错误。某官员的回答犯了转移论题的错误。

(3)有错误。某公诉人先指控“被告李某已构成贪污罪”，最后又说“李某完全可能犯贪污罪”，犯了转移论题的错误。

(4)有错误。过于执说：“看她艳如桃李，岂能无人勾引？年正青春，怎会冷若冰霜？”，这里犯了推不出的错误；说“她与奸夫情投意合，自然要生比翼双飞之意”，“父亲拦阻，因之杀其父而盗其财，此乃人之常情”，这里犯了预期理由的错误。

(5)有错误。公诉人的论证犯了循环论证的错误。

(6)有错误。这个南辕北辙的人的回答犯了推不出的错误。

(7)有错误。虚假理由。

(8)有错误。执法人员的回答犯了转移论题的错误。

4.(1)直接反驳。

(2)直接反驳。

(3)归谬法。

(4)间接反驳。

(5)归谬法。

(6)直接反驳。

(7)归谬法。

5.(1)辩护人证明是直接证明。他的证明的论据与论题之间没有必然联系，犯了推不出的错误。

公诉人运用了直接反驳。

(2)辩护人的证明运用了直接证明。他的证明犯了虚假理由的错误。

公诉人的答辩先后运用了直接反驳和归谬法。

(3)公安部新闻发言人的四次答记者问都犯了转移论题的错误。